Das Informationspotenzial
neuerer Rechnungslegungsinstrumente
in International Financial Reporting Standards (IAS/IFRS)
basierten Jahresabschlüssen und seine Nutzung für die Abschlussanalyse

Europäische Hochschulschriften
Publications Universitaires Européennes
European University Studies

Reihe V
Volks- und Betriebswirtschaft

Série V Series V
Sciences économiques, gestion d'entreprise
Economics and Management

Bd./Vol. 3065

PETER LANG
Frankfurt am Main · Berlin · Bern · Bruxelles · New York · Oxford · Wien

Veit Ostmeier

Das Informationspotenzial neuerer Rechnungslegungsinstrumente in International Financial Reporting Standards (IAS/IFRS) basierten Jahresabschlüssen und seine Nutzung für die Abschlussanalyse

PETER LANG
Europäischer Verlag der Wissenschaften

Bibliografische Information Der Deutschen Bibliothek
Die Deutsche Bibliothek verzeichnet diese Publikation in der Deutschen Nationalbibliografie; detaillierte bibliografische Daten sind im Internet über <http://dnb.ddb.de> abrufbar.

Zugl.: Paderborn, Univ., Diss., 2003

D 466
ISSN 0531-7339
ISBN 3-631-52439-0

www.peterlang.de

GELEITWORT

Das IASB misst den von ihm entwickelten und mittlerweile ab dem Jahr 2005 in Europa für kapitalmarktorientierte Unternehmen durchgesetzten International Financial Reporting Standards (IFRS/IAS) ein hohes Qualitätsniveau bezüglich der Bereitstellung von investorenrelevanten Informationen zu und vertritt die Meinung, dass IFRS basierte Jahresabschlüsse einen „true and fair view" im Sinne eines den tatsächlichen Verhältnissen entsprechenden Bildes der Vermögens-, Finanz- und Ertragslage vermitteln. Dies wird auch im Großen und Ganzen von der einschlägigen Literatur bestätigt. Es ist somit zu erwarten, dass die Analyse der auf Basis dieser Standards erstellten Jahresabschlüsse in quantitativer und qualitativer Sicht bessere Erkenntnisse erwarten lassen als die herkömmlichen Jahresabschlüsse auf Basis der HGB-Rechnungslegung.

Vor diesem Hintergrund ist es geboten, das Instrumentarium der Bilanzanalyse dahingehend zu erweitern, dass das zusätzliche Informationspotenzial praktisch handhabbar gemacht und genutzt werden kann. Dieser wichtigen und zeitgemäßen Aufgabe widmet sich Herr Ostmeier in seiner Dissertation. Dabei erhebt er von vornherein nicht den Anspruch, ein geschlossenes Konzept zur Analyse der nach IFRS erstellten Abschlüsse erarbeiten zu wollen. Vielmehr konzentriert er sich darauf, dass klassische bilanzanalytische Instrumentarium zu ergänzen und zu modifizieren, indem er für die neueren Rechnungslegungsinstrumente – namentlich die Kapitalflussrechnung, die Segmentberichterstattung, die Eigenkapitalveränderungsrechnung und der Gewinn je Aktie – Kennzahlen formalisiert oder Interpretationsangebote und Analyseschemata systematisiert sowie Vorschläge zur Beseitigung verbleibender Informationsdefizite durch Weiterentwicklung der Standards unterbreitet.

Im Rahmen der **Kapitalflussrechnung** macht der Verfasser Vorschläge zur Restrukturierung einiger Zahlungsströme und schafft damit die entsprechende Informationsbasis für die Standardisierung bereits bekannter und für die Entwicklung neuerer Kennzahlen, die eine problembezogene bessere Analyse der Daten und damit eine differenziertere Aufdeckung der Ursachen von Veränderungen des Finanzmittelfonds ermöglichen.

Im Rahmen der **Segmentberichterstattung** gelingt es Herrn Ostmeier, das Informationspotenzial mittels solcher Kennzahlen zu analysieren, die vor allem Rückschlüsse auf die strategische Ausrichtung des Unternehmens zulassen. Damit trägt der Verfasser wesentlich dazu bei, das bereits in der Literatur angewandte klassische bilanzanalytische Instrumentarium durch die Unternehmensstrategieanalyse auszuweiten.

Die **Eigenkapitalveränderungsrechnung** zeigt sämtliche Veränderungen des Eigenkapitals auf, also auch solche, die nicht durch die Gewinn und Verlustrechnung erfasst werden. Insbesondere werden hier Vermögensänderungen dokumentiert, die in der internationalen Rechnungslegung erfolgsneutral mit dem Eigenkapital verrechnet werden. Anschaulich zeigt Herr Ostmeier, wie solche Eigenkapitalveränderungen bei der Berechnung erfolgswirtschaftlicher Kennzahlen zu berücksichtigen sind.

Im Rahmen der Analyse des **Gewinns je Aktie** kommt Herr Ostmeier zu dem Schluss, dass zusätzlicher Informationsgewinn durch den verwässerten Gewinn je Aktie geschaffen wird, indem verwässernde Finanzierungsformen in das Ergebnis hereingerechnet werden. Der Informationsgehalt wird allerdings erst in Zukunft zunehmen, wenn sich erwartungsgemäß Unternehmen zunehmend solcher Finanzierungsformen bedienen werden.

Mit der Dissertation liefert Herr Ostmeier in der zur Zeit fast revolutionären Veränderung der Rechnungslegung börsennotierter Konzerne einen wesentlichen Beitrag zum Verständnis der Idee und des Informationsgehaltes der wichtigsten, international geprägten Rechnungslegungsinstrumente und zeigt Möglichkeiten ihrer Nutzung zur Beurteilung von Unternehmen im zwischenbetrieblichen und im Entwicklungsvergleich auf. Insbesondere gelingt es ihm, dem Kreis der Analysten und übrigen Nutzer Lösungshinweise für die Beantwortung der jeweiligen Fragestellung an die Hand zu geben. Insgesamt handelt es sich um eine anwendungsorientierte Arbeit – nicht zuletzt auch wegen der zahlreichen Beispiele aus der Bilanzierungspraxis. Ich bin mir sicher, dass die die neue Rechnungslegung nutzende Fachwelt die Arbeit von Herrn Ostmeier aufgreifen und mit Gewinn nutzen wird.

Prof. Dr. Horst Gräfer

VORWORT

Die vorliegende Arbeit entstand während meiner Tätigkeit als wissenschaftlicher Mitarbeiter am Lehrstuhl für Rechnungswesen und Besteuerung der Universität Paderborn und wurde im Dezember 2003 als Dissertation angenommen.

Mein ganz besonderer Dank gilt meinem Doktorvater Prof. Dr. Horst Gräfer. Er bot mir während dieser Zeit durch seine Ideengebungen und fachlichen Anregungen nicht nur eine hervorragende Unterstützung bei der wissenschaftlichen Arbeit. Er war mir in allen Phasen der Promotion auch in menschlicher Hinsicht ein ausgezeichneter Ratgeber. Für seine Auffassung dieser „Vaterrolle" möchte ich ihm aufrichtig danken.

Herrn Prof. Dr. Otto Rosenberg danke ich herzlich für die Übernahme des Zweitgutachtens.

Meiner zukünftigen Frau Nicole gebührt mein tief empfundener Dank dafür, dass sie während dieser Zeit stets an meiner Seite stand. Mit ihrem Verständnis verschaffte sie mir den notwendigen Freiraum, obwohl wir dadurch auf viele gemeinsame Stunden verzichten mussten. Nicht zuletzt danke ich ihr für die sorgfältige Durchsicht des Manuskripts.

Von ganzem Herzen möchte ich mich bei meinen Eltern bedanken, die mir meine Ausbildung ermöglicht haben. Ihre Fürsorge und Unterstützung bilden das Fundament dieser Arbeit. Ihnen und meiner zukünftigen Frau Nicole widme ich diese Arbeit.

Veit Ostmeier

Inhaltsverzeichnis

Abbildungsverzeichnis

Kennzahlenverzeichnis

Abkürzungsverzeichnis

AK	Anschaffungskosten
analyt.	analytisch
APB	Accounting Principle Board
ARB	Accounting Research Bulletin
BG	Bilanzgewinn
BMJ	Bundesministerium für Justiz
CAP	Committee on Accounting Procedures
CF	Cashflow
CFROI	Cashflow Return on Investment
DAX	Deutscher Aktienindex
DRS	Deutsche(r) Rechnungslegungs Standard(s)
DRSC	Deutsches Rechnungslegungs Standard Committee
DVFA/SG	Deutsche Vereinigung für Finanzanalyse und Assetmanagement / Schmalenbach Gesellschaft
EBIT	Earnings Before Interest and Taxes
EBITA	Earnings Before Interest, Taxes and Amortization
EBITDA	Earnings Before Interest, Taxes, Amortization and Depreciation
EE-Steuern	Einkommens- und Ertragsteuern
EG	Europäische Gemeinschaft
EK	Eigenkapital
EStG	Einkommenssteuergesetz
EU	Europäische Union
EVA	Economic Value Added
fgf.	fortgeführt
FinT	Finanzierungstätigkeit
Ford.	Forderung
Gew.- / Verl.-Vortrag	Gewinn- / Verlust-Vortrag

GK	Gesamtkapital
GT	Geschäftstätigkeit
GuV	Gewinn- und Verlustrechnung
HFA	Hauptfachausschuss
HGB	Handelsgesetzbuch
IAS	International Accounting Standard(s)
IFRS	International Financial Reporting Standard(s)
InvT	Investitionstätigkeit
IOSCO	International Organization of Securities Commissions
JÜ	Jahresüberschuss
KapAEG	Kapitalaufnahmeerleichterungsgesetz
KonTraG	Gesetz zur Kontrolle und Transparenz im Unternehmensbereich
lfd.	laufend
MDAX	Midcap Deutscher Aktienindex
NBRL	Neubewertungsrücklage
NBW(M)	Neubewertung(smethode)
NYSE	New York Stock Exchange
r	Rentabilität
ROI	Return on Investment
SEC	Securities and Exchange Commission
SFAS	Statement of Financial Accounting Standard(s)
SIC	Standing Interpretations Committee
US-GAAP	United States-Generally Accepted Accounting Principals
UV	Umlaufvermögen
Verb.	Verbindlichkeit
WUD	Währungsumrechnungsdifferenz

I Grundlegung: Problemstellung, Untersuchungsplan und Einordnung der IFRS

1 Ableitung der Problemstellung

Viele Großunternehmen in der Bundesrepublik machen von der nach § 292a HGB gegebenen Möglichkeit Gebrauch, den Konzernjahresabschluss nach internationalen Regeln zu erstellen. Derzeit bilanzieren 18 von 30 DAX-Unternehmen und 24 von 70 MDAX-Unternehmen nach *International Financial Reporting Standards* (IFRS)[1,2] Ab dem Geschäftsjahr, dass nach dem 31.12.2004 beginnt, haben alle kapitalmarktorientierten Unternehmen den Konzernabschluss nach IFRS aufzustellen.[3] Von diesen Regeln wird erwartet, dass sie den Bilanzadressaten sowohl relevantere und bessere Informationen als auch eine zweckdienliche Aufbereitung des Datenmaterials in den verschiedenen Bestandteilen der Berichterstattung bieten.[4]

Mit zunehmender Verbreitung der IFRS stellt sich damit die Frage, inwieweit das klassische bilanzanalytische Instrumentarium ergänzt, modifiziert und weiterentwickelt werden kann, um das zusätzliche Informationspotenzial dieser IFRS basierten Jahresabschlüsse auszuschöpfen.[5]

---

[1] Vorher International Accounting Standards (IAS). Seit Anfang 2002 wurde die Organisation um die internationalen Rechnungslegungsstandards neu strukturiert. Damit verbunden war die Namensänderung der Rechnungslegungsvorschriften hin zu den „International Financial Reporting Standards“ (IFRS); vgl. Buchheim, R., H.-G. (2002), S. 1475. Die Namensänderung betrifft jedoch nur die allgemeine Bezeichnung der internationalen Rechnungslegungsstandards und diejenigen Standards im speziellen, die seit Anfang 2002 verabschiedet werden. Standards, die vor 2002 verabschiedet wurden, heißen weiterhin IAS (bis IAS 41); vgl. Stellungnahme vom IASB zu den IAS/IFRS. Einzusehen unter http://www.iasc.org.uk (Stand 28.1.2003).

[2] 8 von 30 DAX Unternehmen bilanzieren nach US-GAAP und 4 Unternehmen nur noch nach HGB. 11 der 70 MDAX Unternehmen bilanzieren nach US-GAAP. 35 Unternehmen bilanzieren nach wie vor nach HGB (Stand Dezember 2002); vgl. Bilanzierungsstandards deutscher DAX-100-Unternehmen vom DRSC. Einzusehen unter http://www.drsc.de (Stand 27.1.2003); vgl. auch Kirsch, H.-J. / Dohrn, M. / Wirth, J. (2002), S. 1221 u. S. 1223.

[3] Europaweit sind von der Neuregelung 7000 Unternehmen und in Deutschland 750 Unternehmen betroffen; vgl. Zeimes M. (2002), S. 1001.

[4] Vgl. Hoffmann, W.-D. (2000), S. 822; vgl. Engel-Ciric, D. (2002a), S. 780.

[5] Vgl. Ammann, H. (2000), S. 631.

Zunächst sind mögliche Ansätze zur Bilanzanalyse internationaler Jahresabschlüsse voneinander abzugrenzen, um dieser Arbeit einen Untersuchungsschwerpunkt zu geben. Drei Ansätze sind denkbar:

1. Eine umfassende Bilanzanalyse von IFRS-Abschlüssen;
2. Eine vergleichende Bilanzanalyse von IFRS-Abschlüssen im Unterschied zu HGB-Abschlüssen und
3. Eine Untersuchung des zusätzlichen Informationspotenzials einzelner neuerer in IFRS-Abschlüssen vorgeschriebenen Instrumente und seine Nutzung für die Bilanzanalyse.

Zu 1.: Ein möglicher Ansatz könnte darin liegen, den gesamten nach internationalen Regeln aufgestellten Jahresabschluss unter Hinzuziehung der traditionellen Bilanzanalysetechniken[6] sowie der neueren Bilanzanalyseansätze[7] zu untersuchen. Das Vorgehen der Analyse eines internationalen Jahresabschlusses würde sich damit aber nur geringfügig von der Analyse eines HGB-Abschlusses unterscheiden, da herkömmliche Analysemethoden lediglich auf internationale Jahresabschlüsse übertragen werden.[8,9]

---

[6] Unter den traditionellen beziehungsweise bewährten Analysemethoden wird allgemein die Analyse der Finanz- und Ertragskraft aufgrund der Bildung von Kennzahlen verstanden; vgl. bspw. Wagenhofer, A. (2000), S. 225; vgl. Zdrowomyslaw, N. (2001), S. 653.

[7] Hierunter werden allgemein modernere Ansätze zusammengefasst, wie beispielsweise die Diskriminanzanalyse oder die Analyse aufgrund *neuronaler Netze* von BAETGE sowie Scoringmodelle etwa in Form des *Saarbrücker Modells* von KÜTING zur Auswertung der qualitativen Bilanzanalyse; vgl. Wehrheim, M. / Schmitz, T. (2001); vgl. zur Diskriminanzanalyse und zur Analyse mittels *neuronaler Netze* Baetge, J. (1998), S. 560 ff.; vgl. zum *Saarbrücker Modell* Küting, K. / Weber, C.-P. (2001), S. 419 ff.. Kennzahlenkombinationen in etwa durch das Return-on-Investment-Konzept stehen zwischen den traditionellen und modernen Ansätzen, da sie bereits seit längerem existieren, jedoch nicht zu den herkömmlichen Analysemethoden durch Kennzahlenbildung gehören. Zur Klassifizierung neuerer Ansätze der Bilanzanalyse vgl. Baetge, J. (2002), S. 2281. Auch Erweiterungen der bewährten Analysetechniken um Unternehmensbewertungsmodelle wie das *Discounted Cashflow-* oder das *Economic Value Added-Verfahren* gehören zu den neueren Ansätzen; vgl. Wagenhofer, A. (2000), S. 271.

[8] Zum Thema einer umfassenden Bilanzanalyse internationaler Jahresabschlüsse vgl. bspw. Riebell, C. (1999); vgl. Dangel, P. / Hofstetter, U. / Otto, P. (2001); vgl. Born, K. (2001).

[9] Unterschiede liegen lediglich in der Aufbereitung des Datenmaterials, beispielsweise bei der Erstellung der Strukturbilanz. Unterschiedliche Gliederungsvorgaben der Bilanz, *Gewinn- und Verlustrechnung* oder anderer Jahresabschlusskomponenten führen zu unterschiedlichen Aufbereitungsmaßnahmen. Allgemein wird den IFRS eine bessere Vergleichsmöglichkeit der Datenbasis zugesprochen, wenn alle Unternehmen nach einheitli-

Zu 2.: Ein weiterer Ansatz internationaler Bilanzanalyse könnte im Vergleich des ausgewerteten Zahlenmaterials eines nach HGB-Regeln und eines nach IFRS-Regeln aufgestellten Jahresabschlusses liegen. Offensichtlich ist, dass ein nach unterschiedlichen Bilanzierungsregeln aufgestellter Jahresabschluss auch unterschiedliche Ergebnisse liefert. Das wohl einschlägigste Beispiel in der Praxis lieferten die Konzernabschlüsse von Daimler Benz[10] in den Jahren vor 1998. Aufgrund der Notierung an der *New York Stock Exchange* (NYSE) war der Konzern gezwungen, einen nach *United States-Generally Accepted Accounting Principals* (US-GAAP) erstellten Jahresabschluss aufzustellen. Da das Kapitalaufnahmeerleichterungsgesetz (KapAEG) noch nicht verabschiedet war, musste *Daimler Benz* weiterhin einen HGB-Abschluss aufstellen. Der Vergleich beider Abschlüsse zeigte erhebliche Unterschiede im Zahlenwerk.[11] KÜTING vergleicht diese Situation mit zwei Bildern, die von unterschiedlichen Malern gezeichnet werden. „Obwohl sie ein und dasselbe Motiv zeichnen, entstehen doch völlig unterschiedliche Werke."[12] Ein bilanzanalytisches Thema mit diesem Schwerpunkt untersucht folglich die betragsmäßigen Auswirkungen der internationalen Rechnungslegung auf die Ergebnisse der Bilanzanalyse.[13] Um schließlich zu einem Urteil zu gelangen, das den Vergleich zweier unterschiedlich bilanzierender Unternehmen erlaubt, werden entweder die Daten dem Vergleichsabschluss bei Aufstellung der Strukturbilanz angeglichen oder die unterschiedlich ausfallenden Ergebnisse unbereinigt miteinander verglichen und gegeneinander abgewogen.[14] Diesem Themenkreis haben sich bereits einige Schriften gewidmet.[15] Hierbei handelt es sich aber – ebenso wie im Punkt 1 – um keine speziell auf internationale Abschlüsse ausgerichtete Bilanzanalyse, sondern lediglich um

chen Standards – den IFRS – bilanzieren würden. Vgl. sehr kritisch dazu Egger, A. (2001). Nach seiner Feststellung ist die Vergleichbarkeit von Unternehmensdaten gestört, solange ein Rechnungslegungswerk noch zahlreiche Bilanzierungswahlrechte einräumt, auch wenn die Unternehmen nach einheitlichen Standards bilanzieren; vgl. auch Auer, K. V. (1999), S. 373.

10 Heute DaimlerChrysler.

11 In einer Übersicht zu vergleichen bei Roberts, C. / Weetman, P. / Gordon, P. (1998), S. 82. Die Umstellung der Rechnungslegung im Jahr 1993 verursachte ein Defizit nach US-GAAP in Höhe von 1.839 Mio. DM statt eines Periodengewinns in Höhe von 615 Mio. DM nach HGB.

12 Küting, K. / Weber, C.-P. (2001), S. 546; vgl. Küting, K. / Harth, H.-J. / Leinen, M. (2001a), S. 861.

13 Vgl. Baetge, J. / Beermann, T. (2000), S. 2088. Zur Problematik der Vergleichbarkeit aufgrund unterschiedlicher Bilanzierungsstandards vgl. Zdrowomyslaw, N. (2001), S. 186-189.

14 Küting, K. / Weber, C.-P. (2001), S. 547.

15 Vgl. etwa Beermann, T. (2001); vgl. Coenenberg, M. (2000); vgl. Reinhart, A. (1998).

eine Analyse von Jahresabschlüssen, denen eine unterschiedliche Datenbasis zugrunde liegt.

Zu 3.: Ein dritter Ansatz, der in dieser Arbeit verfolgt wird, besteht darin, zu untersuchen, welche zusätzlichen Informationen ein IFRS-Abschluss gegenüber dem HGB-Abschluss liefert und welche Möglichkeiten sich bieten, diese Informationen für die Bilanzanalyse nutzbar zu machen. Eingeschlossen sind dabei auch solche Informationen, die zwar neuerdings auch im HGB-Konzernabschluss gefordert werden, aber seit längerem schon Bestandteile der IFRS sind. Der Nutzen dieser Informationen ist in Deutschland bisher ungenügend gewürdigt worden. An verschiedenen Stellen wird jedoch auch die vergleichende Analyse einbezogen: Müssen Unternehmen beispielsweise über den Zeitwert von Wertpapieren berichten, handelt es sich einerseits um zusätzliche Informationen, die ausgewertet werden können. Andererseits bietet sich aber auch der Vergleich mit bilanzanalytischen Ergebnissen an, die auf Anschaffungs- und Herstellungskosten basierenden Daten beruhen.

Diese Arbeit verfolgt nicht das Ziel, ein Urteil darüber zu fällen, welche Rechnungslegungssysteme – die deutsche Rechnungslegung nach HGB, eingeschlossen die Regelungen nach *Deutsche Rechnungslegungs Standards* (DRS), die Rechnungslegung nach IFRS oder US-GAAP – besser oder schlechter sind. Ein abschließendes Urteil ist ohnehin nur schwer möglich.[16] Wenngleich die IFRS und US-GAAP ein höheres Maß an Informationsbereitstellung vorsehen und dies für eines dieser beiden Rechnungslegungssysteme sprechen würde, verfolgen die deutsche und die internationale Rechnungslegung doch unterschiedliche Ziele.[17] Folglich ist ein uneingeschränkter Vergleich bezüglich eines „Besser-Schlechter-Urteils" nicht möglich. In dieser Arbeit wird davon ausgegangen, dass vor dem Hintergrund der EU-Vorgabe, ab 2005 die IFRS für börsennotierte Konzernunternehmen verpflichtend vorzuschreiben, die Zahl der nach IFRS bilanzierenden Unternehmen zunehmen wird und sich somit die Frage nach der bilanzanalytischen Interpretation der Jahresabschlüsse stellt. Dabei ist insbeson-

---

[16] BUSSE VON COLBE vergleicht die unterschiedlichen Rechnungslegungssysteme mit verschiedenen Sprachen wie Deutsch und Englisch. Die Frage sollte nicht nach der besseren Sprache gestellt werden, sondern nur, welche Sprache sich zur Verständigung durchsetzen wird, wie bspw. „...Englisch inzwischen die Sprache der Kaufleute in der ganzen Welt geworden ist, ..."; Altenburger, O. A. u.a. (2001), S. 68.

[17] Wenn auch für den Konzernabschluss die Zahlungsbemessungsfunktion keine Bedeutung mehr hat und nur noch die Informationsfunktion relevant ist, wird der Konzernabschluss immer noch erheblich vom Vorsichtsprinzip geprägt, das aus den Zielen des Gläubigerschutzes und der Kapitalerhaltung entstanden ist; vgl. Küting, K. / Weber, C.-P. (2001), S. 553.

dere die Fokussierung auf die Analyse des zusätzlichen Informationspotenzials einzelner Instrumente aus Gründen des Umfanges sinnvoll.

2 Vorgehensweise und Eingrenzung der Untersuchung

Die Untersuchung des bilanzanalytischen Nutzens der Zusatzinformationen macht die Eingrenzung des Themas auf wesentliche Informationsgewinne unumgänglich. Hierzu zählen speziell die Kapitalflussrechnung und die Segmentberichterstattung sowie die Eigenkapitalveränderungsrechnung. Inzwischen sind diese Rechnungslegungsinstrumente auch Bestandteil des Konzernabschlusses börsennotierter, nach HGB bilanzierender Mutterunternehmen. Einen weiteren Themenkreis bildet die Kennzahl *Gewinn je Aktie.*

Die Aufnahme der **Kapitalflussrechnung** in den Themenkatalog dieser Arbeit hat im Wesentlichen folgende Gründe: Zum einen soll durch die Kapitalflussrechnung die Finanzlage des Unternehmens dargestellt werden, was durch die Bilanz und die Gewinn- und Verlustrechnung allein nicht adäquat geschieht. Somit sind die bilanzanalytischen Möglichkeiten für die Finanzanalyse zu untersuchen. Zum anderen hat die Kapitalflussrechnung auch für internationale Abschlüsse besondere Bedeutung. Jahresabschlüsse verschiedener Rechnungslegungssysteme stehen unter dem Einfluss unterschiedlicher Bilanzierungs- und Bewertungsregeln. Daher kann ein auf Zahlungsströmen basierendes Rechnungslegungsinstrument wie die Kapitalflussrechnung, die frei von Bewertungen ist, die Bilanzanalyse hervorragend ergänzen, um zu einer objektiveren Beurteilung der Vermögens-, Finanz- und Ertragslage zu gelangen als es mit bilanzpolitisch beeinflussten Daten möglich ist.

Den zweiten Themenkreis bildet die **Segmentberichterstattung**. Im Mittelpunkt dieser Untersuchung steht ebenfalls der zusätzliche Informationsgewinn, den der Analyst mittels der Segmentberichterstattung erhält. In Zeiten zunehmender Unternehmenszusammenschlüsse und ansteigender Produktdiversifikationen reichen die Konzernabschlüsse häufig nicht mehr aus, um ein Gesamturteil über ein Unternehmen zu fällen, ohne Einblicke in die jeweiligen Geschäftsfelder zu geben. Die Segmentberichterstattung kann entscheidende Informationen liefern, die die Kompensationseffekte zwischen erfolgreichen und weniger erfolgreichen Geschäftsfeldern aufdecken. Dabei werden zwar die Schwächen der Segmentberichterstattung, die hauptsächlich in der „Gestaltung“ des Datenmaterials und der Segmentdefinition liegen, aufgedeckt und ihr Einfluss auf die bilanzanalytischen Probleme erläutert. Gleichwohl wird in dieser Arbeit aber gezeigt, dass die Segmentberichterstattung nützliche und brauchbare Analysefortschritte und Verbesserungen bietet.

Einen weiteren Themenbereich bildet die **Eigenkapitalveränderungsrechnung**. Die Höhe des Eigenkapitals bestimmt die Haftungssubstanz eines Unternehmens und den Kapitaleinsatz der Eigner. Daher ist für Analysten jede Veränderung des Eigenkapitals von Bedeutung. Insbesondere in der internationalen Rechnungslegung finden jedoch direkt mit dem Eigenkapital zu verrechnende Vorgänge statt, ausgelöst durch noch nicht realisierte Vermögensänderungen, die jedoch schon erfolgsneutral gebucht werden dürfen, allerdings ohne besondere Angaben in Form einer Eigenkapitalveränderungsrechnung nicht erkennbar sind. Aus diesem Grund wird der Ausweis einer Eigenkapitalveränderungsrechnung im IFRS-Abschluss schon seit längerem verlangt, so dass sich die Frage nach den bilanzanalytischen Möglichkeiten stellt. Inzwischen hat auch der deutsche Gesetzgeber die Bedeutung der Eigenkapitalveränderungsrechnung erkannt und sie im Sommer 2002 in den Publizitätskatalog aufgenommen.

Ein weiterer Informationsgewinn wird durch den Ausweis des ***Gewinns je Aktie*** im IFRS-Abschluss erreicht. Wie bereits erwähnt ist die angelsächsische Rechnungslegung hauptsächlich auf die Informationsfunktion der Investoren ausgerichtet. Investoren treffen ihre Investitionsentscheidungen hinsichtlich der Wachstumsmöglichkeit des Barwertes der zukünftigen Cashflows eines Unternehmens. Dieser Wert korreliert eng mit dem *Gewinn je Aktie* und ist aus diesem Grund in der Rechnungslegung nach IFRS verbindlich auszuweisen. Der Informationsgewinn dieser Kennzahl liegt in der Berücksichtigung unterschiedlicher Eigenkapitalqualitäten, die insbesondere im internationalen Raum und mit großer Wahrscheinlichkeit auch zunehmend in Deutschland genutzt werden. Der *Gewinn je Aktie* nach IFRS wird daher einer kritischen Analyse unterzogen und schließt die Untersuchung ab.

Die **Vorgehensweisen** bei der Behandlung der einzelnen Thematiken weisen Ähnlichkeiten auf, auch wenn die Formulierungen der Überschriften teilweise voneinander abweichen. Die Untersuchung der Problemfelder hat jeweils folgende Struktur: Zunächst werden die Informationsdefizite der deutschen gegenüber der internationalen Rechnungslegung herausgestellt und die Erwartungen, die sich bezüglich ihrer Beseitigung an die IFRS knüpfen, beschrieben. Sodann folgt die Darstellung des entsprechenden Informationsinstrumentariums. Danach beginnt die Untersuchung der bilanzanalytischen Möglichkeiten. Dabei wird sich zeigen, dass längst nicht alle Erwartungen erfüllt werden, sich gleichwohl aber neue, bessere Erkenntnismöglichkeiten bieten und somit für die Jahresabschlussanalyse zu nutzen sind, indem sie zum Beispiel durch Kennzahlenbildung formalisiert oder durch Interpretationsangebote und Analyseschemata systematisiert werden. Untermauert werden die Aussagen mit aktuellen, veröffentlichten Jahresabschlüssen. Vorschläge zur Beseitigung verbleibender Informationsdefizite durch Weiterentwicklung der Standards werden jeweils am Ende der Kapitel unterbreitet.

3 Einordnung der IFRS in den internationalen Rechnungslegungskontext

Das deutsche Bilanzrecht steht seit einigen Jahren vor einer umfassenden Neuordnung. Dieser Prozess wird sich auch in Zukunft fortsetzen. Die Globalisierung der Kapitalmärkte hat einen weltweiten Wettbewerb der Rechnungslegungssysteme entfacht.[18] Literaturbeiträge zu diesem Thema erscheinen fast täglich und dokumentieren den scheinbar unaufhaltbaren Prozess des **Wandels der deutschen Rechnungslegung**. „Deutsche Rechnungslegung im Umbruch"[19], „Rechnungslegung im Wandel"[20], „Der internationale Harmonisierungsprozess und seine Auswirkungen auf die deutsche Rechnungslegung"[21] oder „Die Zukunft der deutschen Rechnungslegung"[22] sind nur einige aktuelle Beispiele, die die momentane Situation wiedergeben. Ausgelöst wurde dieser „Paradigmenwechsel in Richtung international anerkannter Rechnungslegungsstandards"[23] insbesondere durch nachstehende Ereignisse:[24]

Neue Produktionstechniken, Dienstleistungsformen und Transportmittel, der Austausch von Gütern und Waren über nationale Grenzen hinweg – kurz umschrieben mit „Globalisierung der Wirtschaft" – führen dazu, dass Unternehmen verstärkt internationale Kapitalmärkte in Anspruch nehmen, um ihren gestiegenen Kapitalbedarf durch Platzierung von Eigen- und Fremdkapitaltiteln unter

[18] Vgl. Schildbach, T. (2001), S. 857.

[19] Hahn, K. (2001).

[20] Helbling, C. (2001).

[21] Wengel, T. (2001).

[22] Schildbach, T. (2001).

[23] ENGEL-CIRIC hält dem Wandel entgegen, dass es sich dabei um keine kopernikanische Wende in der Rechnungslegung handelt. Die Angleichung des HGB an die IFRS sei in wesentlichen Teilen durch entsprechende Ausübung der Wahlrechte schon jetzt zu erreichen; vgl. Engel-Ciric, D. (2002), S. 193.

[24] Ruhnke, K. / Schmidt, M. / Seidel, T. (2000), S. 876.

dem internationalen Anlegerpublikum zu decken.[25] Dieser letzte Schritt – die „Globalisierung der Kapitalmärkte“ – stellt die **Tauglichkeit der deutschen Rechnungslegung** beim Wettbewerb auf den internationalen Kapitalmärkten in Frage.

Aus internationalem Blickwinkel genießt das deutsche Bilanzrecht wenig Ansehen.[26] Hierzu tragen verschiedene Gründe bei. Der Jahresabschluss nach HGB stellt beispielsweise weniger auf die Informationsfunktion, sondern vorzugsweise unter den Aspekten der Kapitalerhaltung und des Gläubigerschutzes auf die Ausschüttungs- und Zahlungsbemessungsfunktion an Anteilseigner und Fiskus ab. Dies wirkt häufig gegen die Vermittlung eines den *tatsächlichen Verhältnissen entsprechenden Bildes der Vermögens-, Finanz- und Ertragslage*, beziehungsweise gegen eine Darstellung, unter welcher in der angelsächsischen Rechnungslegung der *True and Fair* View verstanden wird, da im angloamerikanischen Raum die Informationsfunktion vornehmlich auf die Investoren ausgerichtet ist.[27] Im Grundsatz aber soll sowohl in der deutschen als auch in der internationalen Rechnungslegung der Jahresabschluss das „tatsächliche“ Abbild zeigen. Die verschiedenen Rechnungslegungssysteme differieren jedoch neben dem unterschiedlichen Verständnis des „tatsächlichen“ Abbildes hinsichtlich der Strenge der Auslegung dieses Grundsatzes.

Nach deutschem Verständnis wird diese in § 264 Abs. 2 und § 297 Abs. 2 HGB kodifizierte Leitidee so interpretiert, dass das den tatsächlichen Verhältnissen entsprechende Bild gezeigt wird, wenn die vom Vorsichtsprinzip geprägten Grundsätze ordnungsmäßiger Buchführung beachtet werden. Folglich kommt es nicht auf die tatsächlichen Verhältnisse im Sinne einer zeitnahen Vermögensdarstellung, in etwa durch Verwendung von Verkehrswerten, erzielbaren Verkaufspreisen, oder Marktpreisen etc. an, sondern nur auf die dem Regelwerk entsprechende Abbildung. Selbst dann, wenn die Beachtung der Grundsätze ordnungsmäßiger Buchführung zu einer unrealistischen Vermögensdarstellung führt, haben sie den Vorrang.[28] Kapitalgesellschaften und Konzerne müssen le-

[25] Vgl. Küting, K. / Harth, H.-J. / Leinen, M. (2001), S. 681; vgl. Pilhofer, J. (2002), S. 1.

[26] Vgl. Maret, J. / Wepler, L. (1999), S. 38.

[27] Der Informationsfunktion für die Investoren liegt die Vorstellung zugrunde, dass Informationen, die den Eigen- und Fremdkapitalgebern nützlich sind, auch anderen Interessengruppen dienen; vgl. Auer, K. v. (1997), S. 96.

[28] Insofern stellt die Generalnorm im deutschen Recht kein *overriding principle* dar; vgl. Beine, F. (1995), S. 475.

diglich im Anhang ihrer Jahresabschlüsse bei wesentlicher Abweichung von den „tatsächlichen" Verhältnissen darüber informieren.[29]

In der US-amerikanisch geprägten Rechnungslegung wird dieser Leitgedanke sehr viel strenger gewichtet. In Fällen, in denen durch Anwendung der Bilanzierungs- und Bewertungsgrundsätze die „tatsächlichen" Verhältnisse nicht abgebildet würden, dürfen die Grundsätze nicht beachtet werden. Insofern stellt hier der *True and Fair View-Grundsatz* ein *overriding principle* dar, um auf diese Weise im Jahresabschluss einer *fair presentation* Rechnung zu tragen.[30]

Die IFRS nehmen eine Zwischenposition ein. Sie erheben einerseits den Anspruch, dass die Anwendung der Standards zwangsläufig zu einem den *tatsächlichen Verhältnissen entsprechenden Bild der Vermögens-, Finanz- und Ertragslage* führt – dies entspricht der deutschen Interpretation der Generalnorm –, doch sie lassen in besonderen Ausnahmefällen das Abweichen von den Einzelvorschriften zu. Allerdings sind dann umfangreiche Anhangangaben erforderlich.[31]

Die vom Gesetzgeber beziehungsweise von den Standardsettern beabsichtigte Auslegung der Generalnorm führt dazu, dass bei regelkonformer Anwendung der Vorschriften sowohl nach IFRS als auch nach HGB im Sinne der Auslegung regelmäßig ein „tatsächliches Verhältnis" gezeigt wird.[32] Die Folge der unterschiedlichen Ausdeutung ist, dass der klassische HGB-Jahresabschluss international nicht akzeptiert wird und deutsche Unternehmen bis zum Inkrafttreten des KapAEG im Jahre 1998 neben dem HGB-Abschluss einen zusätzlichen auf international anerkannten Rechnungslegungsstandards basierten Jahresabschluss aufstellen mussten, wobei die beiden Abschlüsse dann häufig zu unterschiedlichen Aussagen führten.[33]

---

[29] Vgl. Gräfer, H. / Sorgenfrei, C. (2002), S. 9-10.

[30] Vgl. Gräfer, H. (1992), S. 3.

[31] Vgl. Krawitz, N. (2001), S. 632.

[32] Beispielsweise kann der Vermögensbegriff ertragswert- und substanzwertorientiert ausgelegt werden. Letzterer wird aufgrund des Vorsichtsprinzips im HGB bevorzugt; vgl. Bieg, H. / Kußmaul, H. (1996), S. 52. Der ertragswertorientierte (dynamische) Vermögensbegriff wird nach IFRS verwendet; vgl. Buchholz, R. (2001), S. 122.

[33] Vgl. auch das Beispiel von Daimler Benz in Kap. I.1.

Dieses Dilemma hat der deutsche Gesetzgeber erkannt und mit dem KapAEG die deutsche Rechnungslegung für eben diese internationalen Standards geöffnet, indem er börsennotierte Muttergesellschaften von Konzernunternehmen von der Aufstellung eines HGB-Konzernabschlusses befreit, wenn sie den Jahresabschluss stattdessen nach internationalen Standards erstellen und publizieren (§ 292a HGB).[34] Seitdem tauchen heute nur noch vereinzelt Diskussionen darüber auf, ob sich das deutsche Bilanzrecht den internationalen Standards angleichen müsse, sofern man das Regelwerk des HGB weiterhin als verbindlich vorschreiben wolle.[35] Diese Frage ist längst beantwortet.[36] Einige Beiträge karikieren das deutsche Bilanzrecht sogar als „ausgedient".[37] Vielmehr steht die Frage im Vordergrund, ob sich die IFRS oder die US-GAAP durchsetzen werden, die als wichtigste Rechnungslegungsstandards mit befreiender Wirkung für den Konzernabschluss in Betracht kommen.[38]

Wenngleich der deutsche Gesetzgeber durch das *Gesetz zur Kontrolle und Transparenz im Unternehmensbereich* (KonTraG) mit dem § 342 HGB ein *Deutsches Rechnungslegungs Standard Committee* (DRSC) gegründet hat, dem als privates Rechnungslegungsgremium die Funktion zukommt, die deutsche Rechnungslegung weiterzuentwickeln und den Harmonisierungsprozess voranzutreiben, scheint der Vorsprung der IFRS und US-GAAP uneinholbar zu sein. Im Vergleich zwischen IFRS und US-GAAP sprechen derzeit mehr Gründe dafür, dass sich zumindest auf kontinentaleuropäischer Seite und damit auch in Deutschland die IFRS durchsetzen werden. Dafür steht nicht nur die Anzahl der bereits nach IFRS veröffentlichten Jahresabschlüsse,[39] sondern auch die im Frühjahr 2001 verkündete EU-Verordnung, nach der börsennotierte Mutterge-

---

[34] Zu den Befreiungsvoraussetzungen vgl. Wollmert, P. / Oser, P. (2000), S. 730 ff..

[35] Vgl. dazu sehr kritisch Schildbach, T. (2001), S. 857.

[36] Mit der Gründung des DRSC wurde beabsichtigt, den Harmonisierungsprozess der internationalen Rechnungslegung voranzutreiben, indem diesem Gremium folgende drei Aufgaben nach internationalem Vorbild übertragen wurden: 1. Entwicklung von Empfehlungen zur Anwendung der Grundsätze über die Konzernrechnungslegung, 2. Beratung des BMJ bei Gesetzgebungsvorhaben zu Rechnungslegungsvorschriften und 3. Vertretung Deutschlands in internationalen Standardisierungsgremien; vgl. Küting, K. / Brakensiek, S. (1999), S. 681; vgl. Küting, K. / Dürr, U. / Zwirner, C. (2002), S. 198; vgl. Schildbach, T. (1999), S. 645.

[37] Vgl. bspw. Wengel, T. (2001), S. 432

[38] Vgl. Krawitz, N. (2001), S. 629.

[39] Vgl. Kap. I.1; vgl. auch Fn. 2; vgl. Ilg, P. / Hasler, S. (2001); auch unter den Unternehmensvorständen innerhalb Europas werden meistens die IFRS favorisiert; vgl. Helleman, J. van / Slomp, S. (2002), S. 220.

sellschaften von Konzernunternehmen die IFRS ab dem 1.1.2005 verbindlich anzuwenden haben.[40] Darunter fallen nicht nur die Unternehmen, die bisher die befreiende Wirkung des § 292a HGB genutzt haben, sondern alle börsennotierten Muttergesellschaften von Konzernunternehmen.[41] Hinzu kommt, dass das den Einzelabschluss prägende Maßgeblichkeitsprinzip des § 5 EStG immer häufiger in Frage gestellt wird und es zukünftig zu einer Trennung von handelsrechtlicher und steuerrechtlicher Gewinnermittlung kommen könnte.[42] Der EU-Verordnungsentwurf beinhaltet bereits für die Mitgliedstaaten der EU den Vorschlag, auch den Einzelabschluss nach IFRS zu verpflichten oder mindestens zu empfehlen.[43]

Der Vorsprung der IFRS gegenüber den US-GAAP im Wettlauf um die weltweite Anerkennung ist jedoch insoweit zu relativieren, dass sich die IFRS den US-GAAP immer stärker annähern. Des Weiteren steht die Anerkennung der IFRS durch die amerikanische Wertpapierhandelskommission (SEC) noch aus, so dass nach momentanem Stand die US-GAAP für deutsche am amerikanischen Kapitalmarkt agierende Unternehmen relevant bleiben, mindestens in der Form, dass eine Überleitungsrechnung auf die US-GAAP notwendig ist.[44]

Angetrieben durch die Verbreitung der internationalen Rechnungslegung in der Bilanzierungspraxis befasst sich die Literatur inzwischen ausgiebig mit den Un-

---

40 Vgl. Kommission der Europäischen Gemeinschaften (2001); vgl. Luttermann, C. (2001), S. 309.

41 Unternehmen, die ihre Rechnungslegung mit Einführung des § 292a HGB auf US-GAAP umgestellt haben, erhalten eine Verlängerungsfrist bis 2007; vgl. Behr, G. (2002), S. 538.

42 Vgl. Bruns, H.-G. (2002), S. 179; vgl. Graumann, M. (2002a), S. 537; vgl. Buchholz, R. / Weis, R. (2002); vgl. Buchholz, R. / Weis, R. (2002a); Herzig, N. (2000).

43 Vgl. Kommission der Europäischen Gemeinschaften (2001); vgl. Busse von Colbe, W. (2002), S. 169; vgl. Niehus, R. J. (2001), S. 740; vgl. Schildbach, T. (2002), S. 263; auch das Institut der Wirtschaftsprüfer nimmt Stellung zur Anwendung der IFRS sowohl im Konzern- als auch im Einzelabschluss und befürwortet dieses im Hinblick auf die Vergleichbarkeit von Jahresabschlüssen; vgl. Stellungnahme des IDW (2001), S. 865-867.

44 Vgl. Ernst, E. (2002), S. 184; hinsichtlich der uneingeschränkten Akzeptanz seitens der SEC äußert sich BALLWIESER sehr skeptisch aufgrund der mangelnden Durchsetzungskraft der IOSCO gegenüber der SEC; vgl. Ballwieser, W. (2002), S. 297; die mangelnde Einflussmöglichkeit der EU auf die US-GAAP ist auch der Grund für die Favorisierung der IFRS durch die EU; vgl. Graumann, M. (2002), S. 404; darüber hinaus sind nationale Standards – wie es die US-GAAP aus Sicht der USA sind – als weltweite Rechnungslegungsstandards kaum vorstellbar; vgl. Wagenhofer, A. (2002), S. 242.

terschieden zwischen der deutschen und internationalen Rechnungslegung.[45] Weniger ist jedoch untersucht worden, welche Konsequenzen die internationale Rechnungslegung – allem voran die IFRS – auf die Bilanzanalyse hat. Diesem Problem soll sich die vorliegende Arbeit zuwenden.

[45] Vgl. stellvertretend Coenenberg, A.G. (2000); vgl. Achleitner, A.-K. / Behr, G. (2000); vgl. Hayn, S. / Waldersee, G. (2000); vgl. Pellens, B. (2001); vgl. Bertschinger, P. (2001); vgl. Feld, K.-P. (2001); vgl. Krawitz, N. (2001); vgl. Langenbeck J. (2001); vgl. Selchert, F. W. / Erhardt, M (1999); vgl. Dusemond, M. / Kessler, H. (2001); vgl. Baukmann, D. / Mandler, U. (1998); vgl. Born, K. (1999); vgl. Buchholz, R. (2001); vgl. Förschle, G. / Kroner, M. / Mandler, U. (1996); vgl. KPMG (1999).

II Die Kapitalflussrechnung nach IFRS

1 Informationsdefizite ohne Kapitalflussrechnung im klassischen Jahresabschluss

1.1 Forderung nach der Darstellung eines den tatsächlichen Verhältnissen entsprechenden Bildes der Finanzlage

Wie bereits in der Einleitung beschrieben haben Jahresabschlüsse unabhängig davon, ob sie nach deutschem Recht oder internationalen Standards aufgestellt werden, ein den *tatsächlichen Verhältnissen entsprechendes Bild der Vermögens-, Finanz- und Ertragslage* wiederzugeben.[46]

Mithin stellt sich nun die Frage, welche Instrumente des Jahresabschlusses geeignet sind, die Vermögens-, Finanz- und Ertragslage am besten darzustellen. Dabei bilden unstreitig die Bilanz die Vermögenslage und die *Gewinn- und Verlustrechnung* die Erfolgslage am besten ab.[47] Solange die Kapitalflussrechnung in Jahresabschlüssen nicht obligatorisch war, mussten die Bilanz und die *Gewinn- und Verlustrechnung* zusammen mit den Anhangangaben auch die Finanzlage darstellen. Dies erkannten Kritiker als unzureichend an und forderten die Kapitalflussrechnung als weiteres Instrument im Jahresabschluss zur Darstellung der Finanzlage. KÄFER bezeichnet die Kapitalflussrechnung sogar erstmals als dritte Jahresrechnung neben Bilanz und *Gewinn- und Verlustrechnung*.[48]

Die Kapitalflussrechnung ist neben der Bilanz und der *Gewinn- und Verlustrechnung* ein gesondertes Rechnungslegungsinstrument, das wie bereits geschildert primär das Ziel verfolgt, die Finanzsituation eines Unternehmens darzustellen. Sie zeichnet sich insbesondere durch die dynamische Darstellungsform von Rechnungslegungsdaten und die Zahlungsstromorientierung aus. Dies sei näher erläutert:

Während die Bilanz den Bestand an Vermögensgegenständen und Schulden zu einem bestimmten **Zeitpunkt** aufnimmt und somit im günstigsten Fall Auskunft

---

[46] Vgl. Kap. I.3.

[47] Vgl. Amen, M. (1998), S. 3-4.

[48] Vgl. Käfer, K. (1967).

über die Liquidität am Bilanzstichtag gibt (statischer Aspekt), stellt die Kapitalflussrechnung eine **Zeitraumbetrachtung** über die tatsächlich in der betrachteten Periode geflossenen Zahlungsmittel dar (dynamischer Aspekt). Somit lässt die Kapitalflussrechnung nicht nur Rückschlüsse auf die Liquidität und die finanzielle Situation am Bilanzstichtag zu, sondern liefert zusätzliche Erklärungen dafür, warum sich der Bestand an liquiden Mitteln während der Periode verändert hat.[49] Diese Informationen haben insbesondere für die Finanzanalyse Bedeutung, da nur sie mittels der Zeitraumbetrachtung die verzerrenden Einflüsse der Stichtagsbetrachtung auf die Liquidität aufdecken[50] und nur durch sie Aussagen über die Fähigkeit der Unternehmung gemacht werden können, auch zukünftig Zahlungsmittelüberschüsse zu erwirtschaften.[51]

Obwohl auch die *Gewinn- und Verlustrechnung* eine Zeitraumbetrachtung für das gesamte Geschäftsjahr ist, werden in ihr lediglich periodisierte Zahlungen in Form von Aufwendungen und Erträgen gezeigt, die das Zustandekommen des Periodenerfolges erklären. Folglich sind mit der *Gewinn- und Verlustrechnung* nur eingeschränkt Aussagen über die finanzielle Situation eines Unternehmens möglich. Sie dient primär der Analyse der Ertragskraft des Unternehmens.[52]

Da die Bilanz und die *Gewinn- und Verlustrechnung* somit keine zufrieden stellenden Aussagen über die finanzielle Situation eines Unternehmens machen können, werden in der Kapitalflussrechnung sämtliche Einzahlungen und Auszahlungen der Periode gegenübergestellt, um ergänzende Informationen über die Entwicklung der finanziellen Lage des Unternehmens zu erhalten.[53]

[49] Vgl. Pfuhl, J. (1991), S. 1641.

[50] Beispielsweise verzerrt das Weihnachtsgeschäft die Liquidität eines Handelsunternehmens zum Bilanzstichtag 31.12. in hohem Maße, da in der Regel die Liquidität während des Geschäftsjahres tendenziell auf einem niedrigeren Niveau liegt.

[51] Vgl. Amen, M. (1998), S. 4-5; vgl. Baetge, J. / Kirsch, H.-J. / Thiele, S. (2000), S. 567.

[52] Vgl. Amen, M. (1998), S. 3.

[53] Vgl. Heinrich, D. (1998), S. 180; vgl. Dauner, W. / Dauner-Lieb, B. (1996), S. 1543.

Abbildung 1: Instrumente zur Darstellung der Vermögens-, Finanz- und Ertragslage

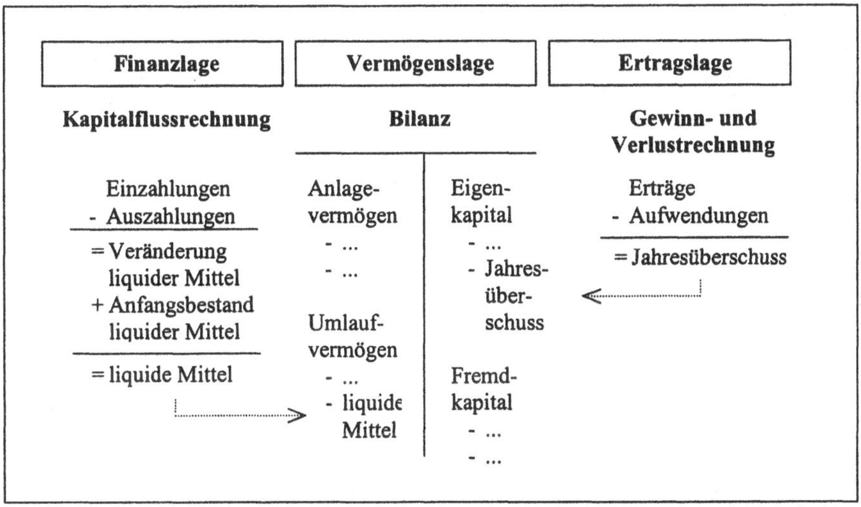

Quelle: In Anlehnung an Pellens, B.(2001), S. 321.

Mit Abbildung 1 wird der soeben beschriebene Sachverhalt unter der Zuordnung der Vermögens-, Finanz- und Ertragslage zu den Instrumenten Kapitalflussrechnung, Bilanz und *Gewinn- und Verlustrechnung* noch einmal dargestellt.

Selbstverständlich sind die einzelnen Instrumente interdependent und nicht nur ausschließlich für die Darstellung eines Bereiches geeignet.[54] Beispielsweise wäre die Untersuchung der Kapitalstruktur eines Unternehmens der Finanzanalyse zuzuordnen, obwohl die Bilanz das Informationsmaterial dazu liefert. In der Abbildung handelt es sich deswegen nur um die primären Funktionsbereiche der Rechnungslegungsinstrumente.

Die Erläuterung des Analyseziels der Kapitalflussrechnung im Rahmen der Finanzanalyse wird im folgenden Teil vorgenommen.

1.2 Die Liquiditätslage als ein Aspekt der Finanzlage und als Hauptdarstellungsziel der Kapitalflussrechnung

Zunächst soll ein Überblick über die Kategorien der Bilanzanalyse gegeben werden, um anschließend die Kapitalflussrechnung in das Gerüst der Bilanzana-

[54] Vgl. Baumgartner, S. / Papousek, C. (1997), S. 331.

lyse einzuordnen. Hierzu dient Abbildung 2, die im Anschluss kurz erläutert wird.

Abbildung 2: Einordnung der Kapitalflussrechnung zu den Kategorien der Bilanzanalyse

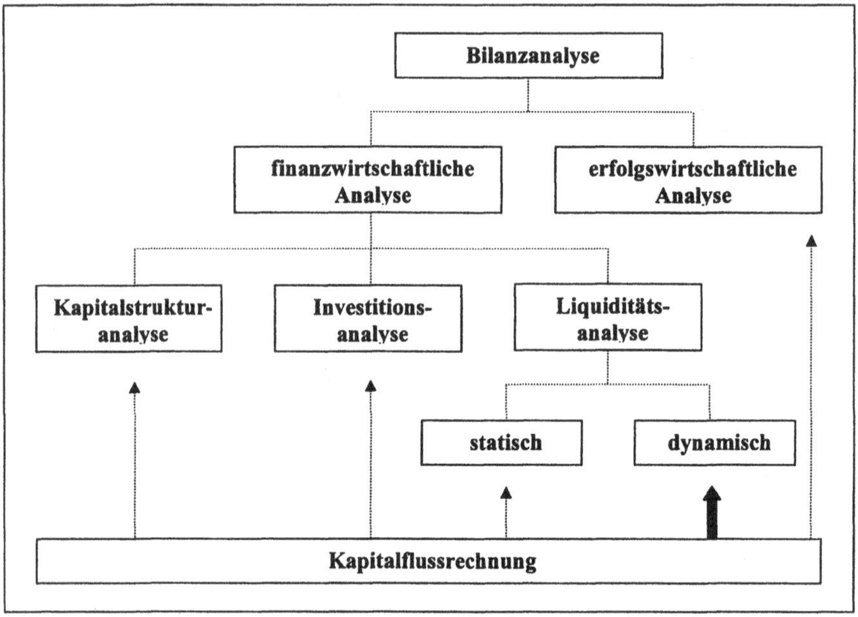

Traditioneller Weise wird die Bilanzanalyse in die Bereiche Erfolgs- und Finanzanalyse aufgeteilt.[55] Im Rahmen der **Finanzanalyse** interessieren insbesondere Fragen nach der Kapitalaufbringung und Kapitalverwendung sowie der kurzfristigen und langfristigen beziehungsweise der statischen und dynamischen Liquidität.[56]

Die **Kapitalstrukturanalyse** liefert Informationen über die Kapitalaufbringung hinsichtlich Art, Höhe und Fristigkeit des zur Verfügung stehenden Kapitals. Mit der **Investitionsanalyse** werden Fragen der Kapitalverwendung beantwortet. Erkenntnisse sind die Art und Zusammensetzung des Vermögens sowie sei-

[55] Vgl. Coenenberg, A. G. (2000), S. 875; vgl. Gräfer, H. (2001), S. 19; dabei fällt die Analyse der Vermögenslage unter die Analyse der Finanzlage. Häufig wird die Vermögenslage auch getrennt von der Finanzlage analysiert; vgl. Baetge, J. (1998), S. 139.

[56] Vgl. Gräfer, H. (2001), S. 119.

ne Bindungsdauer im Unternehmen.[57] Im Rahmen der **Liquiditätsanalyse** wird untersucht, inwiefern das Unternehmen jederzeit seinen Zahlungsverpflichtungen termingerecht und ohne Störung des normalen Betriebsprozesses nachkommen kann. Ist diese Situation gewährleistet, ist das Unternehmen als liquide zu bezeichnen.[58] Zunächst werden zu diesem Untersuchungszweck Liquiditätsgrade ermittelt, die die Liquidität zu einem bestimmten (Bilanz-)Stichtag messen. Deswegen handelt es sich hierbei auch um die **statische** Liquiditätsanalyse.[59] Dieser Analyseteil und die Kapitalstruktur- sowie Investitionsanalyse haben gemeinsam, dass die Informationen überwiegend aus den Daten der Bilanz stammen. Deswegen wird den Liquiditätsgraden insbesondere der Nachteil zugesprochen, dass neben der Vergangenheitsbetrachtung die Zahlungsfähigkeit eben nur zu einem bestimmten Zeitpunkt gemessen wird und sie nichts darüber aussagt, inwiefern sich die Liquidität während des Geschäftsjahres entwickelt und was zu ihrer Veränderung beigetragen hat. Informationen darüber, inwieweit das Unternehmen in der Lage gewesen ist und in Zukunft sein wird, Liquidität selbst zu generieren, bleiben verborgen.[60]

Da sowohl Bilanz als auch *Gewinn- und Verlustrechnung* zwecks Ermittlung eines Periodengewinns erfolgswirtschaftlich orientiert sind, sind gesonderte Rechnungen zur Beurteilung der Liquiditätslage notwendig, die über die tatsächlich im Unternehmen auftretenden Zahlungsströme berichten.[61] Eine erste Hinwendung in diese Richtung ist die Berechnung des **Cashflows**, der das erfolgswirtschaftlich orientierte Periodenergebnis in eine finanzwirtschaftliche Kennzahl transformiert und die weitere Unterteilung der Liquiditätsanalyse in einen statischen und **dynamischen** Teil einleitet. Dynamischen Charakter erhält der Cashflow deswegen, weil es sich nicht mehr wie bei den Liquiditätsgraden um Bestandsgrößen, sondern um Stromgrößen handelt.

Der Cashflow stellt den Überschuss der laufenden betrieblichen Einnahmen über die laufenden betrieblichen Ausgaben dar. Folglich repräsentiert er den Über-

---

57 Vgl. Coenenberg, A. G. (2001), S. 314.

58 Vgl. Grüning, U. (1989), S. 35. Eine andere Definition des Begriffs „Liquidität" ergibt sich aus der Fähigkeit, einzelne Vermögensgegenstände in Zahlungsmittel (Liquidität) umwandeln zu können. Diese Definition wird nicht weiter verfolgt, da sie für die Analyse der Kapitalflussrechnung nicht relevant ist; vgl. detaillierter Wöhe, G. (1992), S. 315.

59 Vgl. Wöhe, G. (1992), S. 315.

60 Vgl. Buchner, R. (1981), S. 71.

61 Vgl. zu den Vorteilen des Zahlungsstrom-Konzepts Küting, K. / Pfuhl, J. M. (1994), S. 1508.

schuss aller Einzahlungen und Auszahlungen, die das Unternehmen selbst erwirtschaftet hat und sich in der Erfolgsrechnung niedergeschlagen haben.[62] Der Verkaufserlös eines Grundstückes ist beispielsweise eine Einzahlung, die nicht selbst erwirtschaftet wurde. Liegt der Verkaufserlös jedoch über dem Buchwert, ist der Teil der Einzahlung, der den Buchwert übersteigt, gleichzeitig erfolgs- und zahlungswirksam. Folglich ist nur diese Differenz im Cashflow enthalten.

Zum Cashflow existieren zahlreiche Berechnungsvarianten.[63] Sie werden im Rahmen der Analyse noch einmal herangezogen. An dieser Stelle ist lediglich relevant, dass es sich beim Cashflow nicht um den Überschuss sämtlicher Ein- und Auszahlungen handelt, sondern nur um den Teil, der die finanzwirtschaftliche Ertragskraft – das Innenfinanzierungspotenzial – des Unternehmens beschreibt.

Die Ermittlung des Cashflows kann zwar zur Beurteilung der Liquiditätslage hilfreich sein, inwieweit Zahlungsmittel selbst generiert werden konnten. Dies allein reicht aber noch nicht aus. Insbesondere die Schwierigkeiten bei der Beurteilung der Zahlungswirksamkeit einiger Einflussgrößen, lediglich die Erfassung von Innenfinanzierungsvorgängen sowie die fehlenden Aussagen über die Verwendung der zugeflossenen Mittel führen dazu, dass der Cashflow zur Beurteilung der Liquiditätslage unzureichend ist.[64]

Genau an dieser Stelle setzt die **Kapitalflussrechnung** an. Sie vereint auf der einen Seite die Vorteile der traditionellen Cashflow-Rechnung und beseitigt auch gleichzeitig ihre Nachteile, indem Zahlungsströme offen gelegt werden, die ohne eine Kapitalflussrechnung nicht erkennbar sind.[65] Folglich liegt die **Zielsetzung** der Kapitalflussrechnung darin, es dem Analysten zu ermöglichen,

---

[62] Vgl. Baetge, J. (1998), S. 312 ff..

[63] Je nach Vielfalt der Bereinigung nicht zahlungswirksamer Vorgänge beim Periodenergebnis werden die Cashflows I, II und III unterschieden. Je nach Einbeziehung der Entstehungsursachen werden Cashflows vor Steuern, vor Zinsen, der ordentliche oder betriebliche Cashflow differenziert. Je nach Verwendung des Cashflows – beispielsweise für Investitionen, Schuldentilgung oder Dividenden – werden Brutto- und Netto-Cashflows angeführt; vgl. Röhrenbacher, H. / Fleischer, W. (1989), S. 205-218. Allen Definitionen ist jedoch gemein, dass es sich jeweils um einen erfolgswirtschaftlichen Indikator handelt.

[64] Vgl. Baetge, J. (1998), S. 328-331; vgl. Bieg, H. (1999), S. 28; vgl. Coenenberg, A. G. (2000), S. 943; vgl. Gräfer, H. (2001), S. 159.

[65] Vgl. Coenenberg, A. G. (2001), S. 314.

- die Fähigkeit eines Unternehmens zur Erwirtschaftung von Zahlungsmitteln und Zahlungsmitteläquivalenten und zur Generierung zukünftigen Cashs zu beurteilen,
- den Liquiditätsbedarf des Unternehmens im Zeitablauf abzuschätzen,
- Veränderungen in der Vermögens- und Finanzstruktur des Unternehmens zu bewerten und
- die Vergleichbarkeit der Ertragslage verschiedener Unternehmen zu erleichtern, indem die unterschiedlichen Bilanzierungs- und Bewertungsmethoden für dieselben Geschäftsvorfälle eliminiert werden.[66]

Diese Zusatzinformationen gilt es, im Rahmen der Jahresabschlussanalyse zu nutzen. Aus der Zielsetzung heraus wird deutlich, dass die Kapitalflussrechnung primär den Bereich der dynamischen Liquiditätsanalyse unterstützt. Darüber hinaus können die zusätzlichen Informationen auch im Rahmen der Kapitalstruktur- und Investitionsanalyse genutzt werden. Sogar ein Vergleich mit den Erfolgszahlen kann den Einfluss von Bilanzpolitik auf das Jahresergebnis mindestens teilweise hervorheben.[67] Insbesondere die kennzahlengestützte Auswertung der Kapitalflussrechnung steht damit kaum noch unter dem Einfluss von Bilanzpolitik.[68]

1.3 Bedeutung der Kapitalflussrechnung im Rahmen der internationalen Rechnungslegung

In der internationalen Rechnungslegung wurde die Problematik um das Fehlen einer Kapitalflussrechnung im Jahresabschluss schon viel früher erkannt, so dass es bereits seit über 30 Jahren üblich ist, dort eine Kapitalflussrechnung im Jahresabschluss zu veröffentlichen. Vor allem aus den USA kamen immer wieder Anstöße, die Kapitalflussrechnung weiterzuentwickeln, insbesondere mit der

[66] Vgl. IAS 7 Zielsetzung u. Par. 4 u. 5. Die Möglichkeit der Nutzung der Kapitalflussrechnung zur Bestimmung des Barwertes zukünftiger Cashflows im Rahmen der Unternehmensbewertung wird nur am Rande betrachtet.

[67] Vgl. IAS 7 Par. 5. Den internationalen Rechnungslegungsstandards – IFRS und US-GAAP – wird häufig der Vorteil zugesprochen, dass sie im Vergleich zum HGB bilanzpolitisch wenig gestaltbar wären. Bezüglich der expliziten Wahlrechte ist diesem zuzustimmen. Jedoch kommen zu bilanzpolitischen Möglichkeiten auch Ermessensspielräume hinzu, deren Ausmaß das Unternehmen bestimmt. Beispielsweise seien der Ansatz von Entwicklungskosten, die Bewertung der Pensionsrückstellungen, die Schätzung zukünftiger Cashflows für die Berechnung des beizulegenden Wertes eines Vermögenswertes genannt; vgl. ausführlicher Pellens, B. / Sürken, S. (1998), S. 210; vgl. Müller, S. / Wulf, I. (2001), S. 2206.

[68] Vgl. Achleitner, A.-K. / Wichels, D. (1999), S. 481.

Absicht, eine bessere Vergleichbarkeit und Verständlichkeit dieser Rechnung zu erreichen.[69]

Während zunächst mit der Verabschiedung des APB Opinion 19: „reporting changes in financial position" 1971 noch recht allgemein über die finanzielle Situation eines Unternehmens in den USA berichtet werden musste,[70] wuchs die Bedeutung der Kapitalflussrechnung mit der Verabschiedung des SFAS 95: „statement of cash flows" im Jahre 1987, der bis heute noch Gültigkeit besitzt.[71,72]

In der Rechnungslegung nach IFRS hat eine ähnliche Entwicklung stattgefunden. Ein zuvor verlautbarter Standard IAS 7: „statement of changes in financial position", der dem APB Opinion 19 weitgehend ähnelte, wurde überarbeitet und 1992 als neuer IAS 7: „cash flow statements" verabschiedet.[73]

In der deutschen Rechnungslegung[74] war bis zur Verabschiedung des KonTraG in 1998 keine Veröffentlichung einer Kapitalflussrechnung vorgesehen. Es existierte lediglich eine vom *Hauptfachausschuss des Instituts der Wirtschaftsprüfer und des Arbeitskreises „Finanzierungsrechnung" der Schmalenbach Gesellschaft/Deutsche Gesellschaft für Betriebswirtschaft* gemeinsam publizierte Stellungnahme: „Die Kapitalflußrechnung als Ergänzung des Jahres- und Konzernabschlusses" (HFA 1/1995)[75], für freiwillig publizierte Kapitalflussrechnungen.[76] Erst mit der Verabschiedung des KonTraG und seiner Umsetzung im

---

[69] Vgl. Küting, K. / Weber, C.-P. (2000), S. 142.

[70] Zur inhaltlichen Ausgestaltung der Kapitalflussrechnung nach APB Opinion 19 vgl. Weilenmann, P. (1984), S. XIII; vgl. Pfuhl, J (1995), S. 224.

[71] Vgl. Pellens, B. (2001), S. 323.

[72] Den historischen Ursprung hat die Kapitalflussrechnung bereits anfangs des 20. Jahrhunderts, jedoch eher unter der Bezeichnung *funds statemen*t zu finden, vgl. Weilenmann, P. (1992), S. 11.

[73] Vgl. Pellens, B. (2001), S. 500.

[74] Vgl. zum geschichtlichen Hintergrund der Kapitalflussrechnung in Deutschland Haller, A. / Jakoby, S. (1994), S. 645.

[75] Vgl. Hauptfachausschuss des Instituts der Wirtschaftsprüfer und Arbeitskreis „Finanzierungsrechnung" der Schmalenbach-Gesellschaft / Deutsche Gesellschaft für Betriebswirtschaft e.V. (1995), S. 210-213; vgl. Mansch, H. / Stolberg, K. / Wysocki, K. v. (1995), S. 185-203.

[76] Vgl. Gräfer, H. (1997), S. 182.

§ 297 HGB im Jahr 1998 wurden börsennotierte Mutterunternehmen zur Veröffentlichung einer Kapitalflussrechnung im Konzernanhang verpflichtet. Die inhaltliche Ausgestaltung der Kapitalflussrechnung wurde dabei dem privaten Rechnungslegungsgremium DRSC übertragen, das seine Aufgabe mit der Verabschiedung des DRS 2: „Kapitalflussrechnung" in 1999 erfüllte. Somit wird oben genannten Unternehmen nahe gelegt, eine Kapitalflussrechnung nach diesem Standard aufzustellen. Dem HFA 1/1995 kommt damit keine praktische Bedeutung mehr zu.[77] Unternehmen, die über das ebenfalls in 1998 verabschiedete KapAEG einen befreienden Konzernabschluss nach internationalen Grundsätzen veröffentlichen, stellen eine Kapitalflussrechnung allerdings nach dem jeweils entsprechenden internationalen Standard auf.[78]

Inhaltlich sind die Kapitalflussrechnungen nach DRS 2, IAS 7 und SFAS 95 identisch. Sie weisen allerdings Unterschiede in der Zuordnung zu verschiedenen Bereichen auf,[79] die bezüglich der Konzeption dieses Instrumentes jedoch keinen Einfluss haben. Nicht zuletzt deswegen ist auch der IAS 7 von der IOSCO als gleichwertiger Standard zum SFAS 95 anerkannt worden.[80] Die Ausführungen zur Kapitalflussrechnung konzentrieren sich aufgrund der Themenstellung auf den IAS 7, verweisen gelegentlich aber auf abweichende Regelungen des SFAS 95 und DRS 2.

Mit der Verpflichtung zur Veröffentlichung von Kapitalflussrechnungen, ob nach deutschen oder internationalen Standards, ist ein entscheidender Schritt in der Vereinheitlichung und Vergleichbarkeit von Cashflow-Informationen getan. Nun kann sich die Arbeit auf Möglichkeiten der Analyse der Kapitalflussrechnungen konzentrieren.

2 Darstellung des Instrumentariums

2.1 Grundlegender Aufbau und Herleitungsmöglichkeiten

Der IAS 7 schreibt kein eindeutiges Gliederungsschema für die Kapitalflussrechnung vor. Im Anhang des IAS 7 wird lediglich ein Vorschlag für die Auf-

[77] Vgl. Pilhofer, L. (2000), S. 292.

[78] Vgl. Lenz, H. (2000), S. 501.

[79] Unterschiede liegen beispielsweise in der Zuordnung der Zinsen und Dividenden. Vgl. dazu die späteren Ausführungen in Kap. I 2.3.1.1.

[80] Vgl. KPMG (1997), S. 145.

stellung einer Kapitalflussrechnung unterbreitet, der demzufolge nur Empfehlungscharakter hat.[81] In der Bilanzierungspraxis ist jedoch zu beobachten, dass die Unternehmen diesem Gliederungsschema grundsätzlich folgen und Abweichungen nur vereinzelt auftauchen.

Vorgeschrieben wird vom IAS 7 jedoch die Aufteilung der Einzahlungen und Auszahlungen in die drei Bereiche *Cashflows aus betrieblicher Geschäftstätigkeit*[82], *Cashflows aus Investitionstätigkeit* und *Cashflows aus Finanzierungstätigkeit*, welche Zahlungsströme diesen drei Bereichen sinngemäß zuzuordnen sind und in welcher Weise diese Zahlungsströme zu ermitteln sind. Die Form der Darstellung lässt der IAS 7 hingegen offen, um im Einzelfall jeweils an den Bedürfnissen der Unternehmen anpassungsfähig zu bleiben.[83]

Die Summe der Cashflow-Bereiche ergibt die *Veränderung des Finanzmittelfonds*. Differenzen treten lediglich auf, wenn der Fond selbst gewissen Wertschwankungen unterliegt.[84] Somit setzt sich eine Kapitalflussrechnung aus einem Fondsveränderungsnachweis einerseits und aus einer Ursachenrechnung andererseits zusammen,[85] wie Abbildung 3 veranschaulicht.

Ihre Aussagekraft erhält die Kapitalflussrechnung allerdings nicht allein durch die Ermittlung der in der Abbildung gezeigten absoluten Cashflow-Größen und durch Vergleich dieser Zahlen zwecks Ermittlung von Zahlungsmittelüberschüssen beziehungsweise -defiziten. Vielmehr legt die Kapitalflussrechnung die Zusammensetzung der Cashflow-Werte offen, so dass Einblicke in die Struktur der Zahlungsströme für zusätzliche Erkenntnisse der Analyse möglich werden.[86] Darüber hinaus lassen sich die Erkenntnisse über die tatsächlichen Zahlungsströme aus der Kapitalflussrechnung für weitere Analysen nutzen – beispielsweise für die Cashflow- oder die Investitionsanalyse, worauf später im Rahmen der bilanzanalytischen Möglichkeiten näher eingegangen wird. Es sei an dieser Stelle nur auf das Problem hingewiesen, dass die Cashflow-Analyse insbesondere dadurch erschwert wird, dass zahlreiche unterschiedliche Cashflow-

[81] Vgl. IAS 7 Anhang 1.

[82] Zuvor Cashflow aus laufender Geschäftstätigkeit, seit 2002 als Cashflow aus betrieblicher Tätigkeit bezeichnet.

[83] Vgl. bspw. Claussen, C. P. (1999), S. 514.

[84] Vgl. hierzu die späteren Ausführungen zum Finanzmittelfonds in Kap. I 2.2.

[85] Vgl. Gräfer, H. (2001), S. 162.

[86] Vgl. Pfuhl, J. (1991),S. 1641.

Definitionen existieren.[87] Mit der Kapitalflussrechnung und der Modifikation ihrer Daten in dieser Arbeit wird auch ein Beitrag zur Standardisierung der verschiedenen bereits existierenden Cashflow-Definitionen geleistet.

Abbildung 3: Ursachenrechnung und Fondsveränderungsnachweis

Ursachenrechnung		**Fondsveränderungsnachweis**
• betriebliche Geschäftstätigkeit • Umsatzbereich • Einzahlungen und Auszahlungen aus Produktions- und Umsatzprozess ***Cashflows aus betrieblicher Geschäftstätigkeit***	→	**Finanzmittelfond:** • Zahlungsmittel: - Kasse - Schecks - Sichteinlagen bei Kreditinstituten - abzgl. Kontokorrentkredite
• Investitionstätigkeit • Anlagenbereich • Einzahlungen und Auszahlungen aus (Des-)Investitionen ***Cashflow aus Investitionstätigkeit***	→	• Zahlungsmitteläquivalente: - kurzfristige, äußerst liquide Finanzinvestitionen (beispielsweise Teile der Wertpapiere des Umlaufvermögens)
• Finanzierungstätigkeit • Einzahlungen und Auszahlungen aus Außenfinanzierungsvorgängen im Eigen- und Fremdkapital ***Cashflow aus Finanzierungstätigkeit***	→	
Summe von *Cashflow aus betrieblicher Geschäftstätigkeit, Investitions- und Finanzierungstätigkeit* **= Fondsveränderung**	↔	**Veränderungen der Zahlungsmittel und Zahlungsmitteläquivalente** **= Fondsveränderung**

Quelle: In Anlehnung an Gräfer, H. (2001), S. 164.

87 Vgl. Rehkugler, H. / Poddig, T. (1998), S. 195.

Es soll nicht Gegenstand dieser Arbeit sein, die unterschiedlichen Herleitungsmöglichkeiten für Kapitalflussrechnungen bis ins Detail vorzustellen. Eine kurze Skizzierung der verschiedenen Methoden scheint an dieser Stelle aber angebracht, da die jeweils vom Unternehmen gewählte Methode erheblichen Einfluss auf den Informationsgehalt der Kapitalflussrechnung haben kann. Diesen Einfluss muss der Analyst einer Kapitalflussrechnung bei seiner Betrachtung berücksichtigen. Abbildung 4 verschafft einen Überblick über die alternativen Herleitungsmöglichkeiten.

Auf der **Ebene der Datenbeschaffung** ist zunächst zwischen einer originär und einer derivativ erstellten Kapitalflussrechnung zu unterscheiden. Bei der **originären** Kapitalflussrechnung werden sämtliche Geschäftsvorfälle, für die Zahlungen angefallen sind, aus der Finanzbuchhaltung übernommen. Da für jede Transaktion feststeht, wofür die Zahlung geflossen ist, können die Daten ohne Schwierigkeiten den drei Bereichen der Ursachenrechnung zugeordnet werden. Auf diese Weise wird dem Ziel der Kapitalflussrechnung, über die Ursachen der Fondsveränderung zu informieren, in optimaler Weise entsprochen.[88]

Die IFRS schreiben jedoch nicht die Veröffentlichung einer originären Kapitalflussrechnung vor.[89] In der Praxis wird der Erstellung einer **derivativen** Kapitalflussrechnung häufig der Vorzug gegeben. Sie wird aus den Daten der Bilanz und der Erfolgsrechnung abgeleitet.[90]

Der Vorteil einer solchen Rechnung liegt in der einfachen Nachvollziehbarkeit für externe Adressaten. Erkauft wird dieser Nachteil mit der Ungenauigkeit der in die Kapitalflussrechnung einfließenden Daten, da erfolgsorientierte Werte nicht den tatsächlichen Zahlungen entsprechen und ihre Korrektur um nicht zahlungswirksame Komponenten Ungenauigkeiten hervorrufen kann.[91] Beispielsweise werden für die Bestimmung der Einzahlungen im Investitionsbereich die Restbuchwerte der abgegangenen Vermögensgegenstände berechnet und als Einzahlungen definiert. Nur in seltenen Fällen stimmen diese Werte mit den tatsächlichen Erlösen aus Anlagenabgängen überein. Erst die Korrektur der Rest-

[88] Vgl. Ordelheide, D. / Leuz, C. (1998), S. 177.

[89] Vgl. IAS 7 Par. 19.

[90] Die Arbeitsschritte zur Herleitung der Kapitalflussrechnungen sollen nicht dargestellt werden. Vgl. im Einzelnen zur Beständedifferenzenbilanz, Bewegungsbilanz und erweiterten Bewegungsbilanz Grüning, U. (1989), S. 78-83; vgl. Beike, R. / Wengel, T. (1995), S. 775-779; Küting, K. / Dawo, S. (1999a), S. 285-288.

[91] Vgl. Pfuhl, J. (1998), S. 681.

buchwerte der abgegangenen Vermögensgegenstände um die Gewinne oder Verluste aus ihren Abgängen würde wieder zu den tatsächlichen Erlösen aus Anlagenabgängen führen. Der Ausweis der Gewinne beziehungsweise der Verluste ist jedoch nicht vorgeschrieben und führt somit bei fehlender Angabe zu einem Informationsverlust für den Analysten. An dieser Stelle liefert die originäre Kapitalflussrechnung genauere Werte, weil hier über den tatsächlichen Zahlungseingang aus der Finanzbuchhaltung berichtet wird. Des Weiteren können Umsatzerlöse, Material- und Personalaufwendungen mit den ihnen zugehörigen Zahlungen periodenverschoben auseinander fallen.[92]

Abbildung 4: Herleitungsmöglichkeiten für Kapitalflussrechnungen

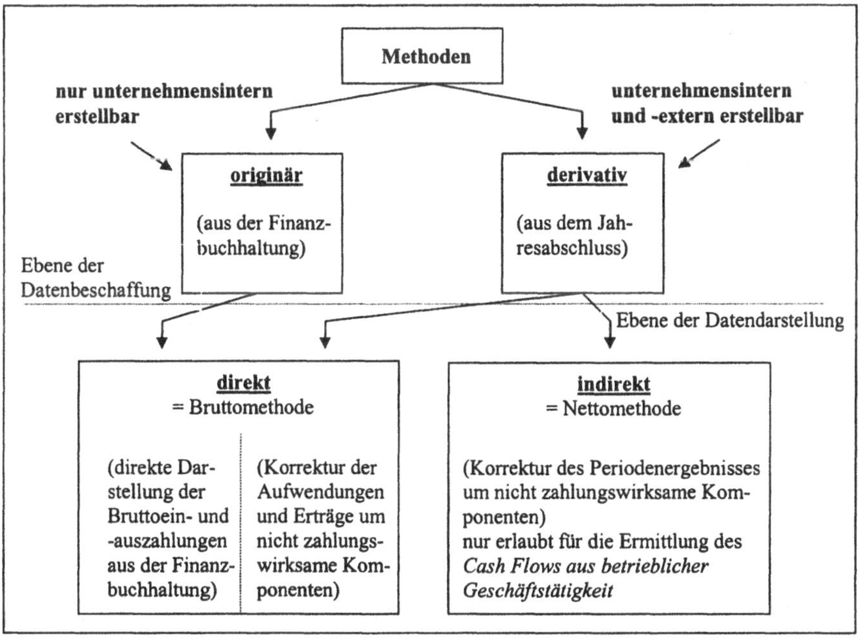

Die Berichtigung der Daten aus der Bilanz und der Erfolgsrechnung um finanzunwirksame Komponenten, bevor sie in die Kapitalflussrechnung gehen, kann sowohl direkt als auch indirekt geschehen (**Ebene der Datendarstellung**).[93] Bei der **direkten** Methode werden sämtliche Aufwendungen und Erträge, die beim Entstehen keinen Finanzmittelfluss bewirkt haben, eliminiert. Diese Methode ist für die Ermittlung des *Cashflows aus Investitions-* und *Finanzierungstätigkeit*

[92] Vgl. Ordelheide, D. / Leuz, C. (1998), S. 177.

[93] Vgl. Ordelheide, D. / Leuz, C. (1998), S. 178.

verbindlich vorgesehen, während bei der Ermittlung des *Cashflows aus betrieblicher Geschäftstätigkeit* alternativ auch die indirekte Methode gewählt werden kann.[94]

Bei der **indirekten** Methode werden ausgehend vom Gewinn die zahlungsunwirksamen Aufwendungen addiert und die zahlungsunwirksamen Erträge subtrahiert. Dabei handelt es sich jedoch nur um eine Überleitungsrechnung vom Gewinn zum operativen Cashflow, die keine Ursachenerklärung für die Veränderung des *Cashflows aus betrieblicher Geschäftstätigkeit* liefert, wie es die direkte Methode vermag.[95] Während beispielsweise die Höhe des *Cashflows aus betrieblicher Geschäftstätigkeit* maßgeblich von den Umsatzeinzahlungen beeinflusst ist, zeigt die indirekte Berechnung des Cashflows keine Informationen über diese Einflussgröße.

2.2 Der Finanzmittelfonds

Die Kapitalflussrechnung geht von einem Zahlungsmittelbestand (Finanzmittelfond) aus, dessen Höhe am Jahresanfang mit dem Bestand am Jahresende verglichen wird. Differenzen, also Veränderungen im Finanzmittelbestand, werden durch die Cashflows der einzelnen Tätigkeitsbereiche und durch zahlungsunwirksame Wertveränderungen des Fonds selbst erklärt. Damit hängt die Aussagekraft der Kapitalflussrechnung insbesondere von der Definition des Finanzmittelfonds ab, gerade weil es die Zielsetzung der Kapitalflussrechnung ist, die Veränderung des Fonds zu erklären. Je umfangreicher der Finanzmittelfond definiert wird, also je mehr Komponenten in den Fond einbezogen werden, desto schwieriger wird es, die Erklärung für seine Veränderung aufzuzeigen.[96]

Dies sei an den Forderungen aus Lieferungen und Leistungen erläutert.[97] Zunächst wird der Finanzmittelfond betrachtet. Würden die Forderungen aus Lieferungen und Leistungen zum Fond hinzugerechnet, ließe sich eine eindeutige Entwicklung der liquiden Mittel nicht mehr erkennen, weil folgender Kompensationseffekt eintreten könnte: Beispielsweise könnten die liquiden Mittel der Periode abnehmen, im Finanzmittelfond aber durch einen Anstieg der Forderun-

[94] Vgl. IAS 7 Par. 18 und 21.

[95] Vgl. Ordelheide, D. / Leuz, C. (1998), S. 178.

[96] Vgl. Pilhofer, J. (2000), S. 293.

[97] Wird bei der Fondsabgrenzung beispielsweise der *Fond der bald netto verfügbaren Geldmittel* gewählt, enthält dieser unter anderem Forderungen aus Lieferungen und Leistungen.

gen aus Lieferungen und Leistungen kompensiert werden. Für den Fall, dass der Anstieg der Forderungen höher ausfällt als die Abnahme der liquiden Mittel, hätte dies zur Folge, dass der Finanzmittelfond sogar zunimmt, obwohl die Liquidität des Unternehmens rückläufig ist.

Ein zweiter Aspekt, der gegen die Hinzurechnung der Forderungen aus Lieferungen und Leistungen zum Finanzmittelfond spricht, ist der, dass beispielsweise nicht alle Umsatzerlöse der Periode auch zu Umsatzeinzahlungen in derselben Periode geführt haben müssen. Dazu ist es notwendig, im Rahmen der Berechnung des *Cashflows aus betrieblicher Geschäftstätigkeit* die Umsatzerlöse um die Veränderungen der Forderungen aus Lieferungen und Leistungen zu korrigieren. Würde man die Forderungen zum Finanzmittelfond hinzuzählen, hätte dies zur Folge, dass ein *Cashflow aus betrieblicher Geschäftstätigkeit* die Veränderung des Finanzmittelfonds erklären müsste, der nicht auf reinen Zahlungsvorgängen beruhte.

Die Definition des Finanzmittelfonds hat in der Vergangenheit erhebliche Diskussionen ausgelöst. Sie reichte von der weitesten Abgrenzung mit dem gesamten Umlaufvermögen bis hin zur engsten Abgrenzung allein mit dem Geldvermögen.[98] Heute haben sich alle bedeutenden Standardsetter (IASB, FASB und DRSC) auf eine weitestgehend einheitliche Definition des Finanzmittelfonds verständigt. Alternative Finanzmittelfondsabgrenzungen gelten heute als überholt.[99]

Nach IAS 7 zählen zu diesem Finanzmittelfond alle Zahlungsmittel und Zahlungsmitteläquivalente. Sie dienen dazu, kurzfristigen Zahlungsverpflichtungen nachkommen zu können.[100]

Zahlungsmittel umfassen Barmittel und Sichteinlagen bei Kreditinstituten.[101] **Zahlungsmitteläquivalente** sind kurzfristige, äußerst liquide Finanzinvestitionen, die jederzeit in bestimmte Zahlungsmittelbeträge umgewandelt werden können und nur unwesentlichen Wertschwankungen unterliegen.[102] Sie müssen

---

[98] Siehe zu den unterschiedlichen Möglichkeiten der Fondsabgrenzung Käfer, K. (1967), S. 49-52; vgl. Boemle, M. (1981), S. 22.

[99] Vgl. Baetge, J. / Kirsch, H. J. / Thiele, S. (2000), S. 569; vgl. Gebhardt, G. (1999), S. 1314.

[100] Vgl. IAS 7 Par. 6.

[101] Vgl. IAS 7 Par. 6.

[102] Vgl. IAS 7 Par. 6.

wie bereits erwähnt zur Tilgung kurzfristiger Zahlungsverpflichtungen eingesetzt werden können. Für andere Zwecke gehaltene Finanzmittel stellen keine Zahlungsmitteläquivalente im Sinne der Standards dar und müssen folglich einem der Bereiche betriebliche Geschäftstätigkeit, Investitionstätigkeit oder Finanzierungstätigkeit zugeordnet werden.[103]

Während das Unternehmen, das in der Regel an der Darstellung einer günstigen Finanzsituation interessiert ist, im Rahmen der Zahlungsmittel keine nennenswerten Gestaltungsmöglichkeiten zur Steuerung der Höhe des Finanzmittelfonds hat, stellt sich dies für Zahlungsmitteläquivalente anders dar.[104] In der Regel wird der Eindruck einer günstigen Finanzsituation durch einen tendenziell umfangreichen und wachsenden Finanzmittelfond geschaffen, indem eine Unternehmung möglichst viele Finanzmittel als Zahlungsmitteläquivalente klassifiziert.[105] Das Kriterium für Zahlungsmitteläquivalente „zu jeder Zeit in bestimmte Zahlungsmittelbeträge umwandelbar" wird vom Standard allerdings dahingehend widerlegbar konkretisiert, dass Finanzinvestitionen nur dann zum Finanzmittelfond zählen, wenn deren Restlaufzeit vom Erwerbszeitpunkt an gerechnet nicht mehr als drei Monate beträgt.[106]

An dieser Stelle eröffnen sich dem Unternehmen Gestaltungsmöglichkeiten bei der Abgrenzung des Fonds, da die Verkaufsabsicht von Finanzinvestitionen nicht immer zuverlässig auf Plausibilität überprüft werden kann. Grundsätzlich gehören **Wertpapiere**, die zwar in Kürze verkauft werden sollen, aber schon seit längerem im Besitz des Unternehmens sind, in der Regel **nicht** zum Finanzmittelfond, da die Restlaufzeit, die die erwähnten drei Monate nicht übersteigen soll, eben vom Erwerbszeitpunkt an gerechnet wird.[107] Folglich ist die generelle Klassifizierung der gesamten Wertpapiere des Umlaufvermögens zum Finanzmittelfond nach IFRS unzulässig.[108] Der IAS 7 schreibt sogar eindeutig vor, die Cashflows aus dem Erwerb oder Verkauf von Wertpapieren des Handelsbestandes als betriebliche Geschäftstätigkeit zu klassifizieren. Dies ist damit zu begründen, dass Wertpapiere den zur Weiterveräußerung bestimmten Vorräten ähneln, deren Cashflows ebenfalls betriebliche Geschäftstätigkeit darstel-

---

[103] Vgl. Coenenberg, M. (2000), S. 279.

[104] Vgl. Bieg, H. (2000), S. 139.

[105] Vgl. zur Interpretation eines wachsenden Finanzmittelfonds Burger, A. / Schellberg, B. (1996), S. 179; vgl. Wehrheim, M. (1997), S. 1704; vgl. Bieg. H.(2000b), S. 139.

[106] Vgl. IAS 7 Par. 7.

[107] Vgl. Ordelheide, D. / Leuz, C. (1998), S. 181; vgl. IAS 7 Par. 7.

[108] Vgl. IAS 7 Par. 15; vgl. zur Interpretation PricewaterhouseCoopers (1998), S. 7-2.

len.[109] In der Bilanzierungspraxis ist dennoch häufig zu beobachten, dass Unternehmen prinzipiell Wertpapiere des Umlaufvermögens dem Finanzmittelfond zuordnen,[110] was nach Meinung des Verfassers zum einen regelwidrig und zum anderen auch im Sinne einer engen Fondsabgrenzung nicht wünschenswert ist.

Für **Kapitalbeteiligungen** gilt entsprechendes. Sie sind nur Teil des Finanzmittelfonds, wenn sie ihrem wirtschaftlichen Gehalt nach Zahlungsmitteläquivalenten entsprechen, wie beispielsweise im Fall von Vorzugsaktien mit kurzer Restlaufzeit und festgelegtem Einlösungszeitpunkt, sofern sie auch die oben genannten Kriterien erfüllen.[111]

Besonderer Erwähnung bedürfen die *Verbindlichkeiten gegenüber Kreditinstituten*. Grundsätzlich zählen sie zum Bereich der Finanzierungstätigkeit. Eine Ausnahme davon bilden in Anspruch genommene **Kontokorrentkredite**. Sie stellen einen integralen Bestandteil der Zahlungsmitteldisposition des Unternehmens dar und sind deswegen von den Zahlungsmitteln und Zahlungsmitteläquivalenten abzuziehen.[112] Diese Einschränkung des Finanzmittelfonds scheint nach Meinung des Verfassers zumindest bedenklich. Juristisch gesehen gehört der Dispositionskredit zwar zu den täglich fälligen Zahlungsverpflichtungen und ist folglich, wie vom Standard richtig herausgestellt, Teil der Zahlungsmitteldisposition der Unternehmen. Faktisch wirtschaftlich gesehen ist aber ein nicht unwesentlicher Teil dieser Bankverbindlichkeiten langfristiger Natur und sollte, wie nach SFAS 95 vorgesehen, zweckmäßigerweise **nicht** in den Finanzmittelfond aufgenommen werden.[113] Der DRS 2 stellt die Kompatibilität beider Standards her, indem er beide Möglichkeiten zulässt.[114]

Ein weiterer Aspekt, der gegen die Verrechnung der Kontokorrentverbindlichkeiten mit dem Finanzmittelfond spricht, ist der, dass die Ursachenrechnung die Veränderung der liquiden Mittel, folglich eines Vermögenspostens auf der Ak-

---

[109] Vgl. IAS 7 Par. 15.

[110] Vgl. exemplarisch die Kapitalflussrechnungen in den Geschäftsberichten 2001 von Beiersdorf, S. 64 und von Henkel, S. 41. Schering nimmt beispielhaft aufgeführt eine getrennte Zuordnung der Wertpapiere des Umlaufvermögens vor; vgl. die Kapitalflussrechnung im Geschäftsbericht 2001 von Schering, S. 86.

[111] Vgl. IAS 7 Par. 7.

[112] Vgl. IAS 7 Par. 8.

[113] Vgl. Bieg., H. (2000), S. 139.

[114] Vgl. DRS 2 Par. 19.

tivseite der Bilanz erklären soll. Eine Vermengung des Fonds mit einer Passivposition würde nach Meinung des Verfassers dabei eher stören.

In jedem Fall aber hat eine Unternehmung über die Zusammensetzung des Finanzmittelfonds zu berichten. Diesem Bericht ist unter Umständen zur besseren Nachvollziehbarkeit eine Überleitungsrechnung vom Zahlungsmittelbestand der Bilanz zum Zahlungsmittelbestand des Fonds hinzuzufügen, sofern diese Bestände nicht übereinstimmen,[115] wie dies zum Beispiel bei der Verrechnung von Wertpapierbestandsveränderungen des Umlaufvermögens oder von in Anspruch genommenen Kontokorrentkrediten der Fall wäre. In diesem so genannten Fondsveränderungsnachweis werden auch solche Beträge ausgewiesen, die eine Fondsveränderung hervorgerufen haben, jedoch nicht zahlungswirksam gewesen sind. Beispielsweise wären hier Abschreibungen auf Wertpapiere zu finden, die im Finanzmittelfond ausgewiesen sind. Gleiches gilt für Änderungen des Fonds durch Wechselkursschwankungen.[116]

Zahlungsmittel, über die das Unternehmen nur eingeschränkt verfügen kann, sind ebenso anzugeben. Der Standard nennt hier beispielsweise Zahlungsmittel, die Tochterunternehmen in Ländern halten, in denen Devisenverkehrskontrollen herrschen.[117] Darüber hinaus wird den Unternehmen empfohlen, über nicht ausgeschöpfte Kreditlinien zu berichten.[118]

2.3 Die Teilbereiche der Ursachenrechnung

Wie bereits der Abbildung 3 zu entnehmen war, werden die Cashflows, die eine Änderung des Finanzmittelfonds zur Folge haben, in *Cashflows aus betrieblicher Geschäftstätigkeit*, *Cashflows aus Investitionstätigkeit* und *Cashflows aus Finanzierungstätigkeit* aufgeteilt. In diesem so genannten Aktivitätsformat besteht für den Bereich der betrieblichen Geschäftstätigkeit noch die Möglichkeit, die Cashflows sowohl direkt als auch indirekt abzubilden, während die Cashflows aus den Bereichen Investitionstätigkeit und Finanzierungstätigkeit direkt angegeben werden müssen.[119] Diese Möglichkeiten der Darstellungsformen der

---

[115] Vgl. IAS 7 Par. 45.

[116] Vgl. Baetge, J. / Kirsch, H. J. / Thiele, S. (2000), S. 572.

[117] Vgl. IAS 7 Par. 48.

[118] Vgl. IAS 7 Par. 50a.

[119] Vgl. IAS 7 Par. 18-21.

Kapitalflussrechnung unterscheiden sich in dieser Hinsicht ebenso wenig von den Darstellungsformen anderer internationaler Standardsetter.

2.3.1 *Cashflow aus der betrieblichen Geschäftstätigkeit*

Die *Cashflows aus betrieblicher Geschäftstätigkeit* sind gegenüber den anderen Tätigkeitsbereichen negativ abgegrenzt und zwar in der Weise, dass sie Zahlungsströme abbilden, die weder aus der Investitionstätigkeit noch aus der Finanzierungstätigkeit stammen.[120] Damit resultieren sie überwiegend aus der erlöswirksamen Tätigkeit beziehungsweise der betrieblichen Leistungserstellung des Unternehmens. Beispielhaft werden im Standard folgende *Cashflows aus betrieblicher Geschäftstätigkeit* genannt:[121]

- Zahlungseingänge aus dem Verkauf von Waren und der Erbringung von Dienstleistungen,
- Zahlungseingänge aus Lizenzen, Honoraren, Provisionen und anderen Erlösen,
- Auszahlungen an Lieferanten von Gütern und Dienstleistungen,
- Auszahlungen an und für Beschäftigte,
- Einzahlungen und Auszahlungen von Versicherungsunternehmen für Prämien, Schadensregulierungen, Renten und andere Versicherungsleistungen und
- Zahlungen oder Rückerstattungen von Ertragsteuern, es sei denn, die Zahlungen können der Finanzierungs- und Investitionstätigkeit zugeordnet werden.

Für die Darstellungsform wird die direkte Methode empfohlen. Die indirekte Methode ist alternativ zulässig.[122]

2.3.1.1 Direkte Methode

Im Rahmen dieser Methode werden die Ein- und Auszahlungen des Bereiches der betrieblichen Geschäftstätigkeit direkt gegenüber gestellt. Dieses Vorgehen wird vom Standard empfohlen, da die tatsächlich stattgefundenen Zahlungsvorgänge der jeweiligen Hauptklassen erhalten bleiben. Die Ein- und Auszahlungen

---

[120] Vgl. Baetge, J. / Kirsch, H. J. / Thiele, S. (2000), S. 576.

[121] Vgl. IAS 7 Par. 14.

[122] Vgl. IAS 7 Par. 18.

können sowohl aus der (Finanz-)Buchhaltung des Unternehmens entnommen als auch durch Korrektur der Erfolgsgrößen der Gewinn- und Verlustrechnung um nicht zahlungswirksame Vorgänge gewonnen werden.[123] Erstere Methode bildet die Zahlungsvorgänge am genauesten ab, während es sich bei letzterer Methode ebenso wie bei der indirekten Methode nur um eine Näherungslösung handeln kann.[124] Dabei gibt die direkte Methode Auskunft darüber, wie die finanziellen Mittel im Bereich der betrieblichen Geschäftstätigkeit erwirtschaftet wurden. Diese Information kann die indirekte Methode nicht liefern, da das Periodenergebnis nur um nicht zahlungswirksame Komponenten bereinigt, aber seine Zusammensetzung dabei nicht aufgedeckt wird.[125]

Der Anhang des IAS 7 enthält ein Beispiel für ein Gliederungsschema einer Kapitalflussrechnung. Danach kann der Bereich der betrieblichen Geschäftstätigkeit nach der direkten Methode die Gestalt in Abbildung 5 annehmen.

Abbildung 5: Direkte Darstellung des *Cashflows aus betrieblicher Geschäftstätigkeit*

	Einzahlungen von Kunden
-	Auszahlungen an Lieferanten und Arbeitnehmer
=	**Betriebs-Cashflow**
±	(erhaltene / gezahlte Zinsen)
±	(erhaltene / gezahlte Dividenden)
-	gezahlte Ertragsteuern
=	Cashflow vor außerordentlichen Posten
±	Einzahlungen und Auszahlungen aus außerordentlichen Vorgängen
=	***Cashflow aus betrieblicher Geschäftstätigkeit***

Quelle: In Anlehnung an IAS 7, Anhang 1

Dieses Schema ist speziell auf ein im Anhang des IAS 7 vorgestelltes Beispiel angewandt. Es handelt sich lediglich um eine Empfehlung, die jeweils auf die Besonderheiten des betrachteten Unternehmens angepasst werden muss. So werden etwa im Beispiel des Standards für „Einzahlungen aus außerordentlichen Vorgängen" „Erlöse aus Regulierung der Erdbebenkatastrophe" genannt.[126] Die-

[123] Vgl. IAS 7 Par. 18.

[124] Vgl. Ordelheide, D. / Leuz, C. (1999), S. 178.

[125] Vgl. Baetge, J. / Kahling, D. (1999), S. 1114.

[126] Vgl. IAS 7 Anhang 1.

se außerordentlichen Posten sind in der Kapitalflussrechnung gesondert für *Cashflows aus betrieblicher Geschäftstätigkeit*, *Investitions-* und *Finanzierungstätigkeit* anzugeben, um die Regelmäßigkeit der Zahlungsströme besser beurteilen zu können.[127] Des Weiteren grenzt der IAS 7 den Bereich der betrieblichen Geschäftstätigkeit negativ von den anderen Bereichen ab, so dass auch gegebenenfalls weitere Zahlungsströme in diesem Bereich zu zeigen sind, die nicht der Investitions- oder Finanzierungstätigkeit zuzuordnen sind.

Bezüglich der Zuordnung zu bestimmten Aktivitätsbereichen einzelner Positionen räumen die IFRS dem Bilanzierenden einige Wahlrechte ein. Während Einzahlungen von Kunden und Auszahlungen an Lieferanten und Arbeitnehmer eindeutig zum Bereich der betrieblichen Geschäftstätigkeit gehören, besteht für Industrieunternehmen ein Wahlrecht, die gezahlten und erhaltenen Zinsen und Dividenden unterschiedlich zu handhaben und jeweils einem der Bereiche betriebliche Geschäftstätigkeit, Investitionstätigkeit oder Finanzierungstätigkeit zuzuordnen.[128] Es ist lediglich das Stetigkeitsprinzip zu beachten.[129] Abbildung 6 stellt die Wahlmöglichkeiten dar.

Abbildung 6: Zuordnungsmöglichkeiten von Zinsen und Dividenden

	betriebliche Geschäftstätigkeit	**Investitionstätigkeit**	**Finanzierungstätigkeit**
gezahlte Zinsen	**X**		x
gezahlte Dividenden	x		**X**
erhaltene Zinsen	**X**	x	
erhaltene Dividenden	**X**	x	

Die Markierungen zeigen die Wahlrechte auf, wobei die hervorgehobenen Markierungen die vom Standard zuerst genannte Möglichkeit zeigen und die weiteren Markierungen die vom Standard als alternativ zulässige Möglichkeit angeben.

---

[127] Vgl. IAS 7 Par. 29.

[128] Vgl. Jakoby, S. / Maier, J. / Schmechel, T. (1999), S. 228; vgl. Wysocki, K. v. (2000), S. 420.

[129] Vgl. IAS 7 Par. 31.

An dieser Stelle wird der Charakter der IFRS-Rechnungslegung besonders deutlich. Es werden möglichst wenig detaillierte Vorschriften gemacht, um ein insgesamt flexibleres Rechnungslegungswerk zu erhalten, das gegebenenfalls auf bestimmte Unternehmenssituationen individuell ausgelegt werden kann. In diesem Fall scheint nach Meinung des Verfassers die Gewährung solcher Wahlrechte im Hinblick auf die Vergleichbarkeit von Kapitalflussrechnungen unterschiedlicher Unternehmen jedoch wenig sinnvoll. Die Diskussion um die am besten geeignete Zuordnung der Zinsen und Dividenden soll aber erst an späterer Stelle im Rahmen der analytischen Erkenntnisse aus der Kapitalflussrechnung aufgegriffen werden.[130]

Bei der Zuordnung der Ertragsteuern existiert in diesem Sinne kein Wahlrecht. Sie sind der betrieblichen Geschäftstätigkeit zuzuordnen. Nur für den Fall, dass sie bestimmten Finanzierungs- oder Investitionsaktivitäten zugeordnet werden können, sind sie entsprechend ihren verursachten Aktivitäten im entsprechenden Bereich auszuweisen.[131] Beispielsweise wären hier die Ertragsteuern auf Veräußerungsgewinne von Gegenständen des Anlagevermögens zu nennen. Diese Zuordnung wird jedoch selten möglich sein, da die endgültige Höhe der Steuerschuld erst im Folgejahr festgestellt und beglichen wird, der zugrunde liegende Geschäftsvorfall aber bereits in der zurückliegenden Periode entstand.[132]

2.3.1.2 Indirekte Methode

Eine weitere Möglichkeit der Berechnung des *Cashflows aus betrieblicher Geschäftstätigkeit* ist die der indirekten Methode. Allein für diesen Cashflow-Bereich ist die indirekte Methode erlaubt. In allen anderen Aktivitätsbereichen muss die direkte Methode angewendet werden.[133]

Bei der indirekten Methode wird das Periodenergebnis um nicht zahlungswirksame Aufwendungen und Erträge korrigiert. Dieser so ermittelte Cashflow ist des Weiteren um alle Ein- und Auszahlungen zu korrigieren, die dem Investitions- und Finanzierungsbereich zuzuordnen sind. Auch für diesen Weg enthält der IAS 7 einen Gliederungsvorschlag, der in Abbildung 7 dargestellt ist.

---

[130] Vgl. dazu die späteren Ausführungen in Kap. I 3.2.

[131] Vgl. IAS 7 Par. 35.

[132] Vgl. Jakoby, S. / Maier, J. / Schmechel, T. (1999), S. 228.

[133] Vgl. IAS 7 Par. 18 und 21.

Bei dieser Methode sind ebenso unternehmensspezifische Anpassungen vorzunehmen. Beispielsweise könnte es sich bei Investitionserträgen um Gewinne aus dem Abgang von Investitionsgegenständen handeln, die aus dem Periodenergebnis herauszunehmen sind und der (Des-)Investitionstätigkeit zuzuordnen sind. Bezüglich der Zinsen und Dividenden sei auf die Ausführungen zur direkten Ermittlungsmethode verwiesen.

Kritisch bleibt hier festzustellen, dass es sich bei der Ermittlung des *Cashflows der betrieblichen Geschäftstätigkeit* nach der indirekten Methode immer nur um eine Näherungslösung handeln kann, da es einem Unternehmen nur schwer gelingen wird, die Erfolgsgrößen vollständig in Zahlungsstromgrößen zu transformieren.[134] Außerdem liefert diese Abbildung des Cashflows keine Erkenntnisse über seine Zusammensetzung und mithin nichts über seine Verursachungsgrößen, da der Cashflow nur retrograd ermittelt wird.[135]

Abbildung 7: Indirekte Darstellung des *Cashflows aus betrieblicher Geschäftstätigkeit*

	Periodenergebnis vor Steuern und außerordentlichen Posten
±	Abschreibungen / Zuschreibungen
±	Aufwendungen für Rückstellungen / Erträge aus Rückstellungsauflösungen
±	Fremdwährungsverluste / -gewinne
±	Aufwendungen / Erträge aus (Finanz-)Investitionen
±	Zinsaufwendungen / Zinserträge
=	Betriebsergebnis vor Änderung des Nettoumlaufvermögens
±	Verminderungen / Erhöhungen der Forderungen aus Lieferungen und Leistungen und sonstigen Forderungen
±	Bestandsverminderungen / -erhöhungen der Vorräte
±	Erhöhungen / Verminderungen der Verbindlichkeiten aus Lieferungen und Leistungen
=	**Betriebs-Cashflow**

[134] Beispielsweise fallen Umsatzerlöse und Umsatzeinzahlungen, Materialaufwendungen und Materialauszahlungen sowie Personalaufwendungen und Personalauszahlungen auseinander; vgl. umfangreiche Beispiele bei Ordelheide, D. / Leuz, C. (1998), S. 177.

[135] Vgl. Amen, M. (1995), S. 501.

±	(erhaltene / gezahlte Zinsen)
±	(erhaltene / gezahlte Dividenden)
-	gezahlte Ertragsteuern
=	Cashflow vor außerordentlichen Posten
±	Einzahlungen und Auszahlungen aus außerordentlichen Vorgängen
=	***Cashflow aus betrieblicher Geschäftstätigkeit***

Quelle: In Anlehnung an IAS 7, Anhang 1

2.3.2 *Cashflow aus Investitionstätigkeit*

Der zweite Ursachenbereich für die Veränderung des Finanzmittelfonds ist der der Investitionstätigkeit. Sein gesonderter Ausweis ist deshalb vorgesehen, weil er über den Mitteleinsatz in Ressourcen Auskunft gibt, die künftige Erträge und Cashflows erwirtschaften sollen.[136]

Folgende Geschäftsvorfälle werden im Standard beispielhaft für *Cashflows aus Investitionstätigkeit* genannt:[137]

- Auszahlungen für die Beschaffung von Sachanlagen, immateriellen und anderen langfristigen Vermögenswerten. Hierzu zählen auch Auszahlungen für aktivierte Entwicklungskosten und für selbsterstellte Sachanlagen,
- Einzahlungen aus dem Verkauf von Sachanlagen, immateriellen und anderen langfristigen Vermögenswerten,
- Auszahlungen für den Erwerb von Anteilen an anderen Unternehmen, von Schuldtiteln anderer Unternehmen und von Anteilen an Joint Ventures (sofern diese Titel nicht als Zahlungsmitteläquivalente betrachtet werden oder zu Handelszwecken gehalten werden),
- Auszahlungen für Dritten gewährte Kredite und Darlehen (mit Ausnahme der von einer Finanzinstitution gewährten Kredite und Darlehen) und
- Einzahlungen aus der Tilgung von Dritten gewährten Krediten und Darlehen (mit Ausnahme der von einer Finanzinstitution gewährten Kredite und Darlehen).

[136] Vgl. Wysocki, K. v. (1998), S. 22.

[137] Vgl. IAS 7 Par. 16.

Wie bereits erwähnt, sind die *Cashflows aus Investitionstätigkeit* nach der direkten Methode darzustellen. Die Fortsetzung des Beispiels aus dem Anhang des IAS 7 sieht die Empfehlung gemäß Abbildung 8 für den Investitionsbereich vor.

Abbildung 8: Direkte Darstellung des *Cashflows aus Investitionstätigkeit*

	Einzahlungen für den Verkauf von Tochterunternehmen abzüglich veräußerter Nettozahlungsmittel
-	Auszahlungen für den Erwerb von Tochterunternehmen abzüglich erworbener Nettozahlungsmittel
+	Einzahlungen aus dem Verkauf von Gegenständen des Anlagevermögens
-	Auszahlungen für den Erwerb von Gegenständen des Anlagevermögens
+	(erhaltene Zinsen)
+	(erhaltene Dividenden)
=	***Cashflow aus Investitionstätigkeit***

Quelle: In Anlehnung an IAS 7, Anhang 1

Die Kauf- und Verkaufspreise von Tochterunternehmen sind um die miterworbenen beziehungsweise mitveräußerten Nettozahlungsmittelbestände zu korrigieren. Diese erhöhen beziehungsweise vermindern den Finanzmittelfond.[138]

Bei den Einzahlungen aus dem Verkauf von Gegenständen des Anlagevermögens ist zu beachten, dass im Investitionsbereich sämtliche Einzahlungen erfasst werden, also auch Gewinne beziehungsweise Verluste aus dem Verkaufsgeschäft. Haben beispielsweise Veräußerungsgewinne das Periodenergebnis erhöht und wird der *Cashflow aus betrieblicher Geschäftstätigkeit* indirekt ermittelt, so ist das Periodenergebnis um diese Verkaufsgewinne zu bereinigen. Werden die Einzahlungen aus dem Investitionsbereich derivativ aus der Bilanz ermittelt, so sind die Anlagenabgänge zu Restbuchwerten um die Verkaufsgewinne zu erhöhen. Stammen die Zahlen originär aus der Finanzbuchhaltung, sind die Verkaufgewinne nicht mehr dem *Cashflow aus Investitionstätigkeit* zuzurechnen, da sie bereits in den Investitionseinzahlungen enthalten sind.

Die Bestandsveränderungen des Vorratsvermögens zählen allerdings nicht zum Investitionsbereich. Diese Veränderungen wurden schon im Bereich der betrieb-

[138] Vgl. hierzu spätere Ausführungen zu Besonderheiten bei Konzernkapitalflussrechnungen in Kap. I 2.4.

lichen Geschäftstätigkeit berücksichtigt, da sie zur Weiterveräußerung/ -verarbeitung bestimmt sind.

2.3.3 *Cashflow aus Finanzierungstätigkeit*

Die Finanzierungstätigkeit eines Unternehmens ist die dritte Ursache für eine Fondsveränderung. Eine gesonderte Angabe wird deswegen vom Standard gefordert, da sie zur Analyse der Finanzsituation eines Unternehmens die Abschätzung zukünftiger Ansprüche der Kapitalgeber gegenüber diesem Unternehmen ermöglicht.[139]

Beispielhaft werden im Standard folgende *Cashflows aus Finanzierungstätigkeit* genannt und ergänzt:[140]

- Einzahlungen aus der Ausgabe von Anteilen oder anderen Eigenkapitalinstrumenten,
- Auszahlungen an Eigentümer zum Erwerb von eigenen Anteilen,
- Einzahlungen aus der Ausgabe von Schuldverschreibungen, Schuldscheinen und Rentenpapieren sowie aus der Aufnahme anderer kurz- oder langfristiger Ausleihungen,
- Auszahlungen für die Rückzahlung oben genannter Verbindlichkeiten und
- Einzahlungen des Leasingnehmers für die Tilgung von Verbindlichkeiten aus Finanzierungs-Leasingverträgen beim Leasinggeber sowie die entsprechenden Auszahlungsbeträge beim Leasingnehmer.[141]

---

[139] Vgl. IAS 7 Par. 17.

[140] Vgl. IAS 7 Par. 17.

[141] Nach IAS 17 handelt es sich bei Finanzierungsleasingverträgen um Leasingverhältnisse, bei denen das wirtschaftliche Eigentum vom Leasinggeber auf den Leasingnehmer übertragen wird; vgl. IAS 17 Par. 3. Für die Bilanzierung des Leasinggegenstandes dem Orte nach bedeutet dies, dass der Leasingnehmer den Vermögenswert zu bilanzieren hat und gleichzeitig den Barwert der zukünftig anfallenden Leasingraten als Verbindlichkeit ansetzt; vgl. IAS 17 Par. 12. Der Leasinggeber bilanziert demzufolge nur noch eine Forderung als Folge eines Aktivtauschs; vgl. IAS 17 Par. 28; vgl. Ammann, H. / Wulf, I. (2000), S. 915. Beim Finanzierungsleasing wird die Leasingrate in einen Tilgungs- und einen Zinsanteil aufgeteilt; vgl. Alvarez, M. / Wotschofsky, S. / Miethig, M. (2001), S. 941. Für die Behandlung der anfallenden Zahlungsströme in der Kapitalflussrechnung ist die Zuordnung der Cashflows für den Tilgungsanteil im Finanzierungsbereich sachgerecht, da es sich um ein reines Finanzierungsgeschäft handelt. Der Zinsanteil ist im *Cashflow aus be-*

Die *Cashflows aus Finanzierungstätigkeit* sind wie die *Cashflows aus Investitionstätigkeit* nach der direkten Methode darzustellen.

Abbildung 9: Direkte Darstellung des *Cashflows aus Finanzierungstätigkeit*

	Einzahlungen aus der Ausgabe von gezeichnetem Kapital
-	Auszahlungen für die Rückzahlung von gezeichnetem Kapital
+	Einzahlungen aus der Aufnahme langfristiger Verbindlichkeiten
-	Auszahlungen für die Tilgung langfristiger Verbindlichkeiten
-	Auszahlungen für Verbindlichkeiten aus Finanzierungsleasing
+	(gezahlte Dividenden)
=	***Cashflow aus Finanzierungstätigkeit***

Quelle: In Anlehnung an IAS 7, Anhang 1

Generell gilt, dass Zahlungsströme, die unterschiedlichen Tätigkeitsbereichen zuzuordnen sind, auf die entsprechenden Tätigkeitsbereiche aufzuteilen sind. Beispielsweise kann die Rückzahlung eines Darlehens einen Tilgungs- und einen Zinsanteil enthalten. Hier wäre der Tilgungsanteil in jedem Fall der Finanzierungstätigkeit zuzuordnen. Die Zinsen sind, wie bereits für den Bereich der betrieblichen Geschäftstätigkeit erläutert, je nach Ausnutzung des Wahlrechts der betrieblichen Geschäftstätigkeit oder der Finanzierungstätigkeit zuzuordnen.[142]

2.4 Besonderheiten von Konzernkapitalflussrechnungen

Bisher wurde bei der Darstellung des Instrumentariums noch nicht unterschieden, ob es sich um eine Kapitalflussrechnung für ein Einzel- oder für ein Konzernunternehmen handelt. Konzernkapitalflussrechnungen können, wie auch Kapitalflussrechnungen für Einzelunternehmen, sowohl originär als auch derivativ erstellt werden. Zu der originären und derivativen Methode kommt bei Konzernunternehmen noch die Möglichkeit der Konsolidierung der Kapitalfluss-

trieblicher Geschäftstätigkeit enthalten, da es sich um eine erfolgswirksame Zahlungsgröße handelt.

[142] Vgl. IAS 7 Par. 12.

rechnungen der in das Konzernunternehmen einbezogenen Einzelunternehmen hinzu.[143]

In Konzernunternehmen gibt es jedoch besondere Geschäftsvorfälle, die nicht zahlungswirksam gewesen sind. Diese Vorgänge betreffen vor allem Änderungen im Konsolidierungskreis und unterschiedliche Konsolidierungsmethoden sowie Währungsumrechnungsdifferenzen.[144]

Sämtliche Unternehmen, die in die Konzernbilanz integriert werden, müssen auf der Grundlage der Einheitstheorie auch in die Konzernkapitalflussrechnung mit einbezogen werden. Bedingt durch die Einheitstheorie müssen alle Zahlungsströme innerhalb des Konzerns aus der Konzernkapitalflussrechnung eliminiert werden, da nur Zahlungsströme gezeigt werden dürfen, die zwischen den in den Konzernabschluss einbezogenen Unternehmen und Dritten stattgefunden haben.

Änderungen im Konsolidierungskreis werden als Investitionen beziehungsweise als Desinvestitionen interpretiert. Allerdings unterscheidet sich der Ausweis in der Kapitalflussrechnung erheblich von dem in der Bilanz. Während sich in der Konzernbilanz beispielsweise der Erwerb eines Tochterunternehmens auf die Höhe der Vermögensgegenstände und Schulden auswirkt, dürfen in der Kapitalflussrechnung nur die tatsächlich stattgefundenen Zahlungsströme für den Unternehmenserwerb erfasst werden.[145] Folglich wird im Bereich der Investitionstätigkeit der Kaufpreis abzüglich der Zahlungsmittel, über die das erworbene Unternehmen selbst verfügt hat, ausgewiesen. Somit wird der Zahlungsstrom für den Kauf des Unternehmens aufgeteilt in einen Teil Investitionstätigkeit und in einen Teil für die Erhöhung des Zahlungsmittelbestandes, so dass im Ursachenbereich dem Grundgedanken der Kapitalflussrechnung entsprechend nur liquiditätswirksame Beträge erfasst werden.[146]

Dabei sei auf folgendes Problem hingewiesen: Üblicherweise übersteigt der Kaufpreis die Zahlungsmittel des erworbenen Unternehmens. In dem Fall, dass ein Unternehmen aber seinen Anteil an einem anderen Unternehmen beispielsweise von 49% auf 51% erhöht und folglich das erworbene Unternehmen erst-

---

143 Vgl. Bieg, H. / Regnery, P. (1993), S. 5; vgl. Schrader, C. (1999), S. 98.

144 Vgl. Wysocki, W. (1999a), S. 474.

145 Vgl. Siener, F. (1998), S. 47.

146 Vgl. Baetge, J. / Kahling, D. (1999), S. 650; vgl. Baetge, J. / Kirsch, H. J. / Thiele, S. (2000), S. 575.

mals vollkonsolidiert wird, kann der Kaufpreis für die 2% Anteile unter den neu erworben Finanzmitteln liegen. Im Investitionsbereich würden dann Zugänge in Höhe der Finanzmittel abzüglich des Kaufpreises der 2% Anteile ausgewiesen, obwohl tatsächlich eine Investition stattgefunden hat.[147] Solche Interpretationsmissstände können nur durch zusätzliche Anhangangaben vermieden werden.

Bezüglich der **Konsolidierungsmethoden** werden von vollkonsolidierten Tochterunternehmen diejenigen Unternehmen unterschieden, mit denen ein geringeres Beteiligungsverhältnis besteht. Sie werden nicht vollkonsolidiert, sondern im Falle von Gemeinschaftsunternehmen quotal einbezogen oder – falls es sich um assoziierte Unternehmen handelt – nach der Equity-Methode verrechnet.[148]

Quotal im Konzernabschluss erfasste Unternehmen werden entsprechend anteilmäßig mit ihren Zahlungsströmen in der Konzernkapitalflussrechnung erfasst. Zahlungsströme von assoziierten Unternehmen, die at-equity bewertet wurden, dürfen grundsätzlich nicht in der Konzernkapitalflussrechnung erfasst werden. Lediglich die Zahlungsströme zwischen dem Konzernunternehmen und dem Beteiligungsunternehmen wie beispielsweise Dividenden oder Kapitalrückzahlungen sowie Zahlungen im Zusammenhang mit dem Erwerb oder Verkauf von Equity-Anteilen dürfen in die Konzernkapitalflussrechnung einfließen.[149]

Währungsumrechnungsdifferenzen werden später im Rahmen erfolgsneutraler Eigenkapitalverrechnungsmöglichkeiten detailliert beschrieben.[150] Hier genügt eine kurze Skizzierung, da sie besondere Berücksichtigung in der Kapitalflussrechnung finden. International tätige Konzerne haben oft ausländische zum Konsolidierungskreis gehörende Betriebsstätten, deren Zahlungsströme in der Konzernkapitalflussrechnung mit erfasst werden müssen. Da die Konzernkapitalflussrechnung in einer Währung, meistens in der Berichtswährung des Mutterunternehmens, aufgestellt wird, müssen die Zahlungsströme in ausländischer Währung in die Berichtswährung umgerechnet werden.[151] Hierbei können Währungsumrechnungsdifferenzen in mehrfacher Hinsicht auftreten. Dies sei näher erläutert.

---

[147] Vgl. Siener, F. (1998), S. 48.

[148] Vgl. Gräfer, H. / Scheld, G. (2001), S. 15-16.

[149] Vgl. Baetge, J. / Kahling, D. (1999), S. 651.

[150] Vgl. die späteren Ausführungen im Kap. I 2.2.2.

[151] Vgl. IAS 7 Par. 25 u. 26.

Werden die Kapitalflussrechnungen der Einzelunternehmen konsolidiert, so kann es allein dadurch schon zu Währungsdifferenzen kommen, indem die Zahlungsströme der Ursachenbereiche zu unterschiedlichen Kursen umgerechnet werden als die Zahlungsströme der Fondsveränderungsrechnung. Der IAS 7 fordert, dass die Cashflows in ausländischer Währung zu Periodendurchschnittskursen und die Finanzmittelbestände zu Stichtagskursen umgerechnet werden. Entstehende Umrechnungsdifferenzen sind gesondert auszuweisen.[152]

Weitere Umrechnungsdifferenzen können auftreten, wenn die Konzernkapitalflussrechnung derivativ aus dem Konzernjahresabschluss abgeleitet wird. Kommt es zu Bestandsveränderungen allein aufgrund von Wechselkursänderungen, müssen diese in der Kapitalflussrechnung im jeweiligen Tätigkeitsbereich korrigiert werden. Wurden beispielsweise Forderungen in ausländischer Währung auf Konzernebene aufgrund eines gefallenen Wechselkurses abgewertet und hat sich der Bestand in ausländischer Währung nicht verändert, so sind diese Bestandsveränderungen der Forderungen aufgrund des gefallenen Wechselkurses in der Kapitalflussrechnung bei den Zahlungsströmen der Forderungen abzuziehen. Andernfalls würde man den geringeren Bestand an Forderungen als Zahlungseingang interpretieren, der nie stattgefunden hat. Die Auswirkungen dieser Wechselkursänderungen sind gesondert in der Kapitalflussrechnung auszuweisen.[153]

3 Bilanzanalytische Möglichkeiten und Erkenntnisse

3.1 Generelle Analyseüberlegungen zu den Tätigkeitsbereichen und dem Finanzmittelfond

Wie bereits erläutert soll die Kapitalflussrechnung Aufschluss darüber geben, welche Ursachen einer Veränderung des Finanzmittelfonds zugrunde lagen. Insbesondere durch die Dreiteilung der Kapitalflussrechnung in Aktivitätsformate erhält der Analyst Informationen darüber, inwieweit die Zahlungsmittelgenerierung einer Unternehmung aus eigener Kraft möglich war und welche Zahlungs-

---

[152] Vgl. IAS 7 Par. 27 u. 28.

[153] Vgl. hierzu ausführlich die Beispiele von Siener, F. (1998), S. 57-65; vgl. Plein, C. (1998), S. 12.

ströme im Investitions- beziehungsweise im Finanzierungsbereich geflossen sind.[154]

Der ***Cashflow aus betrieblicher Geschäftstätigkeit*** informiert darüber, ob in diesem Bereich genügend Einzahlungen generiert werden konnten, die Auszahlungen des laufenden Geschäfts zu decken. Dies sollte grundsätzlich der Fall sein.[155] Eine Pauschalaussage kann aber nicht ohne weiteres getroffen werden. Befindet sich ein Produkt eines Unternehmens beispielsweise erst in der Forschungs-, Entwicklungs- oder Markteinführungsphase, übersteigen die Auszahlungen häufig die Einzahlungen. Erst in der Reifephase, wenn das Produkt am Markt Absatz findet, überwiegen die Einzahlungen.[156] Da Unternehmen in der Regel ein Produktportfolio über den gesamten Lebenszyklus der Produktpalette verteilen, wird der *Cashflow aus betrieblicher Geschäftstätigkeit* gewöhnlich positiv sein. Ist dieses ausgeglichene Portfolio nicht gewährleistet, sollte bei einem negativen Cashflow mindestens die Aussicht bestehen, dass er langfristig positiv sein wird.[157] In jedem Fall aber sind Nachforschungen anzustellen, die die Ursache eines negativen *Cashflows aus betrieblicher Geschäftstätigkeit* aufklären.

Die sich anschließende Frage lautet, wie ein positiver *Cashflow aus betrieblicher Geschäftstätigkeit* verwendet wurde, oder, falls er negativ war, wie der die Einzahlungen übersteigende Teil der Auszahlungen finanziert wurde.

Zunächst fällt der Blick in den **Investitionsbereich**. Bei Unternehmen, die sich in der Wachstumsphase befinden, wird dieser in der Regel defizitär sein. Das bedeutet, dass hier die Auszahlungen für Investitionen größer waren als die Einzahlungen für Desinvestitionen. Die Finanzierung der Nettoinvestitionen kann auf zwei Wegen geschehen. Entweder reichen die *Cashflows aus betrieblicher*

[154] Die Kapitalflussrechnung zeigt sämtliche Zahlungsströme innerhalb des Unternehmens. Es ist jedoch ein Trugschluss, anzunehmen, die Kapitalflussrechnung könne exakt angeben, wofür Zahlungsmittel geflossen sind. Beispielsweise wird bei der Aufnahme eines zusätzlichen Kredites angenommen, dass dieser zur Finanzierung einer Investition aufgenommen wurde. Genauso kann ein Kredit aber auch für Materialkäufe aufgenommen und aus der Umsatztätigkeit generierte Zahlungsmittel für den Kauf einer Maschine eingesetzt worden sein. Folglich handelt es sich bei allen im Rahmen der externen Analyse der Kapitalflussrechnung angenommenen Zahlungsmittelverwendungen um Interpretationshilfen.

[155] Vgl. Gräfer, H. (2001), S. 166

[156] ORDELHEIDE / LEUTZ benutzen das Lebenszykluskonzept als Interpretationshilfe zur Kapitalflussrechnung; vgl. Ordelheide, D. / Leuz, C. (1998), S. 182.

[157] Vgl. Rehkugler, H. / Poddig, T. (1998), S. 129.

Geschäftstätigkeit aus, die Investitionen zu decken und es verbleibt gegebenenfalls ein entsprechender Finanzierungsüberschuss, oder der *Cashflow aus betrieblicher Geschäftstätigkeit* reicht nicht aus, die Investitionsauszahlungen zu leisten. In diesem Fall besteht für das Unternehmen ein Finanzbedarf.

Die Verwendung eines Finanzüberschusses oder die Deckung eines Finanzbedarfs führt als nächstes in den **Finanzierungsbereich**. Dieser zeigt auf, dass ein Finanzüberschuss möglicherweise zur Rückzahlung von Kreditverbindlichkeiten oder aber auch zur Rückzahlung von Eigenkapitaleinlagen sowie für Ausschüttungen[158] an die Eigentümer verwendet wurde. Hatte das Unternehmen einen Finanzbedarf, wurde dieser unter Umständen durch Aufnahme neuer Kreditverbindlichkeiten, durch eine Kapitalerhöhung oder aus dem Finanzmittelfond gedeckt.[159]

Auch hier kann keine pauschale Aussage getroffen werden, in welcher Höhe die *Cashflows aus betrieblicher Geschäftstätigkeit*, *Investitions-* und *Finanzierungstätigkeit* zueinander stehen sollten. Auf der einen Seite müssen die Reinvestitionen eines Unternehmens hoch genug sein, das Fortbestehen der Unternehmung zu sichern. Auf der anderen Seite sollten die Investitionen aber mindestens langfristig aus eigenen Mitteln finanziert werden, da jede Kreditaufnahme auch irgendwann einmal zurückgeführt werden muss und möglicherweise auch zu einem Fremdeinfluss auf die Unternehmensentscheidungen führt. Kurzfristig kann von diesem „Idealbild" Abstand genommen werden. Insbesondere Start-Up-Unternehmen zeichnen sich durch hohe Anfangsinvestitionen aus, die durch Außenfinanzierungsmaßnahmen gedeckt werden müssen, da diese Unternehmen in der Regel noch kein Innenfinanzierungspotenzial erwirtschaften.[160]

Der Saldo der drei Tätigkeitsbereiche ergibt die ***Veränderung des Finanzmittelfonds***. Sollte also nach Verwendung des Finanzmittelüberschusses noch ein Differenzbetrag übrig geblieben sein, steht dieser Teil dem Unternehmen in der nächsten Periode in liquider Form zur Verfügung. Haben hingegen die Außenfinanzierungsmaßnahmen nicht ausgereicht, den Finanzbedarf zu decken, belastet der Differenzbetrag die liquiden Mittel, was einen Rückgang des Finanzmittelfonds zur Folge hat.

---

[158] Die Verwendung für Ausschüttungen ist abhängig davon, in welchem Bereich die Dividendenzahlungen ausgewiesen werden. Unter Umständen wurden die Ausschüttungen bereits im Bereich der betrieblichen Geschäftstätigkeit berücksichtigt.

[159] Vgl. Gräfer, H. (2001), S. 166.

[160] Vgl. Rehkugler, H. / Poddig, T. (1998), S. 129.

Eine Erhöhung des Finanzmittelfonds ist grundsätzlich als positiv zu werten. Ein rückläufiger Fond muss aber nicht als Indiz für finanzielle Anspannungen gewertet werden.[161] Finanzkräftige Unternehmen weisen sich besonders dadurch aus, den Fond in Krisensituationen auffüllen zu können, indem sie ihr Außenfinanzierungspotenzial weiter ausschöpfen, während finanzschwache Unternehmen diese Möglichkeit nicht mehr haben.[162] Hier spielen Antworten auf die Frage, warum sich der Fond verändert hat, eine bedeutende Rolle.

Bisher wurde dargestellt, in welchen Relationen die Zahlungsströme in den Tätigkeitsbereichen tendenziell stehen sollten. Es gibt aber vielfältige Ursachen für ein sinnvoll begründetes Abweichen von dem beschriebenen Idealbild. Ein Beispiel wurde für den Fall von Start-Up-Unternehmen genannt. Aber selbst wenn dem eben vorgestellten, allem Anschein nach optimalen Bild entsprochen wird, müssen weitere Untersuchungen bezüglich der Zusammensetzung der Cashflow-Bereiche angestellt werden. Ein positiver *Cashflow aus betrieblicher Geschäftstätigkeit* könnte beispielsweise allein dadurch erreicht worden sein, dass lediglich der Forderungsbestand aus Lieferungen und Leistungen abgebaut wurde. Ein auf diesem Wege erreichter positiver Cashflow ist qualitativ schlechter zu werten als eine Erhöhung des Cashflows aufgrund gestiegener Umsatzeinzahlungen.[163] Insofern ist allein der Vergleich der Ergebnisse der Tätigkeitsbereiche ungenügend.

Die Ursachen für Cashflow-Veränderungen sind – wie zu zeigen sein wird – vielseitig. Im Schrifttum enden die Diskussionen um die bilanzanalytischen Möglichkeiten der Kapitalflussrechnung im Wesentlichen mit den bis hierher beschriebenen allgemeinen Vorstellungen über das Verhältnis der Cashflows der Tätigkeitsbereiche zueinander, wenngleich die Titel einiger Literaturbeiträge häufig weiterführende bilanzanalytische Erkenntnisse vermuten lassen.[164] HAUSCHILDT und KREHL[165] nehmen eine tiefer gehende Analyse der Kapitalflussrechnung vor, die zwischen Mittelherkunft und Verwendung differenziert. COENENBERG[166] und ACHLEITNER[167] liefern erste Ansätze zu einer kennzahlengestützten

[161] Vgl. Rehkugler, H. / Poddig, T. (1998), S. 133.

[162] Vgl. Gräfer, H. (2001), S. 166.

[163] Vgl. Gräfer, H. (2001), S. 166.

[164] Vgl. dazu beispielsweise Bieg. H. (2000a-2000c); vgl. Dauner, W. / Dauner-Lieb, B. (1996-1996a); vgl. Kussmaul, H. (1984); vgl. Pfuhl, J. (1991-1991a).

[165] Vgl. Hauschildt, J. / Krehl, H. (2000).

[166] Vgl. Coenenberg, A. G. (2000), S. 943-946; vgl. Coenenberg, A. G. (2001).

[167] Vgl. Achleitner, A.-K. / Behr, G. (2000), S. 256-258.

Analyse der Kapitalflussrechnung. Sie erschöpfen aber nicht das vollständige Informationspotenzial, das in einer Kapitalflussrechnung steckt. Die Ergebnisse der genannten Untersuchungen fließen an entsprechender Stelle ein.

3.2 Umstrukturierung des Datenmaterials zur Herstellung der Vergleichbarkeit

Da der IAS 7 wie bereits beschrieben einige Wahlrechte bei der Zuordnung von Zahlungsströmen zu den Tätigkeitsbereichen zulässt, muss das Datenmaterial zur Erleichterung der Interpretation und Ermöglichung von Betriebs- und Zeitvergleichen zunächst aufbereitet werden.

Die unterschiedlich mögliche Zuordnung der Zinsen, Dividenden und Ertragsteuern kann erheblichen Einfluss auf die Höhe der absoluten Cashflow-Größen der Teilbereiche haben, so dass sich die Frage stellt, welchen Bereichen die Zinsen und Dividenden sachgerecht zugeordnet werden sollten.

3.2.1 Zuordnung der Zinsen

Der IAS 7 sieht vor, die erhaltenen und gezahlten Zinsen der betrieblichen Geschäftstätigkeit zuzuordnen. Alternativ ist es aber auch möglich, die gezahlten Zinsen der Finanzierungstätigkeit und die erhaltenen Zinsen der Investitionstätigkeit zuzuordnen.[168] Im IAS 7 und auch in weiten Teilen der Literatur wird die Meinung vertreten, Zinszahlungen der betrieblichen Geschäftstätigkeit zuzuordnen, weil es sich um Erfolgsbeiträge handle, die aus der Geschäftstätigkeit des Unternehmens resultieren.[169] Dieser Standpunkt soll näher untersucht werden.

Zunächst ist zu prüfen, ob es sich bei Zinszahlungen tatsächlich um Zahlungsströme handelt, die aus der betrieblichen Geschäftstätigkeit stammen. Die Definition der betrieblichen Geschäftstätigkeit in der Kapitalflussrechnung ist wie bereits erläutert negativ von den Bereichen der Investitions- und Finanzierungstätigkeit abgegrenzt.[170] Folglich sind alle Zahlungsströme, die nicht Investitions- oder Finanzierungstätigkeit sind, betriebliche Geschäftstätigkeit. Damit ist zu untersuchen, ob Zinszahlungen möglicherweise Investitions- oder Finanzierungstätigkeit darstellen.

---

[168] Vgl. hierzu Kap. I 2.3.1.1.

[169] Vgl. bspw. Amen, M. (1995), S. 505.

[170] Vgl. Kap. I 2.3.1.

Im Rahmen der klassischen Erfolgsanalyse und Erfolgsspaltung findet eine ähnliche Untersuchung statt. Dort wird der Jahresüberschuss auf seine Zusammensetzung näher analysiert. Zinserträge und Zinsaufwendungen werden aus dem laufenden Ergebnis (Betriebsergebnis) herausgerechnet und der Ergebnisquelle Finanzergebnis zugeordnet.[171] Allerdings ist die Fragestellung bei diesem Teil der Erfolgsanalyse eine andere. Es soll die Qualität und die Entstehung des Jahreserfolges untersucht werden, indem alle Erfolgsgrößen der *Gewinn- und Verlustrechnung* in Erfolgskomponenten von unterschiedlicher Qualität strukturiert werden.

In der Kapitalflussrechnung ist diese Fragestellung nachrangig. In ihr sollen alle Zahlungsströme der Periode aufgedeckt und vorrangig die Frage beantwortet werden, inwiefern Zahlungsströme erwirtschaftet (*Cashflow aus betrieblicher Geschäftstätigkeit*) und verwendet wurden. Wurden mit ihnen beispielsweise Investitionen bezahlt, dann haben sie als Zahlungsmittelabfluss den *Cashflow aus Investitionstätigkeit* reduziert. Wurden sie zur Rückzahlung von Krediten verwendet, stellen sie einen Zahlungsmittelabfluss aus Finanzierungstätigkeit dar. Insofern sollten dem Zweck der Kapitalflussrechnung entsprechend in den Bereichen Investitionstätigkeit und Finanzierungstätigkeit auch nur solche Vorgänge berücksichtigt werden, die eine solche Tätigkeit tatsächlich darstellen. Dies ist beispielsweise bei Zinsaufwendungen nicht der Fall. Sie resultieren zwar aus einer früheren Kreditaufnahme, also aus der Finanzierungstätigkeit des Unternehmens, aber es handelt sich um zahlungswirksame Erfolgsbeiträge, die den laufenden Cashflow beeinflusst, in diesem Fall gemindert haben und nicht um die Finanzierungstätigkeit als solche.

Darüber hinaus würde eine alternative Zuordnung zur Investitions- oder Finanzierungstätigkeit eher zur Verwirrung führen. Beispielsweise würden im Investitionsbereich erhaltene Zinszahlungen als Desinvestition interpretiert werden, da es sich um einen Zufluss von Geldmitteln handelt.[172] Wie bei der Argumentation zu den Zinsaufwendungen handelt es sich aber um zahlungswirksame Erfolgsbeiträge, die erst im Nachhinein aus der Investitionstätigkeit resultieren.

Das Wahlrecht, das der Standard den Unternehmen gewährt, wird insofern eingeschränkt, indem die Zinszahlungen nur einem Bereich zugeordnet werden, dem sie sachgerecht zustehen.[173] Beispielsweise gehören Zinszahlungen für

[171] Vgl. Gräfer, H. (2001), S. 67.

[172] Vgl. Amen, M. (1995), S. 505.

[173] Vgl. IAS 7 Par. 31.

Kontokorrentkredite eher zur betrieblichen Geschäftstätigkeit, während Zinsen für langfristige Kredite der Finanzierungstätigkeit zuzuordnen sind.[174] Das Wahlrecht ist nach Meinung des Verfassers aber aus zwei Gründen unangebracht. Erstens handelt es sich bei Zinszahlungen wie oben erläutert um zahlungswirksame Erfolgsbeiträge und nicht um Investitions- oder Finanzierungsvorgänge. Zweitens ist in der Praxis nicht zu beobachten, dass die vom Standard geforderte Differenzierung der Zinszahlungen zwecks unterschiedlicher Zuordnung von den Unternehmen auch wirklich vorgenommen wird. Sie werden eher pauschal einem der Bereiche zugeordnet. Im Hinblick auf die Vergleichbarkeit von Kapitalflussrechnungen wäre hier eine einheitliche Regelung wünschenswert, wie sie etwa nach US-GAAP erfolgt.[175] Dort werden alle Zinsen ausnahmslos der betrieblichen Geschäftstätigkeit zugeordnet.[176] Leider hat auch der DRS 2 keine eindeutige Zuordnung festgelegt. Ebenso wie im IAS 7 werden die Zuordnungswahlrechte gewährt.[177] Nicht zuletzt deswegen, weil der DRS 2 eine vermittelnde Position zwischen dem IAS 7 und SFAS 95 einnehmen will.[178]

Es bleibt festzuhalten, dass die Bereiche der Investitions- und Finanzierungstätigkeit also nur Zahlungsströme aus der Veränderung von Bestandsgrößen aufweisen sollten, während der Bereich der betrieblichen Geschäftstätigkeit neben anderen Bestandsveränderungen alle zahlungsstromorientierten Erfolgsgrößen umfassen sollte.[179]

3.2.2 Zuordnung der Dividenden

Ebenso wie bei den Zinszahlungen sind nach IAS 7 auch bei der Zuordnung der Dividendenzahlungen Wahlmöglichkeiten gegeben. Die erhaltenen Dividenden können mit derselben Begründung wie bei den Zinseinzahlungen sowohl der betrieblichen Geschäftstätigkeit als auch der Investitionstätigkeit zugeordnet werden.[180] Bei der Zuordnung für die Zwecke der Analyse lässt sich dieselbe Argumentation führen wie für die Zinseinzahlungen. Die Zuordnung zum Bereich der betrieblichen Geschäftstätigkeit ist in diesem Fall vorzuziehen.

---

[174] Vgl. IAS 7 Par. 33.

[175] Vgl. Clarke, C. M. (1996), S. 145.

[176] Vgl. Pilhofer, J. (1999), S. 302.

[177] Vgl. Pilhofer, J. (1999), S. 302.

[178] Vgl. Wysocki, K. v. (2000), S. 2374.

[179] Vgl. Amen, M. (1995), S. 506; vgl. kritisch dazu Stahn, F. (2000), S. 237.

[180] Vgl. Kap. I 2.3.1.1.

Imparitätisch hingegen werden die Dividendenauszahlungen behandelt. Sie sind vorzugsweise der Finanzierungstätigkeit zuzuordnen, da es sich um Kosten für die Beschaffung von Eigenkapital handelt. Alternativ ist für die Zuordnung der Bereich der betrieblichen Geschäftstätigkeit möglich, um aus Gründen der besseren Übersicht zu zeigen, dass das Unternehmen in der Lage ist, seine Dividendenzahlungen selbst zu erwirtschaften.[181]

Nach Meinung des Verfassers scheint die von den Dividendeneinzahlungen abweichende Handhabung der Dividendenauszahlungen nicht angebracht. Die Dividendenauszahlungen sollten stets der betrieblichen Geschäftstätigkeit zugeordnet werden. Weniger entscheidend ist dabei das Argument der besseren Übersichtlichkeit zur Erwirtschaftung von Dividenden. Diese Information ließe sich sehr schnell durch Differenzbildung ermitteln. Für die vorrangige Zuordnung der Dividendenauszahlungen zur betrieblichen Geschäftstätigkeit spricht viel mehr die Tatsache, dass es sich auch bei diesen Auszahlungen genauso wie bei den Fremdkapitalzinsen um zahlungswirksame Finanzierungskosten handelt. Sie resultieren zwar wiederum aus der Finanzierungstätigkeit, stellen aber eine solche Tätigkeit an sich nicht dar.

Die vom Standard vorgesehene primäre Zuordnung zur Finanzierungstätigkeit lässt sich damit begründen, dass in Übereinstimmung mit dem SFAS 95 und DRS 2 die Dividendenauszahlungen in jedem Fall zahlungswirksame Kosten für das Eigenkapital sind, somit die sachliche Begründung, wie sie bei den Zinsauszahlungen gefordert wird, erfüllt ist. Darüber hinaus handelt es sich nicht um Erfolg mindernde Geschäftsvorfälle im Sinne von Aufwendungen sondern um Gewinnverwendung. Für analytische Zwecke sollten die Dividendenauszahlungen aber aus den erwähnten Gründen der betrieblichen Geschäftstätigkeit zugeordnet werden.

3.2.3 Zuordnung der Ertragsteuern

Anders als bei der Einräumung von Wahlrechten für Zins- und Dividendenzahlungen verfährt der IAS 7 mit Ertragsteuerzahlungen. Ertragsteuern sind regelmäßig der betrieblichen Geschäftstätigkeit zuzuordnen. Nur unter bestimmten Bedingungen sind sie im Investitions- oder Finanzierungsbereich zu zeigen.[182] Es handelt sich hierbei zwar nicht um ein Wahlrecht für die Unternehmen, für

[181] Vgl. IAS 7 Par. 34.

[182] Vgl. Kap. I 2.3.1.1.

die analytischen Zwecke muss aber eine nähere Betrachtung aufgrund folgender Überlegung erfolgen.

Die Ertragsteuern werden immer dann **nicht** im Bereich der betrieblichen Geschäftstätigkeit ausgewiesen, wenn sie einem bestimmten Investitions- oder Finanzierungsvorgang zuordenbar sind.[183] Zunächst ist zu prüfen, ob eine Zuordnung der Ertragsteuerzahlungen zu diesen Bereichen sachgerecht wäre. Bei Ertragsteuerzahlungen handelt es sich – wie bei den Dividendenauszahlungen schon erläutert – um Gewinnverwendung. Insofern wäre mit diesem Argument eine Zuordnung zum Investitions- oder Finanzierungsbereich abzulehnen. Dagegen spricht aber, dass aus Investitions- oder Finanzierungsvorgängen resultierende Ertragsteuerzahlungen von vornherein vom Unternehmen mit in die Investitions- oder Finanzierungsentscheidungen einbezogen werden und sozusagen nur einen Durchlaufposten im Unternehmen darstellen. Wird beispielsweise eine Maschine über ihren Buchwert verkauft, fällt ein Veräußerungsgewinn an, der in der Regel der Ertragsbesteuerung unterliegt. In der Kapitalflussrechnung wird in jedem Fall im Investitionsbereich der Zahlungseingang für den Verkauf der Maschine gezeigt. Gelingt es der Unternehmung, den Teil der Ertragsteuern zu ermitteln, der auf den Veräußerungsgewinn entfällt, sind diese im Investitionsbereich von den Einzahlungen abzusetzen. Da also von der Investitionseinzahlung ein Teil an das Finanzamt abgeführt wird, der nichts mit der Geschäftstätigkeit, sondern nur mit dem Verkauf der Maschine zu tun hat, wäre der Ausweis der Ertragsteuern in diesem Fall im Investitionsbereich, wie es der IAS 7 vorsieht, sinnvoll.

Der IAS 7 hebt bereits hervor, dass die Zuordnung von Ertragsteuern zu einzelnen Investitions- oder Finanzierungsvorgängen den Unternehmen nur schwierig gelingt, zumal die Ertragsteuerzahlungen häufig erst periodenverschoben anfallen.[184] Folglich werden die Ertragsteuern regelmäßig der betrieblichen Geschäftstätigkeit zugeordnet. Daraus ergibt sich für den Analysten ein Zuordnungsproblem, falls die Ertragsteuern aus der betrieblichen Geschäftstätigkeit herausgerechnet wurden. Einerseits kann er zwar von der sachgerechten Zuordnung ausgehen, andererseits muss diese aber nicht immer vollständig vom Unternehmen erfolgt sein, nämlich nur für den Teil, der zuordenbar war. Darüber hinaus kann davon ausgegangen werden, dass dem Unternehmen die Zuordnung für weitere Geschäftsvorfälle nicht in jeder Periode gelingt.[185] Folglich wären für die Analyse die Prinzipien Vollständigkeit und Stetigkeit verletzt. Dies

[183] Vgl. Bellavite-Hövermann, Y. / Löw, E. (1998), S. 124; vgl. IAS 7 Par. 35.

[184] Vgl. Schirmeister, R. (2000), S. 661; vgl. Strobel, W. (1999), S. 1046; vgl. IAS 7 Par. 36.

[185] Vgl. Jakoby, S. / Maier, J. / Schmechel, T. (1999), S. 229.

spricht nach Meinung des Verfassers dafür, sämtliche Ertragsteuern der betrieblichen Geschäftstätigkeit zuzuordnen beziehungsweise dort zu belassen, auch wenn dabei die beschriebene Ungenauigkeit in Kauf genommen werden muss.[186] Inwiefern sie wesentlich ist, kann immer nur beurteilt werden, wenn ein Unternehmen die Ertragsteuern aufteilt und die Umgruppierung für die Analyse daraus erfolgt. Ein Blick in die Bilanzierungspraxis zeigt jedoch, dass nur wenige Unternehmen ihre Ertragsteuern differenziert betrachten und die Aufteilung seitens des Analysten wohl an den nur unvollständig zur Verfügung stehen Informationen zur Ertragsbesteuerung des Unternehmens scheitert.

Nach den voran stehenden Ausführungen kann für die Umstrukturierung des Datenmaterials festgestellt werden, dass alle Zahlungen, die mit Zinsen, Dividenden und Ertragsteuern verbunden sind, dem *Cashflow aus betrieblicher Geschäftstätigkeit* zugeordnet werden sollten.

In diesem Beispiel werden vier nach IFRS bilanzierende Unternehmen der gleichen Branche ausgewählt, um zu zeigen, wie unterschiedlich mit der Zuordnung der Zins- und Dividendenzahlungen vorgegangen wird. Schering ist das einzige Unternehmen, dass mit sämtlichen Ein- und Auszahlungen für Zinsen und Dividenden der vom IAS 7 bevorzugten Vorgehensweise entspricht. Henkel ordnet sämtliche Ein- und Auszahlungen für Zinsen und Dividenden der Finanzierungstätigkeit zu. Mindestens für erhaltene Zinsen und Dividenden ist dies fraglich und nicht regelkonform. Sie hätten entweder der Investitions- oder der betrieblichen Geschäftstätigkeit zugeordnet werden müssen. Bayer und Beiersdorf halten sich nur mit den Auszahlungen für Dividenden an die bevorzugte Methode. Die Neuordnung hat die größten Auswirkungen auf den Finanzierungsbereich. Während er in 2001 bei Bayer von 1.549 Mio. € Abflüssen auf 37 Mio. € gesunken ist, wandelte sich der Bereich bei Beiersdorf sogar von 80 Mio. € Abflüssen in 46 Mio. € Zuflüsse. Insbesondere hat dies Einfluss auf die Interpretation. Während ein Abfluss als Rückgang der Finanzierungstätigkeiten zu interpretieren ist, bedeutet ein Zufluss Ausweitung des Finanzierungsspielraums. Bei Beiersdorf haben die Finanzverbindlichkeiten jedoch zugenommen, was nur durch die Umstrukturierung ersichtlich wird.

[186] Diese Handhabung entspricht dem Vorgehen des SFAS 95. Dort werden alle Ertragsteuern der betrieblichen Geschäftstätigkeit zugeordnet; vgl. Wysocki, K. v. (1998), S. 32. Leider findet der DRS 2 nur eine Kompromisslösung zwischen IFRS und US-GAAP und erlaubt die ausnahmsweise Zuordnung der Ertragsteuern auch im Investitions- und Finanzierungsbereich; vgl. Coenenberg, A. G. (2000), S. 743.

Angaben in Mio. € Unternehmen	Bayer				Beiersdorf				Henkel				Schering			
Periode	1998	1999	2000	2001	1998	1999	2000	2001	1998	1999	2000	2001	1998	1999	2000	2001
Cashflow aus betrieblicher Geschäftstätigkeit	2.848	3.253	3.091	3.859	251	341	270	347	847	1.225	707	1.273	363	275	465	670
Einzahlungen für Zinsen und Dividenden	247	146	191	138	31	37	39	50	94	96	144	141				
Auszahlungen für Zinsen	-364	-360	-336	-484	-24	-37	-34	-42	-286	-224	-250	-293				
Auszahlungen für Dividenden	-712	-770	-953	-1.028	-43	-52	-60	-84	-124	-141	-152	-186	-87	-91	-165	-198
Ertragsteuerzahlungen																
angepasster *Cashflow aus betrieblicher Geschäftstätigkeit*	**2.019**	**2.269**	**1.993**	**2.485**	**215**	**289**	**215**	**271**	**531**	**956**	**449**	**935**	**276**	**184**	**300**	**472**
Cashflow aus Investitionstätigkeit	-3.192	214	-6.189	-2.132	-67	-84	-191	-185	-842	-570	-1.337	1.120	-168	-261	-119	-217
Einzahlungen für Zinsen und Dividenden	-247	-146	-191	-138	-31	-37	-39	-50								
Ertragsteuerzahlungen																
angepasster *Cashflow aus Investitionstätigkeit*	**-3.439**	**68**	**-6.380**	**-2.270**	**-98**	**-121**	**-230**	**-235**	**-842**	**-570**	**-1.337**	**1.120**	**-168**	**-261**	**-119**	**-217**
Cashflow aus Finanzierungstätigkeit	-201	-1.729	772	-1.549	-85	-96	-73	-80	-42	-657	624	-2052	-193	-283	-172	-535
Einzahlungen für Zinsen und Dividenden									-94	-96	-144	-141				
Auszahlungen für Zinsen	364	360	336	484	24	37	34	42	286	224	250	293				
Auszahlungen für Dividenden	712	770	953	1.028	43	52	60	84	124	141	152	186	87	91	165	198
Ertragsteuerzahlungen																
angepasster *Cashflow aus Finanzierungstätigkeit*	**875**	**-599**	**2.061**	**-37**	**-18**	**-7**	**21**	**46**	**274**	**-388**	**882**	**-1714**	**-106**	**-192**	**-7**	**-337**

Des Weiteren ergeben sich durch die Neuordnung verschobene Interpretationen zur Investitionsdeckung. Dies ist besonders bei Bayer deutlich. Im Jahr 2001 konnten laut Kapitalflussrechnung die Investitionen in Höhe von 2.132 Mio. € durch das betriebliche Geschäft mit 3.859 Mio. € gedeckt werden. Dieses relativiert sich jedoch nach Neustrukturierung. Zinsen und Dividenden müssen ebenfalls durch das betriebliche Geschäft gedeckt werden, so dass für die Investitionstätigkeit lediglich 2.485 Mio. € verbleiben. 1998 ist dies noch extremer. Nach Umstrukturierung wird deutlich, dass 2.019 Mio. € des betrieblichen Geschäfts bei weitem nicht ausreichten, die Investitionen von 3.439 Mio. € zu bezahlen.

3.3 Kennzahlengestützte Analyse

Nachdem bisher das Zusammenspiel der Ergebnisse der einzelnen Teilbereiche beschrieben, kommentiert und für eine erste, eher pauschalierende Analyse nutzbar gemacht und strukturiert wurde, wird nun gezeigt, wie das Informationspotenzial der Kapitalflussrechnung mit Hilfe von Kennzahlen ausgeschöpft werden kann.

3.3.1 Kategorisierung und Systematisierung der Kennzahlen in Abhängigkeit von den Analysezielen

Zur Analyse der Kapitalflussrechnung ist die Berechnung von Kennzahlen genauso sinnvoll wie bei der Analyse der Bilanz und der *Gewinn- und Verlustrechnung*. Hierbei ist jedoch die Bildung einer Vielzahl von Kennzahlen vorstellbar. Es ist praktisch möglich, jeden Zahlenwert der Kapitalflussrechnung zu einer beliebigen Verursachungsgröße in Beziehung zu setzen. Damit stellt sich die Frage, welche Kennzahlen sinnvoll sind und welchen Aussagegehalt sie liefern. Da der Wert einer Kennzahl davon abhängt, in welchem Maße sie Erkenntnisse für die Analyseziele liefert, sollen diese zunächst detailliert beschrieben werden. Sodann werden zielspezifische Kennzahlen entwickelt und ihr Erkenntnisbeitrag beschrieben.

Zunächst sind es zwei Ziele, die im IAS 7 ausdrücklich genannt werden:

1. mit der Kapitalflussrechnung ein Urteil darüber fällen zu können, ob das Unternehmen zukünftig fähig sein wird, Zahlungsüberschüsse zu erwirtschaften (Zahlungsmittelgenerierung) und
2. mit ihr den Liquiditätsbedarf des Unternehmens abschätzen zu können.[187]

Die Analyse des Liquiditätsbedarfs setzt voraus, dass neben der Entstehung des Cashflows auch die Verwendung des Cashflows bekannt ist. Ein Nachteil der traditionellen Cashflow-Rechnung liegt darin, dass der Cashflow nur ein Maßstab für das Innenfinanzierungspotenzial ist, aber keine Aussage über die Liquidität am Bilanzstichtag macht, da er in der abgelaufenen Periode teilweise bereits verwendet wurde und mindestens der Teil nicht mehr für Zahlungen zur Verfügung steht.[188] Hier setzt der entscheidende Vorteil der Kapitalflussrech-

[187] Vgl. IAS 7 Zielsetzung.

[188] Vgl. Gräfer, H. (2001), S. 159.

nung an. Neben der möglichen Offenlegung der Entstehungsursachen des Cashflows[189] wird auch die Verwendung des Cashflows abgebildet. Diese neuen Informationen – Entstehung **und** Verwendung des Cashflows – können auf die Ziele der Kapitalflussrechnung übertragen werden. Sie sind:

3. Informationen über die Verschuldungsfähigkeit,
4. Ausschüttungsfähigkeit und
5. Investitionsfähigkeit bereitzustellen.[190]

Weitere Analysebereiche, die im IAS 7 erwähnt werden, sind

6. die Möglichkeit, zukünftige Cashflows und deren Barwert zu ermitteln und
7. die Vergleichbarkeit zur Ertragskraft anderer Unternehmen, die durch unterschiedliche Bilanzierungs- und Bewertungsmethoden verzerrt wird, herzustellen.[191]

Es bietet sich an, die Kennzahlen nach diesen Zielen zu ordnen und die weitere Vorgehensweise an dieser Reihenfolge auszurichten. Die Möglichkeit, mit Hilfe der Kapitalflussrechnung den Barwert zukünftiger Cashflows zu ermitteln, wird außer Acht gelassen. Hierfür sprechen zwei Gründe: Zum einen würde die Auseinandersetzung mit Unternehmensbewertungsmethoden – insbesondere dem Discounted Cashflow-Verfahren – den Umfang dieser Arbeit sprengen. Zum anderen liefert die Kapitalflussrechnung kaum entscheidende Informationen zur Cashflow basierten Unternehmensbewertung. Das zukünftige Cashflow-Volumen kann verständlicherweise nicht mit vergangenheitsbasierten Informationen abgebildet werden, so dass nach Meinung des Verfasser der externe Analyst, der allein auf vergangenheitsbasierte Informationen angewiesen ist, die Zielsetzung der Kapitalflussrechnung in diesem Punkt lediglich als Hinweis verstehen kann.[192] Nur intern können Barwertüberlegungen mithilfe von Plankapitalflussrechnungen angestellt werden.

---

[189] Dies trifft allerdings nur auf den Fall der direkten Methode für die Darstellung des *Cashflows aus betrieblicher Geschäftstätigkeit* zu.

[190] Vgl. IAS 7 Par. 4.

[191] Vgl. IAS 7 Par. 4.

[192] Vgl. Vodrazka, K. (1997), S. 313.

Alternativ zur Kategorisierung der Kennzahlen nach dieser Vorgehensweise besteht auch die Möglichkeit, die Kapitalflussrechnung in der Reihenfolge der Tätigkeitsbereiche zu analysieren. Des Weiteren schlägt HAUSCHILDT die Analyse nach Mittelherkunft und Mittelverwendung vor.[193] Für die weitere Untersuchung wird die Kategorisierung nach der Zielsetzung der Kapitalflussrechnung gewählt, weil hierdurch dem Informationswert der Kapitalflussrechnung am besten entsprochen wird.[194]

3.3.2 Beurteilung der Fähigkeit zur Zahlungsmittelgenerierung

Ausgangspunkt für die Beurteilung der Zahlungsmittelgenerierung ist die Analyse des Cashflows als Indikator für die Innenfinanzierungskraft eines Unternehmens. In Literatur und Praxis sind in den vergangenen Jahren zahlreiche Cashflow-Definitionen erschienen, die alle ihrem Zweck entsprechend unterschiedliche Aussagekraft besitzen.[195]

Allen Berechnungsvarianten ist gemeinsam, dass sie ausgehend vom Periodenergebnis die nicht zahlungswirksamen Erfolgskomponenten korrigieren, sofern die indirekte Darstellungsmethode gewählt wird. Unterschiede bestehen jedoch hinsichtlich des Umfanges der Korrekturposten.[196] So werden in der einfachsten Variante pauschal zum Jahresüberschuss die Abschreibungen und Veränderungen der Pensionsrückstellungen hinzuaddiert.[197] Als weitere Cashflow-Definition wurde die Berechnung des Betriebs-Cashflows eingeführt, die nicht an der Korrektur des Jahresergebnisses, sondern an der Korrektur des Betriebsergebnisses ansetzt.[198]

---

[193] Vgl. Hauschildt, J. / Krehl, H. (2000), S. 78.

[194] Die Analyse nach Tätigkeitsbereichen führt zu zahlreichen Überschneidungen der Bereiche untereinander, da einige Kennzahlen – wie später zu zeigen sein wird – das Zahlenmaterial unterschiedlicher Tätigkeitsbereiche bedürfen. Folglich gelingt die vollständige Analyse eines Tätigkeitsbereiches nicht, ohne auf andere Bereiche zuzugreifen, bevor diese analysiert wurden. Zusammenhänge, die ohne das separate Betrachten der Tätigkeitsbereiche verloren gehen könnten, wurden bereits bei den globalen Analyseüberlegungen berücksichtigt; vgl. Kap. I 3.1.

[195] Vgl. Burger, A. (1995), S. 205.

[196] Vgl. Buchner, R. (1981), S. 79.

[197] Vgl. Jahrmann, F.-U. (1999), S. 472.

[198] Vgl. Burger, A. (1995), S. 209.

Am weitesten verbreitet in der deutschen Rechnungslegungspraxis ist die Berechnung des *Cashflows nach DVFA/SG.*[199] Sinn und Zweck dieser Cashflow-Größe ist es, eine Kennzahl zu erhalten, die der Innenfinanzierungskraft des Unternehmens einen prognostischen, mithin langfristig gültigen Charakter verleiht.[200] Diesem Gedanken folgend werden beispielsweise nicht alle zahlungsunwirksamen Erfolgskomponenten korrigiert. Kurzfristige Rückstellungen und Abschreibungen auf das Umlaufvermögen – sofern nicht von wesentlicher Bedeutung – bleiben unberücksichtigt, da ihre Zahlungswirksamkeit kurzfristig erwartet wird. Darüber hinaus werden entgegen allen anderen Cashflow-Definition außerordentliche, aber zahlungswirksame Erfolgskomponenten herausgerechnet, um dem Zweck eines prognostischen Cashflows zu entsprechen.[201]

Von diesen unterschiedlichen Cashflow-Varianten ist der *Cashflow aus betrieblicher Geschäftstätigkeit* im Sinne des IAS 7 und anderer Standardsetter abzugrenzen, wenn sein Name auch auf einen Cashflow hindeutet, der einen im betrieblichen Bereich entstanden Cashflow vermuten lässt. Zum einen unterscheidet sich der *Cashflow aus betrieblicher Geschäftstätigkeit* vom herkömmlichen Cashflow durch seine negative Abgrenzung zu den anderen Tätigkeitsbereichen. Alle Zahlungsströme, die nicht zur Investitions- oder Finanzierungstätigkeit gehören, gehen in die Berechnung des *Cashflows aus betrieblicher Geschäftstätigkeit* ein.[202] So gehören beispielsweise Gewinne aus Anlagenabgängen zum Investitionsbereich, während sie in der traditionellen Cashflow-Rechnung enthalten sind. Zum anderen führt die engere Abgrenzung gegenüber herkömmlichen Definitionen zu weiteren Unterschieden. Es werden nur die tatsächlichen Zahlungsströme erfasst, während der übliche Cashflow auch nicht zahlungswirksame Komponenten enthält. Beispielsweise erhöhen letzteren auch die Teile der Umsatzerlöse, die von Kunden noch nicht bezahlt wurden.

Dies macht deutlich, dass die von den herkömmlichen Cashflows abweichende Berechnungsvariante des *Cashflows aus betrieblicher Geschäftstätigkeit* einen unterschiedlichen Aussagegehalt erhält. In den folgenden Ausführungen ist daher zu untersuchen, inwiefern sich der *Cashflow aus betrieblicher Geschäftstätigkeit*, so wie er aus der Kapitalflussrechnung abzulesen ist, als Indikator für die

---

199 Vgl. Baetge, J. (1998), S. 332.

200 Vgl. Husmann, R. (1997), S. 216.

201 Vgl. Baetge, J. (1998), S. 334-338; vgl. Stahn, F. (1998), S. 434.

202 Vgl. Kap. I 2.3.1.

Zahlungsmittelgenerierung eignet und wie sich seine Verwendung auf die Berechnung weiterer Kennzahlen sowie auf deren Aussagekraft auswirkt.

3.3.2.1 Der *Cashflow aus betrieblicher Geschäftstätigkeit* als Maßstab für die Zahlungsmittelgenerierung

Wie bereits erwähnt, dient der Cashflow – an dieser Stelle unabhängig von der gewählten Cashflow-Variante – der Beurteilung des Innenfinanzierungspotenzials eines Unternehmens. Mit anderen Worten drückt der Cashflow aus, wie viel Zahlungsmittel in der vergangenen Periode aus eigener Kraft erwirtschaftet werden konnten. Da der *Cashflow aus betrieblicher Geschäftstätigkeit* reine Zahlungsströme darstellt, erfüllt er diese Aufgabe besser als beispielsweise der *Cashflow nach DVFA/SG*, der auch nicht zahlungswirksame Komponenten enthält.

Geht es jedoch um die Beurteilung der zukünftigen Liquiditätsgenerierung, kommt folgender Aspekt hinzu: Wie bereits beim *Cashflow nach DVFA/SG* erwähnt, werden die Zahlungsströme der Vergangenheit auf ihre Wiederholbarkeit in der Zukunft überprüft. Fraglich sind beispielsweise Umsatzeinzahlungen, die allein aus dem Abbau von Kundenforderungen resultieren. Aus diesem Grund sollte für die zukünftige Einschätzung der Liquidität ein Cashflow unter Berücksichtigung nicht zahlungswirksamer, aber erfolgswirksamer Veränderung des Netto-Umlaufvermögens[203] und außerordentlicher Einflüsse betrachtet werden.[204]

Wie das Ermittlungsschema des *Cashflows aus betrieblicher Geschäftstätigkeit* zuvor zeigte, müssen nach IAS 7 außerordentliche Komponenten im Rahmen der betrieblichen Geschäftstätigkeit ausgewiesen werden.[205] Hier wird ein Informationsgewinn durch die Kapitalflussrechnung deutlich. Die Beurteilung von

---

[203] Das Netto-Umlaufvermögen ist das Umlaufvermögen der Bilanz abzüglich der liquiden Mittel. Nicht zahlungswirksame, aber zugleich erfolgswirksame Veränderungen im Netto-Umlaufvermögen ergeben sich bei Veränderungen in Vorräten, geleisteten und erhaltenen Anzahlungen, sonstigen Vermögensgegenständen und Verbindlichkeiten, aktiven und passiven Rechnungsabgrenzungsposten, kurzfristigen Forderungen und Verbindlichkeiten aus Lieferungen und Leistungen sowie Wertpapieren, dessen Veränderungen der betrieblichen Geschäftstätigkeit zugeordnet werden; vgl. Coenenberg, A. G. (2000), S. 748; vgl. Helbling, C. (1997), S. 248.

[204] Vgl. Coenenberg, A. G. (2000), S. 943.

[205] Vgl. Abbildung 5 u. Abbildung 7; vgl. IAS 7 Par. 29.

zahlungswirksamen außerordentlichen Zahlungsvorgängen stellt sich für die externe Berechnung des *Cashflows nach DVFA/SG* immer als schwierig dar.[206] Mit der Kapitalflussrechnung und ihrer Angabe von außerordentlichen Einflüssen wird der Analyst zumindest von diesem Problem befreit.

Als weiterer Schritt ist die Korrektur um Veränderungen im Nettoumlaufvermögen notwendig. Diese werden in der Kapitalflussrechnung ausgewiesen, wenn der *Cashflow aus betrieblicher Geschäftstätigkeit* wie in den meisten Fällen nach der indirekten Methode abgebildet wird. Im Falle der direkten Methode sind die Veränderungen anhand der Bilanzbestände nachvollziehbar.[207]

Der sich somit ergebende korrigierte *Cashflow aus betrieblicher Geschäftstätigkeit* ist für Prognosezwecke besser geeignet. Häufig wird er als Zwischengröße in der Kapitalflussrechnung ausgewiesen und als (Brutto-)Cashflow bezeichnet. Er unterscheidet sich jedoch vom *Cashflow nach DVFA/SG* um kurzfristig nicht zahlungswirksam anhaltende Erfolgskomponenten wie beispielsweise Abschreibungen auf das Umlaufvermögen oder die Bildung kurzfristiger Rückstellungen und Gewinne beziehungsweise Verluste aus Anlagenverkäufen[208] sowie Ausschüttungen.

Der allgemein bekannte und wortverwandte Betriebs-Cashflow[209] unterscheidet sich von diesen Berechnungen, indem Ertragsteuer-, Zins- und Dividendenzahlungen herausgerechnet werden. Auf diese Cashflow-Definitionen wird im Folgenden je nach Abhängigkeit des Analyseziels unterschiedlich verwiesen.

---

[206] Vgl. Baetge, J. (1998), S. 339 u. 340.

[207] Vgl. Coenenberg, A. G. (2001), S. 316.

[208] Werden die Gewinne aus Anlagenverkäufen nicht extra ausgewiesen, so müssen sie indirekt ermittelt werden. Sie ergeben sich aus der Differenz der Verkauferlöse (im *Cashflow aus Investitionstätigkeit*) und der Restbuchwerte der Anlagenabgänge (aus dem Anlagengitter ermittelbar).

[209] Häufig wird der Betriebs-Cashflow aus dem Betriebsergebnis abgeleitet; vgl. auch Kap. I.3.3.2. Im Folgenden wird als Betriebs-Cashflow derjenige, der aus der Kapitalflussrechnung abgeleitet werden kann, verwendet. Er unterscheidet sich vom herkömmlichen Betriebs-Cashflow genauso wie der *Cashflow aus betrieblicher Geschäftstätigkeit* von den allgemeinen Cashflow-Definitionen.

Abbildung 10: Cashflow-Definitionen der betrieblichen Geschäftstätigkeit

Cashflow nach DVFA/SG	**Betriebs-Cashflow**
± Gewinne / Verluste aus Anlagenverkäufen	± Zinszahlungen
+ Abschreibungen auf das Umlaufvermögen	± Dividendenzahlungen
± Veränderung kurzfristiger Rückstellungen und anderer nicht zahlungswirksamer kurzfristiger Erfolgskomponenten	± Ertragsteuerzahlungen
- Auszahlungen für Dividenden	
= **korrigierter *Cashflow aus betrieblicher Geschäftstätigkeit***	
± Veränderung des Nettoumlaufvermögens	

= ***Cashflow aus betrieblicher Geschäftstätigkeit* vor außerordentlichen Posten** (nach IAS 7)

± Einzahlungen und Auszahlungen aus außerordentlichen Vorgängen

= ***Cashflow aus betrieblicher Geschäftstätigkeit*** (nach IAS 7)

3.3.2.2 Cashflow-orientierte Rentabilitätsbetrachtungen

Die Verfolgung der absoluten Höhe des *Cashflows aus betrieblicher Geschäftstätigkeit* ist sinnvoll für Erkenntnisse im Entwicklungsvergleich. Darüber hinaus kann mit dem absoluten *Cashflow aus betrieblicher Geschäftstätigkeit* festgestellt werden, ob ausreichend Liquidität für den Geschäftsprozess und die Investitions- sowie Finanzierungsmaßnahmen in der Vergangenheit erwirtschaftet wurde.

Offensichtlich ist, dass der Finanzbedarf eines Unternehmens auch von seiner Größe abhängig ist. Insbesondere für zukünftige Zahlungen ist daher zu untersuchen, ob Unternehmen in ausreichendem Maße Cashflows generieren. Die gleichen Überlegungen werden auch in der Erfolgsanalyse angestellt. Die Betrachtung der absoluten Höhe des Periodenergebnisses ist weder für die Analyse der Erfolgssituation des Unternehmens allein, noch für Betriebs- und Branchenvergleiche ausreichend.[210] Deshalb sind Rentabilitätsbetrachtungen integraler Bestandteil der Erfolgsanalyse. Gleichermaßen können sie auch für die Analyse der Kapitalflussrechnung nützlich sein.

[210] Vgl. zur Vorteilhaftigkeit von Kennzahlenbildung bzw. zur Nachteilhaftigkeit von absoluten Zahlen innerhalb des Branchenvergleichs Burger, A. (1995), S. 32.

Grundsätzlich wird bei Cashflow-orientierten Rentabilitätsbetrachtungen eine Cashflow-Größe ins Verhältnis zu ihrer Verursachungsgröße gesetzt. Hierzu hat es bereits eine ganze Reihe von Vorschlägen gegeben, in welcher Weise Cashflow-Rentabilitäten zu berechnen sind.[211] Erste Ansätze liegen vor, sich hierbei auch den Informationen der Kapitalflussrechnung zu bedienen. Allerdings heben sich hier schon unterschiedliche Bezeichnungen für häufig dieselben Kennzahlen hervor oder es werden für dieselben Bezeichnungen vielfach unterschiedliche Berechnungsvarianten vorgeschlagen. Bezeichnungen wie Cashflow-Rentabilität[212], finanzwirtschaftliche Rentabilität[213], *Free Cashflow-Rate*[214], Wachstumsmöglichkeit[215], *Cashflow Return on Assets*[216] oder auch der bereits seit langem diskutierte *Cashflow Return on Investment*[217] zielen alle in die Richtung der Rentabilitätsbetrachtung.

Da alle diese Kennzahlen[218] einen ähnlichen Charakter aufweisen, werden für die folgenden Ausführungen zwei wesentliche Cashflow-Rentabilitäten herausgegriffen. Hierbei handelt es sich um die Cashflow-Eigenkapitalrentabilität und um die Cashflow-Gesamtkapitalrentabilität. Die Eigenkapital- und Gesamtkapitalrentabilität sind bereits als „Top-Kennzahlen" aus der Erfolgsanalyse bekannt. Neuere Vorschläge dehnen diese Kennzahlen nun mit Hilfe der Kapitalflussrechnung auf Cashflow basierte Informationen aus. Dieser Gedanke soll aufgegriffen werden, um einerseits die Auswertung der Kapitalflussrechnung zu vervollständigen und um andererseits einen Beitrag zu leisten, der zur einheitlichen Berechnungsweise dieser Kennzahlen bewegt.

Die allgemeine Berechnung einer Cashflow-Rentabilität sieht wie folgt aus:

---

211 Vgl. nur exemplarisch umfangreiche Cashflow-Analysen bei Rehkugler, H. / Poddig, T. (1998), S. 195-203.

212 Vgl. Baetge, J. (1998), S. 452.

213 Vgl. Burger, A. (1995), S. 242.

214 Vgl. Coenenberg, A. G. (2000), S. 945.

215 Vgl. Gräfer, H. (2001), S. 189.

216 Vgl. Achleitner, A.-K. / Behr, G. (2000), S. 257.

217 Vgl. Baetge, J. (1998), S. 454.

218 Mit Ausnahme des *Cashflow Return on Investments*, der seiner Idee entsprechend einen internen Zinsfuß darstellt; vgl. Gräfer, H. / Ostmeier, V. (2000), S. 969.

Kennzahl 1: Allgemeine Cashflow-Rentabilität

$$\text{Cashflow-Rentabilität} = \frac{\text{Cashflow}}{\text{Kapital bzw. Vermögen}}$$

Während die Eigenkapital- und die Gesamtkapitalrentabilität der Erfolgsanalyse den Erfolg des Unternehmens in Relation zu dem von den Eigentümern bereitgestellten Kapital beziehungsweise zu dem gesamten im Unternehmen eingesetzten Kapital messen,[219] hängt der Aussagegehalt der Cashflow-Rentabilität davon ab, welcher Cashflow im Zähler zu Grunde gelegt wird. Vorab soll Abbildung 11 der Systematisierung der Cashflow-Rentabilitäten dienen. Im Anschluss daran werden die unterschiedlichen Varianten diskutiert.

Zunächst sind zwei mögliche Aussageziele, die mit der Cashflow-Rentabilität verfolgt werden, zu unterscheiden. Cashflow-Rentabilitäten können sowohl die Zahlungsmittelgenerierung im Unternehmen im Sinne einer Kapitalrückflussquote für das Unternehmen als auch die Zahlungsmittelgenerierung für die Kapitalgeber im Sinne einer Kapitalrückflussquote für die Kapitalgeber messen. Nach der Festlegung, was mit den Rentabilitäten ausgedrückt werden soll, ist ihre Berechnung zu überlegen.

Cashflow-Rentabilitäten zur Messung der **Zahlungsmittelgenerierung im Unternehmen** drücken die prozentuale Zahlungsmittelerwirtschaftung in Abhängigkeit zum eingesetzten Kapital aus. Die Höhe der Zahlungsmittelgenerierung liefert der *Cashflow aus betrieblicher Geschäftstätigkeit.* Allerdings sollte dieser Wert in Anlehnung an die Erfolgsanalyse vor Einkommens- und Ertragsteuern herangezogen werden, da auch die gewinnabhängigen Steuern durch das Kapital erwirtschaftet werden und keinen Aufwand darstellen, der für die Erzielung des Ergebnisses notwendig ist. Je nachdem, ob es sich um die Cashflow-Eigenkapitalrentabilität oder um die Cashflow-Gesamtkapitalrentabilität handelt, müssen die Zinszahlungen berücksichtigt werden.[220] Sofern die Ausschüttungen den *Cashflow aus betrieblicher Geschäftstätigkeit* reduziert haben, sind sie ebenfalls hinzuzurechnen.

---

[219] Vgl. Buchner, R. (1981), S. 92.

[220] Grundsätzlich ist die Einbeziehung der Ertragsteuern abhängig vom Analysezweck der Kennzahl; vgl. Baetge, J. (1998), S. 434. Vgl. zu den Vor- und Nachteilen der Einbeziehung der Ertragsteuern in die Kapitalrentabilitäten Baetge, J (1998), S. 358. Die Einbeziehung der Zinsaufwendungen zur Gesamtkapitalrentabilität ist hingegen unstreitig; vgl. hierzu bspw. Gräfer, H. (2001), S. 94.

Abbildung 11: Spezielle Cashflow-Rentabilitäten

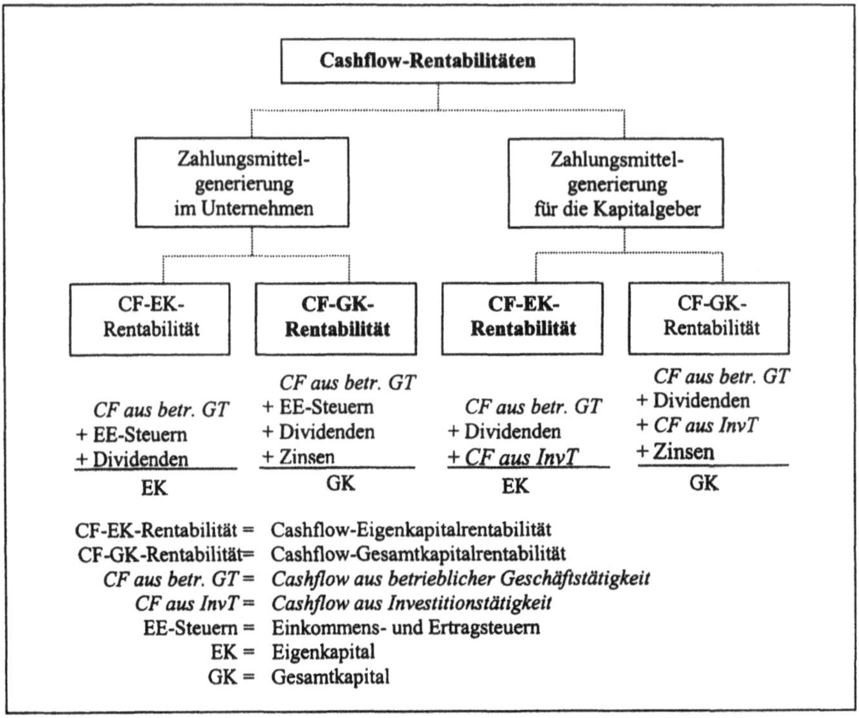

Der Vorteil der Gesamtkapitalrentabilität der Erfolgsanalyse gegenüber der Eigenkapitalrentabilität gilt auch für die Cashflow-Rentabilitäten. Aussagekräftiger ist die Cashflow-Gesamtkapitalrentabilität, da sie frei von Verzerrungen durch die Kapitalstruktur ist und die Effizienz des Gesamtkapitaleinsatzes misst.[221] Aus diesem Grund ist nach Meinung des Verfassers unter dem Aspekt der Zahlungsmittelgenerierung im Unternehmen die zahlungsstromorientierte Eigenkapitalrentabilität wenig aussagekräftig. Geht es um die Feststellung, ob in Abhängigkeit der Unternehmensgröße und des Kapitaleinsatzes ausreichend Zahlungsmittel erwirtschaftet wurden, ist der Teil, der auf das Eigenkapital entfällt, belanglos.

Nach Berücksichtigung der Investitionsaktivitäten, deren Zahlungsmittel den Investoren nicht mehr zur Verfügung stehen, drückt die zweite Kategorie der Cashflow-Rentabilitäten aus, wie viel **Zahlungsmittel zur Bedienung des ein-**

[221] Vgl. in Anlehnung an die Erfolgsanalyse Gräfer, H. (2001), S. 94.

gesetzten Kapitals erwirtschaftet werden.[222] Hier sollte jedoch eine Nachsteuer-Cashflow-Rentabilität berechnet werden, da die gezahlten Ertragsteuern nicht mehr vorhanden sind.[223] Die Korrektur der Zinszahlungen erfolgt entsprechend den vorherigen Ausführungen.

Da Fremdkapitalgeber nur einen fixen Anspruch auf Zinszahlungen haben und Eigenkapitalgeber am variablen Gewinn beteiligt werden, dürfte in diesem Fall der Aussagegehalt der Cashflow-Eigenkapitalrentabilität gegenüber der Cashflow-Gesamtkapitalrentabilität gewinnen. Gerade in Zeiten des Shareholder Value-Gedankens ist dies die Kennzahl, die die Kapitalgeber mehr interessieren dürfte.

Ein entscheidender Vorteil der Cashflow-Rentabilitäten gegenüber den Erfolgsrentabilitäten ist der, dass die Cashflow-Rentabilitäten aus der Natur der Sache heraus relativ immun gegenüber Bewertungsmöglichkeiten sind, da sie im Zähler auf Zahlungsgrößen abstellen.[224] Sie sind nur noch in der Weise bewertungsabhängig, als dass sie im Nenner die Kapitalgrößen Eigenkapital beziehungsweise Gesamtkapital heranziehen, die indirekt von der Bewertung der Bilanzbestände abhängen. Im Schrifttum wird daher häufig vorgeschlagen, zahlungsstromorientierte und erfolgsorientierte Rentabilitäten miteinander zu vergleichen, um das Ausmaß der Bewertungsabhängigkeiten abzuschätzen.[225]

Die direkte Vergleichbarkeit der zahlungsstromorientierten und erfolgsorientierten Rentabilitäten wird allerdings durch die Investitionsaktivitäten gestört. Die Höhe der Cashflow-Eigenkapitalrentabilität und -Gesamtkapitalrentabilität, die die Zahlungsmittelgenerierung im Unternehmen misst, liegt tendenziell über den Rentabilitäten der Erfolgsanalyse, da diese Gruppe der Cashflow-Rentabilitäten die Abnutzung der Investitionsgüter nicht berücksichtigt.[226] Die Cashflow-Rentabilitäten der zweiten Kategorie, die die Investitionen einbeziehen, entsprechen langfristig zwar den Erfolgsrentabilitäten, weisen aber aufgrund unregelmäßiger Investitionsaktivitäten erheblich höhere Schwankungen auf.[227] Nach

[222] Vgl. Coenenberg, A. G. (2000), S. 945.

[223] Der Cashflow nach Zahlung von Investitionen, der den Kapitalgebern zur Verfügung steht, wird zweckmäßigerweise auch als *Free Cashflow* bezeichnet; vgl. Coenenberg, A. G. (2001), S. 316.

[224] Vgl. Achleitner, A.-K. / Wichels, D. (1999), S. 481.

[225] Vgl. Röhrenbacher, H. / Fleischer, W. (1989), S. 329.

[226] Vgl. Baetge: Bilanzanalyse (1998), S. 456.

[227] Vgl. Burger, A. / Buchhart, A. (2001), S. 809.

Meinung des Verfassers liefert der direkte Vergleich daher kaum brauchbare Informationen. Anders als die Interpretation einer negativen erfolgswirtschaftlichen Eigenkapitalrentabilität bedeutet eine negative Cashflow-basierte Eigenkapitalrentabilität, dass möglicherweise in der betrachteten Periode dennoch Zahlungsmittel erwirtschaftet wurden. Diese wurden jedoch für Investitionszwecke eingesetzt. Insofern können lediglich grobe Veränderungsrichtungen aufgezeigt werden, was aber durch den Vergleich des Cashflows mit dem Periodenergebnis bereits in Erfahrung gebracht werden kann.[228] Der geringe Aussagegehalt der Cashflow-Eigenkapitalrentabilität wird später auch noch einmal an einem Beispiel verdeutlicht.

3.3.2.3 Cashflow-Umsatzrate

Eine ganz andere Fragestellung als bei den Rentabilitätsüberlegungen steht bei der Cashflow-Umsatzrate – auch Cashflow-Margin genannt[229] – im Vordergrund. Sie ist keine Maßgröße, die die Effizienz des Kapitaleinsatzes misst. Vielmehr errechnet diese Kennzahl den Anteil der selbst erwirtschafteten Zahlungsmittel, der vom Umsatz übrig geblieben ist und für Selbstfinanzierung, Schuldentilgung und gegebenenfalls für Ausschüttungen zur Verfügung gestanden hat.[230] Sie liefert eine Vorstellung über die finanzielle Ergiebigkeit der am Markt erzielten Umsätze.[231]

Kennzahl 2: Cashflow-Umsatzrate

$$\text{Cashflow-Umsatzrate} = \frac{\text{Betriebs-Cashflow}}{\text{Umsatzeinzahlungen}}$$

Der Vorteil, der dieser Kennzahl zugesprochen wird, liegt zum einen in der Möglichkeit, das zukünftige Finanzpotenzial in Abhängigkeit von der Umsatzentwicklung abzuschätzen.[232] Zum anderen ist die Kennzahl wie die Cashflow-Rentabilitäten robuster gegenüber unterschiedlichen Bilanzierungsvorschrif-

228 Vgl. dazu die späteren Ausführungen in Kap. I 3.3.6.

229 Vgl. Achleitner, A.-K. / Behr, G. (2000), S. 257.

230 Vgl. Gräfer, H. (2001), S. 156.

231 Vgl. Röhrenbacher, H. / Fleischer, W. (1989), S. 314.

232 Vgl. Gräfer, H. (2001), S. 156.

ten,[233] da im Zähler eine Zahlungsgröße verwendet wird. Im Übrigen weist die Cashflow-Umsatzrate auch alle Vorzüge der Umsatzrendite der Erfolgsanalyse auf. So schlagen sich in ihr sowohl vom Markt bestimmte Faktoren durch den Umsatz als auch interne betriebliche Faktoren durch die Betriebsleistung nieder. Änderungen in der (Cashflow-)Umsatzrendite sind sofort auf diese Faktoren zurückzuführen.[234]

Bevor eine Kapitalflussrechnung obligatorisch wurde, bediente man sich für die Umsatzrate einer eigenständigen Berechnung des Cashflows. Dies führte zu unterschiedlichen Kennzahlenwerten, je nach Art der zugrunde gelegten Cashflow-Definition. Neuere Vorschläge regen für die Berechnung der Cashflow-Umsatzrate die Verwendung des *Cashflows aus betrieblicher Geschäftstätigkeit* an.[235]

Die Verwendung des *Cashflows aus betrieblicher Geschäftstätigkeit* anstelle des Einsatzes eines „herkömmlichen" Cashflows führt zu genaueren Ergebnissen, da der *Cashflow aus betrieblicher Geschäftstätigkeit* mit Ausnahme der Investitions- und Finanzierungstätigkeit sämtliche Zahlungsströme erfasst und folglich das Finanzpotenzial exakter abbilden kann. Beispielsweise spielt hier die Veränderung des Nettoumlaufvermögens eine bedeutende Rolle, die im *Cashflow aus betrieblicher Geschäftstätigkeit* berücksichtigt wird.

Die Verwendung des *Cashflows aus betrieblicher Geschäftstätigkeit* im Zähler der Umsatzrate birgt jedoch auch den Nachteil, dass er Zahlungen enthält, die nicht mit der Umsatzentwicklung korrelieren. Beispielsweise ist die Umsatzentwicklung grundsätzlich unabhängig von den Zinszahlungen. Folglich kann die Cashflow-Umsatzrate nach oben beschriebener Definition nicht darüber Auskunft geben, wie viel zusätzliche Zahlungsmittel mit jeder weiteren Umsatzausdehnung erwirtschaftet werden. Bei der erfolgswirtschaftlichen Umsatzrendite wird diesem Rechnung getragen, indem nicht der Jahresüberschuss sondern das Betriebsergebnis, dass durch die Umsätze erzielt wird, verwendet wird. Ähnlich könnte mit der Cashflow-Umsatzrate verfahren werden, indem der Betriebs-Cashflow genommen wird. Dies ist der *Cashflow aus betrieblicher Geschäftstä-*

---

233 Vgl. Baetge, J. (1998), S. 455.

234 Vgl. zu den Vorzügen der Umsatzrendite Gräfer, H. (2001), S. 97.

235 Vgl. Achleitner, A.-K. / Behr, G. (2000), S. 257.

tigkeit im Sinne des IAS 7 vor außerordentlichen Zahlungen sowie Zins-, Dividenden- und Steuerzahlungen.[236]

Mit Abschluss der Beurteilung der Fähigkeit zur Zahlungsmittelgenerierung sollen die beschriebenen Kennzahlen an einem Beispiel noch einmal vorgetragen werden.

Die Cashflow-Gesamtkapitalrentabilität als Maßstab für die Zahlungsmittelgenerierung im Unternehmen weißt bei Beiersdorf eine erheblich höhere Effizienz des Kapitaleinsatzes auf als bei Bayer, obwohl die absoluten *Cashflows aus betrieblicher Geschäftstätigkeit* viel geringer sind. Aufgrund des geringeren Kapitaleinsatzes kann Beiersdorf beispielsweise in 2001 16,7% Zahlungsmittel erwirtschaften, während Bayer nur 12,5% erreicht.

Die Cashflow-Eigenkapitalrentabilität als Kapitalrückflussquote für die Eigenkapitalgeber drückt aus, wie viel Zahlungsmittel nach Abzug der Ertragsteuern und Investitionen erwirtschaftet wurden, die für Schuldentilgung und Dividendenzahlung zur Verfügung gestanden haben. Insbesondere aufgrund der gestiegenen Investitionsaktivitäten fallen sie bei beiden Unternehmen in den letzten zwei Perioden geringer aus. Bayer weist im Jahr 2000 sogar -21,0% aus. Diese Investitionen müssen sich erst in den Folgeperioden erfolgreich behaupten und Zahlungsmittel einbringen. Hier wird deutlich, dass der direkte Vergleich mit den erfolgswirtschaftlichen Rentabilitäten kaum geeignet ist. Während die erfolgswirtschaftliche Eigenkapitalrentabilität den Zielerreichungsgrad der Periode misst, schließt die finanzwirtschaftliche Eigenkapitalrentabilität den Verzicht auf Kapitalrückfluss an die Eigentümer zugunsten der Investitionen mit ein und lässt damit auf zukünftige Zahlungsmittelgenerierung schließen.

Die Cashflow-Umsatzrate drückt aus, wie viel zusätzliche Zahlungsmittel im Unternehmen erwirtschaftet werden können, wenn das Unternehmen den Umsatz um eine bestimmte Höhe ausweist. Mit 14,5% im Jahr 2001 könnte Bayer beispielsweise bei einer Umsatzausdehnung von 1 Mio. € zusätzliche Zahlungsmittel von 144,5 T. € erwirtschaften. Bei Umsatzprognosen kann die Cashflow-Umsatzrate somit hilfreich sein, die zukünftige Innenfinanzierungskraft abzuschätzen.

[236] Vgl. Abbildung 10.

Angaben in Mio. € Unternehmen	Bayer				Beiersdorf			
Periode	1998	1999	2000	2001	1998	1999	2000	2001
angepasster *CF aus betr. GT*	2.019	2.269	1.993	2.485	215	289	215	271
außerordentliche Posten	0	0	0	0	0	0	0	0
***CF aus betr. GT* vor außerordentlichen Posten**	**2.019**	**2.269**	**1.993**	**2.485**	**215**	**289**	**215**	**271**
CF aus betr. GT vor außerordentlichen Posten	2.019	2.269	1.993	2.485	215	289	215	271
Veränderung des Netto-Umlaufvermögens	546	-1	1.076	-936	68	18	116	109
korrigierter *CF aus betr. GT*	**2.565**	**2.268**	**3.069**	**1.549**	**283**	**307**	**331**	**380**
angepasster *CF aus betr. GT*	2.019	2.269	1.993	2.485	215	289	215	271
Einzahlungen für Zinsen und Dividenden	-247	-146	-191	-138	-31	-37	-39	-50
Auszahlungen für Zinsen und Dividenden	1.076	1.130	1.289	1.512	67	89	94	126
EE-Steuerzahlungen	863	774	873	637	106	116	148	146
Betriebs-Cashflow	**3.711**	**4.027**	**3.964**	**4.496**	**357**	**457**	**418**	**493**
angepasster *CF aus betr. GT*	2.019	2.269	1.993	2.485	215	289	215	271
EE-Steuerzahlungen	863	774	873	637	106	116	148	146
Auszahlungen für Zinsen	364	360	336	484	24	37	34	42
Auszahlungen für Dividenden	712	770	953	1.028	43	52	60	84
***CF aus betr. GT* vor Auszahlungen für EE-Steuern, Dividenden und Zinsen**	**3.958**	**4.173**	**4.155**	**4.634**	**388**	**494**	**457**	**543**
angepasster *CF aus betr. GT*	2.019	2.269	1.993	2.485	215	289	215	271
angepasster *Cash Flow aus InvT*	-3.439	68	-6.380	-2.270	-98	-121	-230	-235
Auszahlungen für Dividenden	712	770	953	1.028	43	52	60	84
***CF aus betr. GT* nach Investitionen, aber vor Dividenden**	**-708**	**3.107**	**-3.434**	**1.243**	**160**	**220**	**45**	**120**
Umsatzerlöse	28.062	27.320	30.971	30.275	3.347	3.638	4.116	4.542
Veränderungen der Forderungen aus Lieferungen und Leistungen	-109	240	-911	829	-38	-80	-66	-50
Umsatzeinzahlungen	**27.953**	**27.560**	**30.060**	**31.104**	**3.309**	**3.558**	**4.050**	**4.492**
Gesamtkapital	**29.377**	**31.279**	**36.451**	**37.039**	**2.405**	**2.703**	**2.981**	**3.247**
Eigenkapital	**12.779**	**15.186**	**16.377**	**17.020**	**1.122**	**1.289**	**1.458**	**1.636**
Cashflow-Gesamtkapitalrentabilität	**13,5%**	**13,3%**	**11,4%**	**12,5%**	**16,1%**	**18,3%**	**15,3%**	**16,7%**
Cashflow-Eigenkapitalrentabilität	**-5,5%**	**20,5%**	**-21,0%**	**7,3%**	**14,3%**	**17,1%**	**3,1%**	**7,3%**
Cashflow-Umsatzrate	**13,3%**	**14,6%**	**13,2%**	**14,5%**	**10,8%**	**12,8%**	**10,3%**	**11,0%**

3.3.3 Beurteilung der Verschuldungsfähigkeit

Die Analyse der Verschuldungsfähigkeit eines Unternehmens ist ein weiteres Erkenntnisziel, das die Kapitalflussrechnung verfolgt. Da Unternehmen Finanzschulden grundsätzlich nur aus selbst erwirtschafteten Finanzmitteln tilgen können[237], ist die Analyse der Verschuldungsfähigkeit eng mit der Beurteilung der Zahlungsmittelgenerierung verknüpft.[238] Kennzahlen wie der *dynamische Verschuldungsgrad*, die Tilgungs- und Zinsbelastung sowie die *Cash Burn Rate* stellen diesen Zusammenhang her.

3.3.3.1 *Dynamischer Verschuldungsgrad*

Der *dynamische Verschuldungsgrad*[239] ist in seiner einfachsten Variante definiert als Quotient von Finanzschulden und Cashflow. Damit gibt er als „Schuldentilgungsdauer" die Anzahl der Jahre an, die eine Unternehmung zur Rückzahlung der Schulden benötigen würde, wenn der Cashflow allein zu diesem Zweck verwendet würde.[240] Insbesondere dieser Aspekt grenzt die Aussagefähigkeit des *dynamischen Verschuldungsgrades* ein, da in der Regel die ausschließliche Verwendung des Cashflows zur Schuldentilgung nicht unterstellt werden kann. Mindestens Ersatzinvestitionen müssen unter *going concern-Gesichtspunkten* getätigt werden. Daneben sind wachsende Unternehmen eher durch Zunahme als durch Abbau der Finanzschulden gekennzeichnet.[241]

Obwohl der *dynamische Verschuldungsgrad* somit unter rein hypothetischen Annahmen berechnet wird, erfreut sich diese Kennzahl hoher Beliebtheit. Zum einen wird ihr eine Indikatorfunktion zugesprochen, die im Zeit- und Branchenvergleich auf Verschuldungs- und Finanzierungsspielräume hindeutet.[242] Je geringer der Wert ausfällt, desto schneller ist das Unternehmen in der Lage, die Schulden aus eigener Kraft abzulösen. Folglich ist das Unternehmen von Kreditgebern unabhängiger. Für Kreditgeber selbst bedeutet eine niedrige Schuldentilgungsdauer, dass sie sich schneller aus einem Kreditengagement zurückziehen

---

[237] Umschuldungsmaßnahmen stellen keine Tilgung von Finanzschulden dar. Die Tilgung muss nach erfolgter Umschuldung zu einem späteren Termin erfolgen.

[238] Vgl. Coenenberg, A. G. (2001), S. 317.

[239] Auch Schuldentilgungsdauer genannt; vgl. Gräfer, H. (2001), S. 156.

[240] Vgl. Baetge, J. (1998), S. 208.

[241] Vgl. Coenenberg, A. G. (2000), S. 942; vgl. Gräfer, H. (2001a), S. 625.

[242] Vgl. Gräfer, H. (2001), S. 156.

können. Zum anderen basiert die Schuldentilgungsdauer auf Zahlungsgrößen, die gegenüber Erfolgsgrößen als weniger gestaltbar gelten und sich somit nicht nur im zwischenbetrieblichen, sondern auch im internationalen Vergleich besonders eignen.[243]

Zur Berechnung des *dynamischen Verschuldungsgrades* existieren unterschiedliche Vorschläge. Die Finanzschulden werden als Verbindlichkeiten beispielsweise mit und ohne Rückstellungen, mit und ohne Verbindlichkeiten gegenüber dem Kapitalmarkt aufgrund von Anleihen und in manchen Fällen abzüglich der liquiden Mittel definiert.[244] Für den Cashflow lassen sich ebenfalls verschiedene Variationen finden. Sie enthalten den Cashflow in seiner einfachsten Form,[245] den *Cashflow nach DVFA/SG*[246], den *Cashflow aus betrieblicher Geschäftstätigkeit*[247] oder den Cashflow nach Investitionsausgaben.[248]

Zunächst zur Vorteilhaftigkeit des *Cashflows aus betrieblicher Geschäftstätigkeit*: Bei dieser Größe handelt es sich um die Summe sämtlicher Zahlungsströme vor Investitions- und Finanzierungsvorgängen, die im Bedarfsfall zur Schuldentilgung maximal eingesetzt werden könnten. Die Verwendung dieses Cashflows ist zunächst sachgerecht, da es um die Berechnung einer hypothetischen Entschuldungsdauer geht und nicht um die tatsächlich eingesetzten Zahlungsmittel für Schuldentilgung. Ertragsteuern, die das Unternehmen abzuführen hat, wurden bereits abgezogen.

Im Sinne der Verwendung eines prognostischen Cashflows wird demgegenüber häufig dafür plädiert, den *Cashflow nach DVFA/SG* zu verwenden, da dieser Cashflow vor außerordentlichen Vorgängen und kurzfristigen nicht zahlungswirksamen Erfolgsgrößen ausgewiesen wird.[249] Bereits bei Prüfung des *Cashflows aus betrieblicher Geschäftstätigkeit* für prognostische Zwecke wurde ein korrigierter Cashflow eingeführt, der sehr leicht aus der Kapitalflussrechnung

---

[243] Vgl. Baetge, J. (1998), S. 209.

[244] Vgl. Röhrenbacher, H. / Fleischer, W. (1989), S. 227.

[245] Periodenergebnis + Abschreibungen – Zuschreibungen ± Veränderungen der langfristigen Rückstellungen; vgl. Baetge, J. (1998), S. 208.

[246] Vgl. Gräfer, H. (2001), S. 156.

[247] Vgl. Arbeitskreis „Externe Unternehmensrechnung" der Schmalenbach-Gesellschaft (1996), S. 1989.

[248] Vgl. Albach, H. (2001), S. 537.

[249] Vgl. Baetge, J. (1998), S. 210.

abgeleitet werden kann.[250] Für die Berechnung der Schuldentilgungsdauer hat dieser Cashflow den Vorteil, dass er eine Zwischengröße vor außerordentlichen Zahlungen und der Veränderung des Nettoumlaufvermögens, die nur kurzfristig keine Zahlungswirkung verursachen, darstellt. Zum korrigierten *Cashflow aus betrieblicher Geschäftstätigkeit* sollten lediglich die Dividendenzahlungen addiert werden, sofern sie der betrieblichen Geschäftstätigkeit zugeordnet wurden, da die Tilgungsdauer die ausschließliche Verwendung des Cashflows zur Schuldentilgung unterstellt.

Demnach ist folgender Vorschlag für die Berechnung des *dynamischen Verschuldungsgrades* zu unterbreiten:

Kennzahl 3: ***Dynamischer Verschuldungsgrad***

$$\textit{dynamischer Verschuldungsgrad} = \frac{\text{(Netto-)Finanzschulden*}}{\text{korrigierter } \textit{Cashflow aus betrieblicher Geschäftstätigkeit} + \text{Auszahlungen für Dividenden}}$$

* = Fremdkapital
- Pensionsrückstellungen
- liquide Mittel inkl. Wertpapiere des Umlaufvermö-

Die verschiedenen Berechnungsvarianten der Schuldentilgungsdauer führen zwangsläufig zu unterschiedlichen Ausprägungen der Kennzahl und folglich zu unterschiedlichen Interpretationen. Normvorstellungen zur Ausprägung liegen – allerdings theoretisch unbegründet – bei 3,5 Jahren.[251] Das Bundesaufsichtsamt für Versicherungswesen hält einen *dynamischen Verschuldungsgrad* von unter 7 Jahren für angemessen.[252] Allerdings werden von den Schulden die liquiden Mittel nicht abgezogen und zur Berechnung des Cashflows nur Abschreibungen als nicht zahlungswirksame Komponenten berücksichtigt.[253] Dieses führt im Zähler zu höheren Schulden und im Nenner zu einem niedrigeren Cashflow, so dass ein höherer Kennzahlenwert nachvollziehbar erscheint.

Die Ausführungen zeigen, dass die Interpretation des *dynamischen Verschuldungsgrades* nur im Zeit- und Unternehmensvergleich sinnvoll ist. Der Wert

[250] Vgl. Abbildung 10.

[251] Vgl. Gräfer, H. (2001b), S. 18.

[252] Vgl. Bonse, A. / Linnhoff, U. / Pellens, B. (2000), S. 278.

[253] Vgl. Coenenberg, A. G. (2000), S. 943.

einer Periode oder nur eines Unternehmens ist wenig informativ, da die hypothetischen Annahmen in der Praxis nicht gelten.

3.3.3.2 Tilgungs- und Zinsbelastung

Nachdem feststeht, dass es sich beim *dynamischen Verschuldungsgrad* nur um eine hypothetische Größe handelt und der *Cashflow aus betrieblicher Geschäftstätigkeit* nicht allein für Schuldentilgung verwendet wird, liegt es nahe, die tatsächliche Verwendung des Cashflows für Schuldentilgung zu messen. Dies kann anhand der Tilgungsbelastung[254] gemessen werden.

Kennzahl 4: Finanzwirtschaftliche Tilgungsbelastung

$$\text{Tilgungsbelastung} = \frac{\text{Tilgung der Finanzschulden}}{\textit{Cashflow aus betrieblicher Geschäftstätigkeit} + \text{Auszahlungen für Dividenden}}$$

Die Tilgungsbelastung setzt die verwendeten Zahlungsmittel für Schuldentilgung ins Verhältnis zu den selbst erwirtschafteten Zahlungsmitteln. Da in diesem Fall die Verwendung des Cashflows der vergangenen Periode untersucht wird, sollte an dieser Stelle der *Cashflow aus betrieblicher Geschäftstätigkeit* im Sinne des IAS 7 verwendet werden. Dividendenzahlungen stellen Zahlungsmittelverwendung dar und sollten zum *Cashflow aus betrieblicher Geschäftstätigkeit* addiert werden, sofern sie bereits in der Kapitalflussrechnung von diesem Bereich abgezogen wurden.

Ein Wert von 0,4 bedeutet beispielsweise, dass 40% der erwirtschafteten Zahlungsmittel für Schuldentilgung verwendet wurden und 60% für Investitionen und Dividenden zur Verfügung gestanden haben. Ob sie tatsächlich für Investitionen und Dividenden eingesetzt wurden, zeigt später die Investitionsdeckung und Dividendenbelastung.[255]

Des Weiteren kann diese Kennzahl auch herangezogen werden, um die Genauigkeit des *dynamischen Verschuldungsgrades* zu überprüfen. Liegt die Til-

[254] Diese Kennzahl findet sich auch häufig im englischen Sprachgebrauch als „Long-term-dept-paymant"; vgl. etwa Achleitner, A.-K. / Behr, G. (2000), S. 258.

[255] Vgl. dazu die späteren Ausführungen in Kap. I 0, u. Kap. I 3.3.5.

gungsbelastung um den Wert „eins", so wurde der gesamte Cashflow zur Schuldentilgung verwendet, so dass die Annahmen zum *dynamischen Verschuldungsgrad* erfüllt sind. Ein Wert unter „eins" bedeutet, dass der Cashflow zusätzlich noch für Investitionen und Dividenden verwendet wurde und der *dynamische Verschuldungsgrad* folglich nur als Indikator gewertet werden darf.

Eine weitere Kennzahl im Zusammenhang mit der Verschuldungsfähigkeit ist die Zinsbelastung.[256]

Kennzahl 5: Finanzwirtschaftliche Zinsbelastung

$$\text{Zinsbelastung} = \frac{\text{Auszahlungen für Zinsen}}{\begin{array}{l}\textit{Cashflow aus betrieblicher Geschäftstätigkeit}\\ + \text{Auszahlungen für Dividenden}\\ + \text{Auszahlungen für Zinsen}\end{array}}$$

Aus demselben Grund, warum das Zinsergebnis vom operativen Ergebnis in der Erfolgsanalyse getrennt wird, ist die Berechnung der Zinsbelastung auf den Cashflow sinnvoll. Sie zeigt die Zinsreagibilität des Cashflows auf. Insofern deutet ein hoher Zinsanteil auf eine entsprechend hohe Abhängigkeit des Cashflows vom Kapitalmarkt.[257] Die Zinszahlungen sind leider nur bei der direkten Darstellung des *Cashflows aus betrieblicher Geschäftstätigkeit* ersichtlich oder wenn sie einem anderen Tätigkeitsbereich zugeordnet wurden. Bei Schering sind die Zinszahlungen beispielsweise nicht auszumachen, da der *Cashflow aus betrieblicher Geschäftstätigkeit* indirekt berechnet wird und die Zinsen enthalten sind. In diesem Fall müsste unterstellt werden, dass die Zinszahlungen den Zinsaufwendungen entsprechen.

3.3.3.3 Cash Burn Rate

Die bisherigen Kennzahlen haben unterschiedliche Werte in Beziehung zum *Cashflow aus betrieblicher Geschäftstätigkeit* gesetzt. Dies macht allerdings nur Sinn, wenn das betrachtete Unternehmen auch einen positiven Cashflow ausweisen kann. Gerade Unternehmen in der Start-Up-Phase können keinen positiven

[256] Diese Kennzahl findet sich auch häufig im englischen Sprachgebrauch als *Interest impact on Cashflow*; vgl. etwa Achleitner, A.-K. / Behr, G. (2000), S. 258.

[257] Vgl. die entsprechenden Ausführungen zur Erfolgsanalyse etwa bei Gräfer, H. (2001), S. 67.

Cashflow ausweisen, so dass sich bei solchen Unternehmen die bisherigen Kennzahlen als wenig ergiebig erweisen.

Unternehmen, die keine eigene Liquidität generieren, sind auf liquide Mittel angewiesen, die Fremd- und Eigenkapitalgeber zur Verfügung stellen. Vor diesem Hintergrund ist die *Cash Burn Rate* entwickelt worden, die die Anzahl der Jahre ausdrückt, die bis zum Verbrauch der liquiden Mittel durch den betrieblichen Geschäftsprozess vergehen.[258]

Kennzahl 6: ***Cash Burn Rate***

$$\textit{Cash Burn Rate} = \frac{\text{liquide Mittel}}{\text{(negativer) } \textit{Cashflow aus betrieblicher Geschäftstätigkeit} + \text{Auszahlungen für Dividenden}}$$

Unter der Annahme, dass der für die Berechnung verwendete Cashflow repräsentativ für zukünftige Perioden ist und das Unternehmen keine Möglichkeit hat, weitere liquide Mittel von Fremd- und Eigenkapitalgebern zu erhalten, gerät das Unternehmen nach den berechneten Jahren in Liquiditätsengpässe. Je höher der Wert, desto ferner liegt dieser Zeitpunkt. Da in der Regel von diesen konstanten Annahmen nicht ausgegangen werden kann, ist die *Cash Burn Rate* nur als Indikator für ein bestehendes Liquiditätsrisiko zu verstehen. Start-Up-Unternehmen zeichnen sich ja gerade durch anfangs negative Cashflows aus.

> Die Unternehmen weisen Unterschiede bezüglich der Verschuldungslage auf. Bayer ist in den Jahren 1998 und 1999 in der Lage, sämtliche Schulden innerhalb von drei Jahren zurückzuzahlen. Aufgrund der enormen Liquiditätshaltung in den Jahren 2000 und 2001 sinkt der *dynamische Verschuldungsgrad* unter 0. Bayer wäre somit in Lage, sämtliche Schulden sofort zu begleichen. Im Vergleich dazu hat Henkel die höchste Schuldentilgungsdauer und liegt über der Normvorstellung von 3,5 Jahren. Insofern muss Henkel hinsichtlich des Finanzierungsspielraumes vorsichtiger eingeschätzt werden.

[258] Vgl. Coenenberg, A. G. (2001), S. 318.

Angaben in Mio. € Unternehmen	Bayer				Beiersdorf				Henkel				Schering			
Periode	1998	1999	2000	2001	1998	1999	2000	2001	1998	1999	2000	2001	1998	1999	2000	2001
Fremdkapital	15.640	14.769	18.314	18.517	1.189	1.319	1.414	1.493	6.323	6.618	7.882	5.761	2.511	2.476	2.817	2.692
Pensionsrückstellungen	4.717	4.178	4.254	4.407	393	409	417	405	1.773	1.871	1.984	1.641	1.134	1.201	1.278	1.035
liquide Mittel inkl. Wertpapiere des UV	1.721	3.140	15.457	14.451	443	622	632	714	127	141	155	421	969	583	652	295
(Netto-)Finanzschulden	**9.202**	**7.451**	**-1.397**	**-341**	**353**	**288**	**365**	**374**	**4.423**	**4.606**	**5.743**	**3.699**	**408**	**692**	**887**	**1.362**
korrigierter *CF aus betr. GT*	**2.565**	**2.268**	**3.069**	**1.549**	**283**	**307**	**331**	**380**	**749**	**978**	**901**	**445**	**399**	**540**	**480**	**455**
Auszahlungen für Dividenden	712	770	953	1.028	43	52	60	84	124	141	152	186	87	91	165	198
korrigierter *CF aus betr. GT* vor Dividenden	**3.277**	**3.038**	**4.022**	**2.577**	**326**	**359**	**391**	**464**	**873**	**1.119**	**1.053**	**631**	**486**	**631**	**645**	**653**
Tilgung Finanzschulden	**822**	**1.831**	**1.893**	**2.551**	**k. A.**				**k. A.**				**k. A**			
angepasster *CF aus betr. GT*	2.019	2.269	1.993	2.485	215	289	215	271	531	956	449	935	276	184	300	472
Auszahlungen für Dividenden	712	770	953	1.028	43	52	60	84	124	141	152	186	87	91	165	198
***CF aus betr. GT* vor Dividenden**	**2.731**	**3.039**	**2.946**	**3.513**	**258**	**341**	**275**	**355**	**655**	**1.097**	**601**	**1.121**	**363**	**275**	**465**	**670**
angepasster *CF aus betr. GT*	2.019	2.269	1.993	2.485	215	289	215	271	531	956	449	935	276	184	300	472
Auszahlungen für Dividenden	712	770	953	1.028	43	52	60	84	124	141	152	186	87	91	165	198
Auszahlungen für Zinsen	364	360	336	484	24	37	34	42	286	224	250	293	k. A.			
***CF aus betr. GT* vor Dividenden und Zinsen**	**3.095**	**3.399**	**3.282**	**3.997**	**282**	**378**	**309**	**397**	**941**	**1.321**	**851**	**1.414**	**nicht möglich**			
dynamischer Verschuldungsgrad (in Jahren)	**2,8**	**2,5**	**-0,3**	**-0,1**	**1,1**	**0,8**	**0,9**	**0,8**	**5,1**	**4,1**	**5,5**	**5,9**	**0,8**	**1,1**	**1,4**	**2,1**
Tilgungsbelastung	**30,1%**	**60,3%**	**64,3%**	**72,6%**	**nicht möglich**				**nicht möglich**				**nicht möglich**			
Zinsbelastung	**11,8%**	**10,6%**	**10,2%**	**12,1%**	**8,5%**	**9,8%**	**11,0%**	**10,6%**	**30,4%**	**17,0%**	**29,4%**	**20,7%**	**nicht möglich**			

Verstärkt wird dieser Eindruck durch die Zinsbelastung. Die betrieblichen Cashflows hängen bis zu 30% von den Kapitalmarktzinsen ab. Zinserhöhungen wirken sich im Vergleich zu Bayer und Beiersdorf erheblich höher auf die Zahlungsmittelerwirtschaftung aus. Für Schering ist die Zinsbelastung nicht ermittelbar, weil der Cashflow nach der indirekten Methode dargestellt wird und Zinszahlungen bereits im Periodenergebnis enthalten sind.

Eine Differenzierung der Fremdmittelerhöhung und Fremdmittelrückführung wird nur bei Bayer vorgenommen. Auffällig ist, dass sich bei Bayer die Tilgungsbelastung von 30,1% auf 72,6% mehr als verdoppelt hat. Ein Großteil des Cashflows wird zur Schuldentilgung verwendet. Wenn berücksichtigt wird, dass Dividenden ebenfalls noch aus dem betrieblichen Cashflow zu zahlen sind, stehen keine laufenden Mittel mehr für Investitionen zur Verfügung. Jedoch deutet dies bei Bayer auf keine finanzielle Anspannung hin, da in den Vorjahren liquide Mittel erheblich angesammelt wurden.

3.3.4 Beurteilung der Ausschüttungsfähigkeit: Dividendenbelastung

Es existieren zwei Möglichkeiten, die Eigentümer einer Unternehmung monetär am Unternehmenserfolg teilhaben zu lassen. Dies kann sowohl direkt als auch indirekt geschehen: direkt durch Zahlung einer Dividende und indirekt durch Gewinnthesaurierung in der Absicht, dass sich dies im Anstieg des Kursniveaus niederschlägt.[259]

Die direkte Gewinnbeteiligung ist immer mit einem Abfluss von liquiden Mitteln verbunden. Anhand des erwirtschafteten Gewinns kann allerdings noch nicht beurteilt werden, ob das Unternehmen auch tatsächlich in der Lage ist, den Abfluss von liquiden Mitteln aufgrund von Dividendenzahlungen zu finanzieren.[260] Gewinn ist nicht mit Liquidität gleichzusetzen.

Die Kapitalflussrechnung hat daher zum Ziel, den Investor über die Fähigkeit des Unternehmens zur zukünftigen Dividendenzahlung zu informieren. Dividenden müssen langfristig gesehen zwangsläufig aus eigener Kraft erwirtschaftet werden. Für die vergangenen Perioden ist dies einfach festzustellen. Da die Dividendenzahlungen im *Cashflow aus betrieblicher Geschäftstätigkeit* ausgewiesen werden sollten, deutet ein positiver Cashflow darauf hin, dass das Unternehmen in der Lage war, seine Dividendenzahlungen selbst zu erwirtschaften.

[259] Vgl. Haase, H. (1988), S. 78.

[260] Vgl. Gräfer, H. (2001), S. 169.

Die Bildung der Kennzahl „Dividendenbelastung“[261] relativiert die Dividendenzahlungen in Bezug auf den Cashflow, um die Abhängigkeit der Fähigkeit zur Dividendenzahlung vom Cashflow zu zeigen.

Je kleiner der Anteil der Dividendenzahlungen an den selbst erwirtschafteten Zahlungsmitteln ist, desto mehr Liquidität steht dem Unternehmen für Investitionen und Schuldentilgung zur Verfügung. In der Regel zahlen Unternehmen eine kontinuierliche Dividende, unabhängig von der Zahlungsmittelerwirtschaftung. Fließt nun ein Großteil der selbst erwirtschafteten Liquidität für Dividendenzahlungen ab, wird dem Unternehmen möglicherweise zu viel Substanz entzogen, die sonst für die Unternehmensfortführung notwendig gewesen wäre.

Kennzahl 7: Finanzwirtschaftliche Dividendenbelastung

$$\text{Dividendenbelastung} = \frac{\text{Auszahlungen für Dividenden}}{\textit{Cashflow aus betrieblicher Geschäftstätigkeit} + \text{Auszahlungen für Dividenden}}$$

3.3.5 Beurteilung der Investitionstätigkeit: Innenfinanzierungsgrad und Wachstumsrate

Neben der Schuldentilgung und Dividendenzahlung wird der betriebliche Cashflow dazu verwendet, die Investitionen zu finanzieren. Daher ist es nahe liegend, die Zahlungsströme der Investitionstätigkeit aus der Kapitalflussrechnung für weitere Analyseüberlegungen zu nutzen.

Hauptanliegen der Kapitalflussrechnung ist die Ursachenerklärung für Liquiditätsveränderungen. Investitionen, die nicht durch Zahlungsmittel des laufenden Geschäfts und andere Außenfinanzierungsvorgänge gedeckt werden können, wirken sich direkt auf den Finanzmittelfond aus. Da der Außenfinanzierungstätigkeit bestimmte Grenzen auferlegt sind und Fremdkapital – wie bereits zuvor erläutert – langfristig durch selbst erwirtschaftetes Kapital getilgt werden muss,[262] ist wohl wichtigstes Kriterium zur Beurteilung der liquiditätswirksamen Investitionstätigkeit, inwiefern die Investitionen durch den *Cashflow der be-*

[261] Diese Kennzahl findet sich auch häufig im englischen Sprachgebrauch als Dividend-payout; vgl. etwa Achleitner, A.-K. / Behr, G. (2000), S. 258.

[262] Vgl. Kap. I 3.3.3.

trieblichen Geschäftstätigkeit finanziert werden konnten. Zu diesem Zweck haben sich in der Literatur diverse Kennzahlen herausgebildet, die mit ihren unterschiedlichen Bezeichnungen alle demselben Prinzip folgen. Es wird ein in bestimmter Weise definierter Cashflow in Beziehung zu den getätigten Investitionen gesetzt.

Durch einfache Differenzbildung des betrieblichen Cashflows und des *Cashflows aus Investitionstätigkeit* erhält man den *Free Cashflow*[263], der im Idealzustand >0 betragen sollte. Die Quotientenbildung hat sich ebenfalls behauptet. Bezeichnungen wie Innenfinanzierungsgrad der Investitionen[264], (Netto-)Investitionsdeckung[265], oder *Reinvestment factor*[266] teilen den Cashflow durch die Investitionen. Entsprechend der Forderung für den *Free Cashflow* sollten diese Werte >1 betragen.[267]

Neuere Vorschläge lauten, für den Innenfinanzierungsgrad[268] den *Cashflow aus betrieblicher Geschäftstätigkeit* und für die Investitionen den aus Investitionstätigkeit zu verwenden. An dieser Analysestelle werden die Vorzüge der Kapitalflussrechnung besonders deutlich. Korrekte Investitionsgröße im Nenner sind die Nettoinvestitionen, da nur die Differenz aus Investitionszugängen und Verkaufserlösen aus Investitionsabgängen finanziert werden muss. Bevor eine Kapitalflussrechnung obligatorisch wurde, musste man sich zur Berechnung der Verkaufserlöse aus Investitionsvorgängen einer Näherungslösung bedienen, da die Verkaufserlöse außerhalb der Kapitalflussrechnung nicht angabepflichtig sind. In einem solchen Fall muss der Analyst unterstellen, dass die Restbuchwerte der Anlagenabgänge, die aus dem Anlagengitter ableitbar sind,[269] zu Verkaufserlösen führen. Eventuelle Verkaufsgewinne oder -verluste können nicht berück-

[263] Vgl. Leysinger, M. (2001), S. 621.

[264] Vgl. Gräfer, H. (2001), S. 188.

[265] Vgl. Baetge, J. (1998), S. 210.

[266] Vgl. Achleitner, A.-K. / Behr, G. (2000), S. 257.

[267] Der Idealzustand wurde bereits bei den globalen Analyseüberlegungen zur Kapitalflussrechnung beschrieben; vgl. Kap. I 3.1.

[268] Für die folgenden Ausführungen wurde unter den verschiedenen Bezeichnungen der Innenfinanzierungsgrad ausgewählt.

[269] Nettoinvestitionen = Anfangsbestand des Anlagevermögens zu Restbuchwerten + Zugänge des Geschäftsjahres ins Anlagevermögen + Zuschreibungen des Geschäftsjahres auf das Anlagevermögen ± Umbuchungen im Anlagevermögen – Abschreibungen des Geschäftsjahres auf Anlagevermögen – Endbestand des Anlagevermögens zu Restbuchwerten; vgl. Baetge, J. (1998), S. 181.

sichtigt werden. Mit Einführung der Kapitalflussrechnung wurde dieses Manko beseitigt. Der *Cashflow aus Investitionstätigkeit* bildet in Summe den Zahlungsstrom ab, der von der Unternehmung noch bezahlt werden musste. Verkaufsgewinne sind damit enthalten.

Die Verwendung des *Cashflows aus betrieblicher Geschäftstätigkeit* vor Dividendenausschüttungen trägt dazu bei, den Einfluss der Investitionen auf die gesamte Cashflow-Verwendung zu zeigen. Nach diesem Vorschlag sieht der Innenfinanzierungsgrad folgendermaßen aus:

Kennzahl 8: Innenfinanzierungsgrad

$$\text{Innenfinanzierungsgrad} = \frac{\textit{Cashflow aus betrieblicher Geschäftstätigkeit} \;+\; \text{Auszahlungen für Dividenden}}{(-)\ \textit{Cashflow aus Investitionstätigkeit}}$$

Die Aussagekraft des Innenfinanzierungsgrades hat allerdings ihre Grenzen. Zunächst drückt er nur aus, ob die getätigten Investitionen aus eigener Kraft erwirtschaftet werden konnten. Er vermittelt kein Urteil, ob das Unternehmen in ausreichendem Maße investiert hat. Beispielsweise darf der Analyst durch einen hohen Grad nicht getäuscht werden, wenn dieser Wert nur durch niedrigere Investitionen als üblich erzielt wurde. Aus diesem Grund ist neben dem Innenfinanzierungsgrad die Wachstumsrate zur Beurteilung der Investitionstätigkeit heranzuziehen.[270]

Die Wachstumsrate ist ganz allgemein definiert als Quotient von Investitionen und Abschreibungen. Erst wenn ein Unternehmen mehr investiert als es durch die Vermögensabnutzung verbraucht, wächst ein Unternehmen. Liegt die Wachstumsrate <1, „schrumpft" das Unternehmen folglich.[271]

Für sich allein genommen haften der Wachstumsrate viele Nachteile an. Diskontinuierliche Investitionsschübe, Abweichungen des tatsächlichen Verbrauches von der Abschreibungspolitik und der unterschiedliche Bezug von Zähler und Nenner auf das Preisniveau verzerren den Aussagegehalt der Wachstumsrate.[272] Im Zusammenhang mit dem Innenfinanzierungsgrad können aber Unsicherhei-

[270] Vgl. Coenenberg, A. G. (2001), S. 317.

[271] Vgl. Gräfer, H. (2001), S. 186.

[272] Vgl. Gräfer, H. (2001), S. 186.

ten bezüglich eines hohen Innenfinanzierungsgrades beseitigt werden. Ein hoher Innenfinanzierungsgrad bei einer gleichzeitig hohen Wachstumsrate deutet auf ausreichend selbstfinanzierte Investitionen hin.[273]

Unter Ausnutzung der Informationen der Kapitalflussrechnung ergibt sich für die Wachstumsrate folgender Term:

Kennzahl 9: Wachstumsrate

$$\text{Wachstumsrate} = \frac{(\text{-})\ \textit{Cashflow aus Investitionstätigkeit}}{\text{Abschreibungen}}$$

Bereits zuvor wurde der *Cashflow aus Investitionstätigkeit* als genauere Informationsbasis für die Nettoinvestitionen erklärt. An Stellen der Literatur wird empfohlen, die Wachstumsquote nicht mit den Nettoinvestitionen zu berechnen, sondern allein auf Basis der bezahlten Investitionen. Dies wird mit dem Argument vertreten, dass die Nettoinvestitionen den zahlungsorientierten Saldo aus Investitionen und Desinvestitionen abbilden und damit keine Entsprechung von Investitionen im Zähler und Abschreibungen im Nenner mehr vorliegen würden.[274]

Trotz dieses Sachverhalts ist nach Meinung des Verfassers dieser Vorgehensweise nicht zuzustimmen, da mit einer Wachstumsrate auf Basis der Bruttoinvestitionen die Unsicherheit bezüglich des Innenfinanzierungsgrads nicht beseitigt wird. Zur Veranschaulichung soll folgendes stark vereinfachtes Beispiel dienen. Ein Unternehmen weist folgende Daten auf:

Cashflow aus betrieblicher Geschäftstätigkeit:		200
darin enthalten:	Abschreibungen	150
Cashflow aus Investitionstätigkeit:		- 100
darin enthalten:	Investitionen	- 200
	Desinvestitionen	100

[273] Vgl. Coenenberg, A. G. (2001), S. 317.

[274] Vgl. Coenenberg, A. G. (2001), S. 317.

Der Innenfinanzierungsgrad dieses Unternehmens beträgt 200/100 = 2. Dies ist zunächst als guter Wert anzusehen, da die Investitionen vollständig aus dem betrieblichen Cashflow finanziert werden konnten. Als nächstes ist die Wachstumsrate zu berechnen. Auf Basis der Bruttoinvestitionen ergibt sich ein Wert von 200/150 = 1,33. Demzufolge wäre das Unternehmen als wachstumsorientiert einzustufen. Fließen hingegen die Nettoinvestitionen in die Wachstumsrate, beträgt dies 100/150 = 0,67. Das Unternehmen schrumpft.[275]

Dieses vereinfachte Beispiel zeigt, welchen Einfluss Brutto- und Nettoinvestitionen auf die Wachstumsrate haben können. Insofern ist den Nettoinvestitionen der Vorzug zu geben, da der Verkauf von Investitionsgütern entgegen dem Wachstumsstreben steht.[276]

[275] Zwischen Innenfinanzierungsgrad und Wachstumsquote können mithilfe der Portfolioanalyse Wachstumszusammenhänge hergestellt werden, die im Rahmen der Segmentberichterstattung ausführlicher erläutert werden; vgl. dazu die späteren Ausführungen in Kap. I 3.2 u. Kap. I 0.

[276] Vgl. zur Verwendung der Nettoinvestitionen auch Baetge, J. (1998), S. 183; vgl. Gräfer, H. (2001), S. 186.

Angeben in Mio. € Unternehmen / Periode	Bayer 1998	1999	2000	2001	Beiersdorf 1998	1999	2000	2001	Henkel 1998	1999	2000	2001	Schering 1998	1999	2000	2001
angepasster *CF aus betr. GT*	2.019	2.269	1.993	2.485	215	289	215	271	531	956	449	935	276	184	300	472
Auszahlungen für Dividenden	712	770	953	1.028	43	52	60	84	124	141	152	186	87	91	165	198
***CF aus betr. GT* vor Dividenden**	**2.731**	**3.039**	**2.946**	**3.513**	**258**	**341**	**275**	**355**	**655**	**1.097**	**601**	**1.121**	**363**	**275**	**465**	**670**
angepasster CF aus InvT	**-3.439**	**68**	**-6.380**	**-2.270**	**-98**	**-121**	**-230**	**-235**	**-842**	**-570**	**-1.337**	**1.120**	**-168**	**-261**	**-119**	**-217**
Abschreibungen	**1.621**	**1.971**	**2.146**	**2.520**	**156**	**78**	**149**	**154**	**301**	**654**	**675**	**675**	**222**	**273**	**273**	**301**
Dividendenbelastung	**26,1%**	**25,3%**	**32,3%**	**29,3%**	**16,7%**	**15,2%**	**21,8%**	**23,7%**	**18,9%**	**12,9%**	**25,3%**	**16,6%**	**24,0%**	**33,1%**	**35,5%**	**29,6%**
Innenfinanzierungsgrad	**79,4%**		**46,2%**	**154,8%**	**263,3%**	**281,8%**	**119,6%**	**151,1%**	**77,8%**	**192,5%**	**45,0%**		**216,1%**	**105,4%**	**390,8%**	**308,8%**
Wachstumsquote	**2,1**		**3,0**	**0,9**	**0,6**	**1,6**	**1,5**	**1,5**	**2,8**	**0,9**	**2,0**		**0,8**	**1,0**	**0,4**	**0,7**

Die Dividendenbelastung liegt bei Bayer und Schering deutlich höher als bei Beiersdorf und Henkel. Da Unternehmen in der Regel eine kontinuierliche Dividende zahlen, handelt es sich praktisch um einen fixen Zahlungsmittelabfluss, der unabhängig von der Zahlungsmittelerwirtschaftung finanziert werden muss. Je höher daher die Dividendenbelastung ausfällt, desto größer ist das Risiko, dass das Unternehmen nicht ausreichend Zahlungsmittel für Schuldentilgung und Investitionen erwirtschaften kann.

Die Innenfinanzierungsgrade ergeben, dass nur Beiersdorf und Schering in der Lage waren, die Investitionen jedes Jahr vollständig selbst zu finanzieren. Bei Schering bestätigt sich der Verdacht, dass die positiven Innenfinanzierungsgrade auf möglicherweise zu geringe Investitionsaktivitäten zurückzuführen sind. Sie reichten nicht aus, reales Wachstum herbeizuführen. Die Wachstumsraten lagen in jedem Jahr <1.

Berechnet man für Bayer die Summe der Cashflow-Verwendung über die Jahre 1998-2001 (Tilgungsbelastung, Dividendenbelastung und Innenfinanzierungsgrad), ergeben sich Werte von 136%, 86%, 143% und 257%. Lediglich im Jahr 1999 konnten ausreichend Zahlungsmittel für Dividenden, Investitionen und Schuldentilgung erwirtschaftet werden.

3.3.6 Beurteilung der Qualität des Ergebnisses: Operations-Index

Die Nutzung von Cashflow-Informationen für die Beurteilung der Qualität des Ergebnisses ist eine weitere Möglichkeit der Kapitalflussrechnung. Der Cashflow verfolgt neben finanzwirtschaftlichen Analysezielen auch erfolgswirtschaftliche Erkenntnisse. Ihm wird unterstellt, dass er die Erfolgslage des Unternehmens besser darstelle als das Periodenergebnis, da unter bilanzpolitischen Gesichtspunkten der Bilanzierende auf die Höhe des Cashflows weniger Einflussmöglichkeiten hat.[277] Unter Abwägung der Nachteile[278], die der Cashflow aber auch mit sich bringt, kommt das Schrifttum einhellig zu der Auffassung, dass der Cashflow und das Jahresergebnis keinesfalls alternativ gebraucht werden, sondern sich gegenseitig ergänzen sollten. Sogar der direkte Vergleich von Cashflow und Periodenergebnis kann wertvolle Erkenntnisse für die Bilanzanalyse stiften.[279]

Insbesondere unter Beachtung des letzten Punktes bietet sich die Berechnung des Operations-Indexes an. In seiner einfachsten Form teilt er den Cashflow durch das Periodenergebnis. Folglich drückt er aus, wie viel sich vom erwirtschafteten Periodenergebnis in Zahlungsmitteln niedergeschlagen hat. Im Zeitablauf liefert er so Informationen über unterschiedliche Richtungsbewegungen des Cashflows und des Periodenergebnisses.[280]

Beispielsweise wird ein rückläufiger Operations-Index durch ein steigendes Periodenergebnis und gleichzeitig sinkenden Cashflow ausgelöst. Dies kann bedeuten, dass ein Unternehmen nur ein höheres Periodenergebnis dadurch ausweisen konnte, indem es die Abschreibungen oder die Rückstellungsbildung niedriger bemessen hat. Umgekehrt bedeutet ein steigender Operations-Index, dass das Periodenergebnis stärker angestiegen ist als der Cashflow, mithin das

[277] Insbesondere durch die Grundsätze Bewertungsunabhängigkeit und Verzicht auf Periodisierung, nach denen die Kapitalflussrechnung aufzustellen ist, erlangt der Cashflow Vorteile gegenüber dem Periodenergebnis; vgl. zu den Grundsätzen der Aufstellung von Kapitalflussrechnungen Küting, K. / Dawo, S. (1999), S. 171.

[278] Unter den Nachteilen des Cashflows wird häufig darauf verwiesen, dass er nur ein Finanz- bzw. Erfolgsindikator darstellt. Die finanziellen Mittel, die er bestimmt, stehen dem Unternehmen nicht mehr zur Verfügung, da sie bereits für Schuldentilgung, Dividenden und Investitionen verwendet wurden; vgl. Gräfer, H. (2001), S. 159.

[279] Vgl. Baetge, J. (1998), S. 417-423; vgl. Gräfer, H. (2001), S. 157-160.

[280] Teilweise wird sogar vorgeschlagen, den Zeitreihenvergleich auf 10 Jahre auszudehnen; vgl. Boemle, M. / Frank, H. (2001), S. 309.

Unternehmen zur Bildung *stiller Reserven* in der Lage war.[281] In der Regel wird der Operations-Index >1 ausfallen, da – wie bereits zuvor erläutert – der Cashflow gewöhnlich über dem Periodenergebnis liegt.[282] Entscheidende Erkenntnisgewinne erhält der Analyst aber dann im Zeitvergleich.

Bezüglich der Berechnung des Operations-Indexes unter Hinzuziehung der Kapitalflussrechnung wird ohne weitere Differenzierung vorgeschlagen, den *Cashflow aus betrieblicher Geschäftstätigkeit* zu verwenden.[283] Dabei ist jedoch zu bedenken, dass Veränderungen des Netto-Umlaufvermögens – beispielsweise Abbau von Kundenforderungen – auf diese Weise in die Berechnung einfließen, die jedoch nicht durch die „Erfolgssteuerung" bewirkt werden. Um mithilfe einer Kennzahl Aussagen darüber zu fällen, inwiefern das Ergebnis bilanzanalytisch gestaltet wurde, muss ein Cashflow herangezogen werden, der nur erfolgswirksame Zahlungsgrößen enthält. Aus diesem Grund eignet sich die Verwendung des korrigierten *Cashflows aus betrieblicher Geschäftstätigkeit*, wie er zuvor bereits vorgestellt wurde.

Kennzahl 10: Operations-Index

$$\text{Operations-Index} = \frac{\text{korrigierter } \textit{Cashflow aus betrieblicher Geschäftstätigkeit} + \text{Auszahlungen für Dividenden}}{\text{Periodenergebnis}}$$

Da das Periodenergebnis vor Gewinnverwendung ausgewiesen wird, müssen die Dividendenauszahlungen, wenn sie den *Cashflow aus betrieblicher Geschäftstätigkeit* reduziert haben, wieder hinzugerechnet werden, um die Kongruenz von Zähler und Nenner zu gewähren. Das Beispiel im Anschluss zeigt, wie sich Änderungen des Netto-Umlaufvermögens verzerrend auf den Operations-Index auswirken können.

---

[281] Vgl. ausführlicher zur gemeinsamen Interpretation von Cashflow und Jahresergebnis Gräfer, H. (2001): Bilanzanalyse, S. 158.

[282] Vgl. Kap. I 0.

[283] Vgl. Achleitner, A.-K. / Behr, G. (2000), S. 257.

Angaben in Mio. € Unternehmen	Bayer				Beiersdorf				Henkel				Schering			
Periode	1998	1999	2000	2001	1998	1999	2000	2001	1998	1999	2000	2001	1998	1999	2000	2001
angepasster *CF aus betr. GT*	2.019	2.269	1.993	2.485	215	289	215	271	531	956	449	935	276	184	300	472
Auszahlungen für Dividenden	712	770	953	1.028	43	52	60	84	124	141	152	186	87	91	165	198
***CF aus betr. GT* vor Dividenden**	**2.731**	**3.039**	**2.946**	**3.513**	**258**	**341**	**275**	**355**	**655**	**1.097**	**601**	**1.121**	**363**	**275**	**465**	**670**
korrigierter *CF aus betr. GT*	2.565	2.268	3.069	1.549	283	307	331	380	749	978	901	445	399	540	480	455
Auszahlungen für Dividenden	712	770	953	1.028	43	52	60	84	124	141	152	186	87	91	165	198
korrigierte *CF aus betr. GT* vor Dividenden	**3.277**	**3.038**	**4.022**	**2.577**	**326**	**359**	**391**	**464**	**873**	**1.119**	**1.053**	**631**	**486**	**631**	**645**	**653**
Periodenergebnis	**1.615**	**2.018**	**1.842**	**961**	**166**	**175**	**226**	**285**	**372**	**404**	**505**	**541**	**249**	**278**	**345**	**428**
Operations-Index (mit CF aus betr. GT)	**1,69**	**1,51**	**1,60**	**3,66**	**1,55**	**1,95**	**1,22**	**1,25**	**1,76**	**2,72**	**1,19**	**2,07**	**1,46**	**0,99**	**1,35**	**1,57**
Operations-Index (mit korrigierten CF aus betr. GT)	**2,03**	**1,51**	**2,18**	**2,68**	**1,96**	**2,05**	**1,73**	**1,63**	**2,35**	**2,77**	**2,09**	**1,17**	**1,95**	**2,27**	**1,87**	**1,53**

Mit dem Operations-Index auf Basis des *Cashflows aus betrieblicher Geschäftstätigkeit* im Sinne der Kapitalflussrechnung bestätigt sich zunächst die Aussage, dass der Cashflow in der Regel über dem Periodenergebnis liegt. Jedoch unterliegt der Cashflow deutlich höheren Schwankungen. Während das Periodenergebnis bei Beiersdorf, Henkel und Schering kontinuierlich ansteigt, ist der Cashflow von Zu- und Abnahmen geprägt. Um Aussagen bezüglich der unterschiedlichen Entwicklung von Cashflow und Periodenergebnis zwecks Reserve bildender oder auflösender Maßnahmen machen zu können, muss wie zuvor beschrieben der Operations-Index auf Basis des korrigierten Cashflows berechnet werden.

Bei Bayer ist zu sehen, dass sich im Jahr 2001 das Periodenergebnis halbiert hat, der *Cashflow aus betrieblicher Geschäftstätigkeit* jedoch gestiegen ist. Dieses liegt insbesondere am Abbau der Kundenforderungen. Obwohl sich die Ertragslage deutlich verschlechtert hat, ist die Liquiditätsgenerierung dadurch noch nicht zurückgegangen. Zwar nimmt auch der Operations-Index auf Basis des korrigierten Cashflows zu (2,18 → 2,68), jedoch nicht in dem Maße, wie der Operations-Index auf Basis des *Cashflows aus betrieblicher Geschäftstätigkeit* (1,60 → 3,66), in dem die Veränderung der Kundenforderungen enthalten sind. Die Zunahme des korrigierten Cashflows trotz rückläufigen Periodenergebnisses liegt bei Bayer an deutlich höheren Abschreibungen, niedrigeren Rückstellungsauflösungen und Ertragsteuerzahlungen.

Noch deutlicher wird dieser Zusammenhang bei Henkel. Während sich der Operations-Index auf Basis des Cashflows verdoppelt, halbiert sich der Operations-Index auf Basis des korrigierten Cashflows. Wiederum sind dafür erhebliche Veränderungen im Netto-Umlaufvermögen Ursache. Zu untersuchen ist, ob Henkel das Periodenergebnis durch Maßnahmen höher ausweisen konnte, die sich jedoch nicht auf den Cashflow ausgewirkt haben. Der Grund für den Anstieg des Periodenergebnisses liegt in den Verkaufsgewinnen zweier Geschäftssparten, die nicht Teil der betrieblichen Cashflows sind. Insofern gilt hier ein rückläufiger Cashflow als Frühwarnindikator für ein sinkendes Ergebnis in den kommenden Jahren bei unveränderten Geschäftsaussichten.

4 Zusammenfassung der Ergebnisse und Vorschläge zur Beseitigung verbleibender Informationsdefizite

Um das Analysepotenzial der Kapitalflussrechnung vollständig zu erschöpfen, orientierte sich die Vorgehensweise an ihrer Zielsetzung. Mit der Zusammenfassung der Ergebnisse soll nun gleichzeitig eine strukturierte Anleitung gegeben werden, wie der Analyst bei der Untersuchung der Kapitalflussrechnung vorgehen kann.

Bevor generelle Analyseüberlegungen zu den Tätigkeitsbereichen und dem Finanzmittelfond angestellt werden können, sind die Daten der Kapitalflussrechnung aufzubereiten. Aus didaktischen Gründen wurden bei der Untersuchung die generellen Überlegungen der Umstrukturierung vorangestellt, um die Problematik der Zuordnungswahlrechte besser zu veranschaulichen. Die Beispiele haben gezeigt, wie unterschiedlich die Tätigkeitsbereiche durch verschiedene Zuordnungswahlrechte ausfallen können. Dabei wurde festgestellt, dass die Zuordnung der erhaltenen und gezahlten Zinsen, Dividenden und Ertragsteuern zum *Cashflow aus betrieblicher Geschäftstätigkeit* geschehen sollte. Diese Einordnung erscheint nicht nur sachgerecht, sondern führt bei durchgängiger Anwendung aller Unternehmen zu erhöhter Vergleichsmöglichkeit. Anschließend können erste Aussagen zu der Höhe der Tätigkeitsbereiche und zur Veränderung des Fonds gemacht werden. Hierbei sind die Rahmenbedingungen des Unternehmens, beispielsweise in welcher Zyklusphase sich die Produkte oder das ganze Unternehmen befinden, zu beachten. Zur Vorbereitung auf die kennzahlengestützte Analyse wurden neben dem bereits aus der Kapitalflussrechnung ersichtlichen *Cashflow aus betrieblicher Geschäftstätigkeit* der korrigierte Cashflow und der Betriebs-Cashflow vorgestellt. Der (angepasste) *Cashflow aus be-*

trieblicher Geschäftstätigkeit wird für zahlungswirksame Rentabilitätsüberlegungen (Cashflow-Eigenkapitalrentabilität und Cashflow-Gesamtkapitalrentabilität) sowie für die Analyse der Zahlungsmittelverwendung (Tilgungsbelastung, Dividendenbelastung und Innenfinanzierungsgrad der Investitionen sowie im weiteren Sinne auch Zinsbelastung und *Cash Burn Rate*) verwendet. Hinsichtlich der Verwendung wird er um Zins- und Dividendenzahlungen modifiziert.

Abbildung 12: Analyseschema für die Kapitalflussrechnung

1) Umstrukturierung des Datenmaterials

- Zinsen, Dividenden und Ertragsteuern im *Cashflow aus betrieblicher Geschäftstätigkeit*

2) Allgemeine Analyseüberlegungen

- Verhältnis der Tätigkeitsbereiche zueinander

3) Berechnung

- korrigierter *Cashflow aus betrieblicher Geschäftstätigkeit*
- Betriebs-Cashflow

4) Spezielle Analyseüberlegungen und Berechnung von

- *Cashflow aus betrieblicher Geschäftstätigkeit*
  - → Cashflow-Eigenkapitalrentabilität
  - → Cashflow-Gesamtkapitalrentabilität
  - → Tilgungsbelastung
  - → Dividendenbelastung
  - → Innenfinanzierungsgrad
- korrigierter Cashflow
  - → Prognose
  - → *dynamischer Verschuldungsgrad*
  - → Operations-Index
- Betriebs-Cashflow

Der korrigierte *Cashflow aus betrieblicher Geschäftstätigkeit* (vor außerordentlichen Zahlungen und Änderungen im Netto-Umlaufvermögen) eignet sich insbesondere für prognostische Zwecke des Cashflows selbst und den zukunftsbezogenen *dynamischen Verschuldungsgrad*. Hinsichtlich der Beurteilung der Qualität des Ergebnisses durch den Operations-Index wurde festgestellt, dass ein Cashflow zum Vergleich herangezogen werden muss, der nur erfolgswirksame Zahlungen enthält, wie er ebenfalls durch den korrigierten Cashflow repräsentiert wird.

Der Betriebs-Cashflow grenzt sich von anderen Cashflow-Definitionen ab, indem er nur Zahlungen erfasst, die durch die betriebliche Geschäftstätigkeit veranlasst werden. Vornehmlich sind Zins-, Dividenden- und Ertragsteuerzahlungen auszusondern. Dieser Cashflow eignet sich daher insbesondere zur Berechnung der zahlungsorientierten Umsatzrate.

Zur Beurteilung, welche Informationsdefizite trotz Kapitalflussrechnung noch existieren, ist ihr Zielerreichungsgrad zu untersuchen. Primäres Anliegen der Kapitalflussrechnung ist die Ursachenerklärung für die Veränderung des Finanzmittelfonds. Dieser ändert sich durch die Erwirtschaftung von Zahlungsmitteln, aber auch durch deren Verwendung. Mit Hilfe der Kapitalflussrechnung soll der Analyst beurteilen, ob das Unternehmen ausreichend liquide Mittel generieren kann, um die Liquidität des Unternehmens jederzeit zu gewährleisten. Außenfinanzierungstätigkeiten und Desinvestitionen werden ebenso aufgezeigt, da sie den Fonds verändern. Wichtiger sind jedoch die selbst erwirtschafteten Zahlungsmittel, da langfristig nur durch eigene Zahlungsmittelerwirtschaftung Kredite getilgt und Investitionen bezahlt werden können.

Die Beurteilung der Zahlungsmittelgenerierung kann nur zufrieden stellend erreicht werden, wenn der Analyst über die Entstehungsursachen des Cashflows aufgeklärt wird. Leider darf nach allen Standards für Kapitalflussrechnungen der *Cashflow aus betrieblicher Geschäftstätigkeit* nach der indirekten Methode dargestellt werden. Dadurch werden zwar Einblicke in die Veränderungen dieses Bereiches gegeben, deren Ursachen werden jedoch nicht aufgezeigt. Aus diesem Grund ist nach Meinung des Verfassers die direkte Methode für die Abbildung des *Cashflows aus betrieblicher Geschäftstätigkeit* zu fordern.

Grundsätzlich führen Wahlmöglichkeiten bei der Zuordnung der Zinsen, Dividenden und Ertragsteuern zu keinen Problemen, da die Umstrukturierung vom Analysten eigenständig vorgenommen werden kann. Wird der Cashflow jedoch nach der indirekten Methode abgebildet und sind die Zinsen von vornherein diesem Bereich zugeordnet, können Kennzahlen wie die Zinsbelastung, die finanzwirtschaftliche Gesamtkapitalrentabilität und Umsatzrate nicht berechnet werden. Dies spricht einmal mehr dafür, sämtliche Cashflows direkt abzubilden.

Hinsichtlich der Verwendung des Cashflows erhält der Analyst durch die Kapitalflussrechnung ohne Frage tiefer gehende Einblicke. Es ist jedoch zu beobachten, dass manche Unternehmen die Zahlungsströme nicht nach dem Brutto-Prinzip ausweisen. So wurde gezeigt, dass beispielsweise bei Schering die Berechnung der Tilgungsbelastung scheitert, weil die Aufnahme neuer Verbindlichkeiten und deren Tilgung netto ausgewiesen werden. Nach IAS 7 ist die Saldierung von Cashflows nur in Ausnahmesituationen möglich. Bezüglich der Saldierung von Tilgung und Aufnahme von Krediten dürfen sogar nur Kreditinstitute vom Netto-Ausweis Gebrauch machen. Insofern ist zu fordern, dass die Anwendung der Regelungen in den Standards strikter eingehalten wird.

Ein weiteres Anliegen der Kapitalflussrechnung ist, mit ihr die zukünftigen Zahlungsströme und den Finanzbedarf prognostizieren zu können. Leider muss sich der Analyst auf die Datenbasis der Vergangenheit beschränken. Wünschenswert wären weitere verbale Erläuterungen zu den Tätigkeitsbereichen und deren Entwicklung. Dieses ist vom IAS 7 bereits vorgesehen, wird jedoch in der Praxis sehr verhalten befolgt. In der Regel lassen sich nur allgemein gehaltene Erklärungen zu den Tätigkeitsbereichen und deren zahlenmäßigen Veränderung in der Vergangenheit finden. Möglich wären weitergehende Informationen bezüglich des Investitionsvorhabens und deren Auswirkungen auf die Finanzlage. Darüber hinaus sind Angaben zu finanzunwirksamen Vorgängen wie beispielsweise die Umwandlung von Verbindlichkeiten in Eigenkapital oder Kapitalerhöhungen aus Gesellschaftsmitteln hilfreich, die Finanzierungspolitik transparenter darzustellen.[284]

Teilweise wird im Schrifttum vorgeschlagen, die Informationen der Kapitalflussrechnung zu segmentieren, da sich im Konzern finanzstarke und finanzschwache Segmente vermischen. Da nicht zwingend Cashflows in der Segmentberichterstattung zu zeigen sind, empfiehlt sich mindestens eine segmentierte Angabe der erwirtschafteten Zahlungsmittel.[285] Auf Segmentebene gelingt extern nur die näherungsweise Ermittlung durch Addition von Ergebnis und Abschreibungen. Daher sollte ein Segment-Cashflow entweder bereits in der Kapitalflussrechnung oder in der Segmentberichterstattung ausgewiesen werden, der

[284] Vgl. Schirmeister, R. (2000), S. 663.

[285] Vgl. Scheffler, E. (2002), S. 300; vgl. Schoenfeld, H. M. W. (1997), S. 409.

mit dem *Konzern-Cashflow aus betrieblicher Geschäftstätigkeit* direkt verglichen werden kann.[286]

Das Analysepotenzial segmentierter Informationen ist Gegenstand des folgenden Kapitels.

[286] Vgl. dazu die späteren Ausführungen in Kap. I 3.3.2.3.

III Die Segmentberichterstattung nach IFRS

1 Informationsdefizite ohne Segmentberichterstattung im klassischen Jahresabschluss

1.1 Die Darstellungsproblematik der „tatsächlichen Verhältnisse" in diversifizierten Unternehmen aufgrund aggregierter Daten

Wie bereits an verschieden Stellen erläutert soll der Jahresabschluss auch nach internationalen Vorschriften ein den *tatsächlichen Verhältnissen entsprechendes Bild der Vermögens-, Finanz- und Ertragslage* zeigen.[287] Dies führte zur Auseinandersetzung mit der Kapitalflussrechnung, da die Finanzlage ohne ein solches Instrument nur unzureichend beschrieben wird. Nachdem geklärt wurde, welche Instrumente sich zur Darstellung der jeweiligen Lage primär eignen,[288] wird in diesem Kapitel nun die Frage gestellt, ob die herkömmlichen Instrumente[289] ausreichend sind, die Vermögens-, Finanz- und Ertragslage von Unternehmen unabhängig von ihrer Struktur geeignet abzubilden, oder ob es eines weiteren und übergreifenden Instrumentes – hier der Segmentberichterstattung – im Jahresabschluss bedarf, das die zunehmend komplexeren Strukturen von Unternehmen berücksichtigt.

Unternehmen sind heutzutage durch zunehmende **Diversifikationsstrategien** gekennzeichnet.[290] Sie versuchen ihre Tätigkeiten auf unterschiedlichen Märkten zu entfalten, um hauptsächlich Risiken zu streuen, lukrative Geschäftsfelder zu erschließen und Wachstum voranzutreiben.[291] Diversifikationsstrategien von Unternehmen können verschiedene Ausprägungen haben. Klassischerweise werden die vertikale und horizontale sowie in Kombination dieser Ausrichtungen die laterale Diversifikation unterschieden.[292] Unternehmen betreiben vertikale Diversifikation, wenn ein Erzeugnis mehrere Produktionsstufen in einem

[287] Vgl. Kap. I 3.

[288] Vgl. Kap. I 1.1.

[289] Zu den herkömmlichen Instrumenten Bilanz und *Gewinn- und Verlustrechnung* soll die Kapitalflussrechnung mit eingeschlossen sein, weil ihre Bedeutung für die Finanzlage bereits beschrieben wurde.

[290] Vgl. Küting, K. / Pilhofer, J. (1999), S. 559.

[291] Vgl. Bernards, O. (1995), S. 1363.

[292] Laterale Diversifikation wird häufig auch als anorganische Diversifikation bezeichnet; vgl. Husmann, R. (1997a), S. 349.

Unternehmen durchläuft. Ein Unternehmen, das nicht vertikal diversifiziert ist, lässt das Produkt hingegen auf den vor- und nachgelagerten Produktionsstufen fremdfertigen. Horizontal diversifizierte Unternehmen bieten mehrere unterschiedliche Produkte oder Dienstleistungen an. Horizontale Diversifikation wird auch häufig gleichgesetzt mit sektoraler Diversifikation. Sie wird dann allerdings nicht im Zusammenhang zur vertikalen Diversifikation, sondern zur regionalen Segmentierung – eine Tätigkeit auf verschiedenen geographischen Märkten – gesehen.[293]

Unternehmen haben verschiedene Möglichkeiten, ihre Diversifikationsabsichten durchzusetzen. Zum einen können sie die eigenen Aktivitäten ausdehnen. Der andere Weg ist der Zusammenschluss mit anderen Unternehmen. Insbesondere die gestiegenen *Mergers and Akquisitions-Aktivitäten* der letzten Jahre sind Folge der Diversifikationsabsichten vieler Unternehmen.[294,295]

Diversifizierte Unternehmen, die auf verschiedenen regionalen Märkten tätig sind, mehrere Produkte in ihrem Portfolio aufweisen oder mehrere nacheinander geschaltete Produktionsstufen eines Produktes betreiben, haben selbstverständlich wie jedes nicht diversifizierte Unternehmen auch einen Jahresabschluss aufzustellen, der die tatsächliche Vermögens-, Finanz- und Ertragslage abbildet. Die Instrumente Bilanz, *Gewinn- und Verlustrechnung* und Kapitalflussrechnung sind aber in der Regel Rechnungslegungsinstrumente, die die gesamte Situation eines Unternehmens unabhängig von möglicherweise unterschiedlich verlaufenden Entwicklungen auf verschiedenen Märkten oder in diversen Geschäftsbereichen beschreiben.[296] Sie liefern folglich nur aggregierte Daten, in denen insbesondere die Ergebnisse der einzelnen Bereiche untergehen. Folglich

---

[293] Im Schrifttum werden die unterschiedlichsten Einteilungen von Diversifikationsstrategien genannt. Neben horizontaler und vertikaler Diversifikation werden noch die sektorale und regionale Diversifikation, die verwandte und unverwandte Diversifikation sowie die interne und externe Diversifikation unterschieden. Vgl. Bernards, O. (1994), S. 22-26.

[294] Hierunter wird die interne und externe Diversifikation verstanden. Sie beschreibt aber nur den Diversifikationsweg und nicht den Grad der Diversifizierung als solches. Interne oder externe Diversifizierung sind für die weiteren Ausführungen bedeutungslos.

[295] Vgl. Möckli, M. (1997), S. 276. Selbst die Rückbesinnung der Unternehmen auf ihre Kernkompetenzen in den 90er Jahren tut dieser Entwicklung keinen Abbruch. Während die 80er Jahre durch zahlreiche Akquisitionen in branchenfremden Bereichen gezeichnet waren, fokussierten Unternehmen in den 90er Jahren eher ihr Kerngeschäft und die Erschließung neuer Märkte; vgl. Böcking, H.-J. / Dietz, S. / Kiefer, M. (2001), S. 373.

[296] Die Bilanz, die *Gewinn- und Verlustrechnung* und die Kapitalflussrechnung sind für das gesamte Unternehmen aufzustellen und nicht noch einmal nach bestimmten Teilbereichen, die sich aus der Diversifikation ergeben, aufzugliedern.

sind die Daten für Teilbereiche unter Umständen nicht repräsentativ und dienen bestenfalls der Berechnung von Rentabilitäten und Entwicklungstrends für das gesamte Unternehmen.[297] Die somit ermittelten Durchschnittswerte können die gesamte Unternehmenslage verschleiern, indem unterschiedliche Entwicklungen in den diversifizierten Bereichen verborgen bleiben.[298] Dies sei am Beispiel der Ertragslage näher erläutert.

Geschäftsfelder diversifizierter Unternehmen tragen unterschiedlich zum Unternehmensgesamtergebnis bei. So mögen einige Geschäftsfelder gewinnträchtiger sein als andere. Verlustbringer belasten das Gesamtergebnis, ohne dass dies durch die herkömmlichen Instrumente aufgedeckt wird. Erweist sich beispielsweise der Hauptgeschäftszweig eines Unternehmens als Verlustbringer und wird dies nur durch die Nebengeschäfte ausgeglichen, muss ein Urteil über die Ertragslage Quersubventionierungen innerhalb des Unternehmens berücksichtigen.[299]

Ebenso von Bedeutung ist, wie zukunftsträchtig die Geschäftsfelder für ein Unternehmen sind. Werden die positiven Ergebnisse überwiegend in einem Markt erzielt, der von negativen Prognosen begleitet wird, ist dies ebenfalls in der Analyse zu berücksichtigen. Besonderes Interesse gilt einem Geschäftszweig dann, wenn er allein aufgrund seiner Größe im Vergleich zu anderen Geschäftszweigen von erheblicher Bedeutung ist und das Unternehmen nur schwer auf notwendige Strukturveränderungen reagieren kann.[300]

Ein besonderes Problem stellt der Unternehmens- oder Branchenvergleich als Teil der Bilanzanalyse bei diversifizierten Unternehmen dar. Es wird immer schwieriger, für derartige Unternehmen Vergleichsobjekte heranzuziehen, weil kaum noch Branchen zu finden sind, in denen Unternehmen gleiche Strukturen aufweisen.[301]

---

[297] Vgl. Niehus, R. J. / Thyll, A. (1998), S. 152; vgl. Naumann, T. (1999), S. 2288.

[298] Vgl. Krawitz, N. (1997), S. 556.

[299] Vgl. Benecke, B. (2000), S. 166.

[300] Vgl. Nobes, C. / Parker, R. (2000), S. 375.

[301] Hinzu kommt das Problem, dass der Konzernabschluss gegenüber dem Einzelabschluss zunehmend an Bedeutung gewinnt. Der Konzernabschluss aggregiert die Daten der Einzelabschlüsse zu einem einzigen Abschluss, so dass Informationen über einzelne Tochtergesellschaften verloren gehen; vgl. Risse, A. (1995), S. 737; vgl. Wollmert, P. (2000), S. 137.

BERNARDS[302] kommt in seiner Untersuchung zu dem Ergebnis, dass die Vermögens-, Finanz- und Ertragslage diversifizierter Unternehmen ohne ein gesondertes Publizitätsinstrument nicht geeignet wieder gegeben werden, da die Relationen der verschiedenen Tätigkeitsbereiche nicht bekannt sind.[303] Ohne Einschränkung gilt dies für die Vermögens- und Ertragslage. Bei der Finanzlage beschränkt sich dies auf den dynamischen Teil. Die Beurteilung der statischen Liquidität geschieht auf Basis des Unternehmensgesamtbildes, so dass die Betrachtung einzelner Teilbereiche des Unternehmens weniger aufschlussreiche Informationen liefert.[304]

Das Ziel von Diversifikation liegt wie bereits erläutert darin, neue gewinnträchtige Geschäftsfelder zwecks Risikominimierung zu erschließen. Diese Unternehmensstrategie muss von einem Rechnungslegungsinstrument begleitet werden, das genau diese Strategien nach außen hin offen legt, um ein sichereres Urteil über die Unternehmenslage fällen zu können.

Die Lösung der beschriebenen Probleme soll die Segmentberichterstattung liefern. Sie berichtet über die verschiedenen Tätigkeitsfelder und geographischen Märkte der Unternehmen, um Erfolge sowie Chancen und Risiken besser beurteilen zu können. Wie stark ein Unternehmen vertikal diversifiziert ist, ist nicht entscheidend.[305] Erst mit zunehmender horizontaler / sektoraler und regionaler Diversifikation der Unternehmen wächst die ihre Bedeutung.[306]

Aus diesem Grund ist eine Segmentberichterstattung auch nach Tätigkeitsbereichen und geographischen Regionen aufzustellen.[307]

---

302 Vgl. Bernards, O. (1994).

303 Vgl. Veit, K.-R. / Bernards, O. (1995), S. 493.

304 Vgl. Bernards, O. (1994), S. 37-47.

305 Aus diesem Grund sind in der Segmentberichterstattung bezüglich vertikaler Diversifizierung nur freiwillige Angaben gefordert; vgl. IAS 14 Par. 40.

306 Vgl. Weißenberger, B. E. / Liekweg, A. (1999), S. 165.

307 Vgl. IAS 14 Par. 9.

Abbildung 13: Diversifikationsstrategien und Bedeutung der Segmentberichterstattung

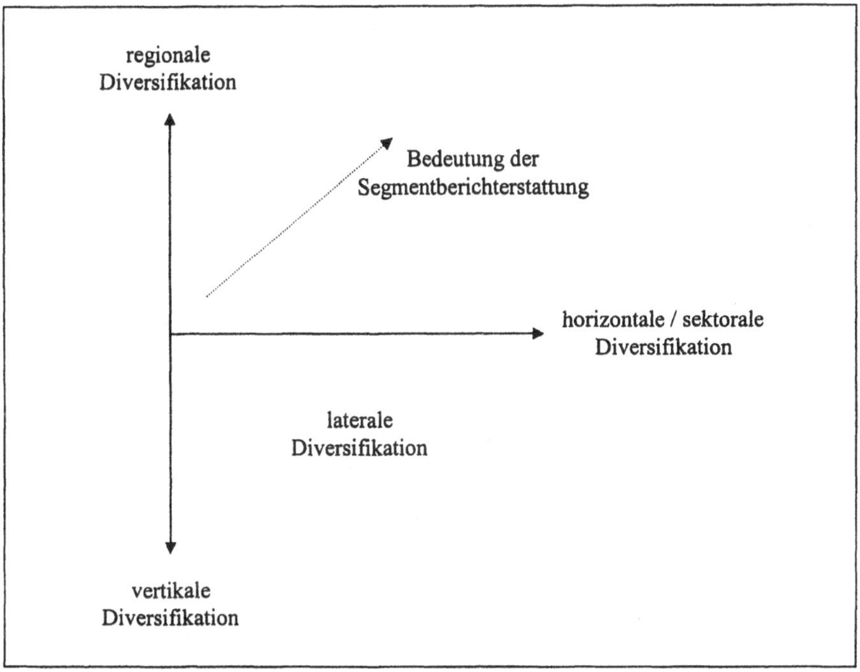

1.2 Die Zielsetzung der Segmentberichterstattung

Die vorausgegangenen Ausführungen haben gezeigt, dass der Jahresabschluss diversifizierter Unternehmen ohne eine Segmentberichterstattung seiner Aufgabe, dem Analysten Informationen für ein Urteil über die tatsächliche Vermögens-, Finanz- und Ertragslage des Unternehmens zu liefern, nicht zufrieden stellend nachkommt. Daher lässt sich die **Zielsetzung** einer Segmentberichterstattung aus dem Informationsdefizit, mithin aus den Informationsbedürfnissen der Jahresabschlussadressaten ableiten.[308] Sie liegt folglich darin, Grundsätze zur Darstellung von Publizitätsanforderungen einer Segmentberichterstattung aufzustellen, um es dem Analysten zu ermöglichen,

[308] Die Gewichtung liegt eher auf der Ertragslage, weil die Vermögens- und Finanzlage langfristig von der Ertragslage abhängig sind.

- die bisherige Ertragskraft des Unternehmens besser zu verstehen,
- die Risiken und Erträge des Unternehmens besser einzuschätzen und
- das gesamte Unternehmen sachgerechter beurteilen zu können.[309]

Dieser im IAS 14 formulierte Wortlaut unterscheidet sich in seiner Bedeutung kaum von anderen internationalen Standards zur Segmentberichterstattung. Die Zielsetzung des DRS 3 liegt in der besseren Einschätzung der Vermögens-, Finanz- und Ertragslage.[310] IAS 14 und DRS 3 legen die Betonung stärker auf der Beurteilung der Risiken und Chancen, während nach SFAS 131 die Abschätzung der zukünftigen Netto-Cashflows hervorgehoben wird. Letzten Endes sollen aber mit der Segmentberichterstattung sowohl nach IFRS, DRS als auch nach US-GAAP durch die Bereitstellung disaggregierter Daten dem Adressaten Informationen über zukünftige Cashflows hinsichtlich ihrer Betrags- und Zeitmäßigkeit sowie ihrer Eintrittswahrscheinlichkeit gegeben werden.[311]

In erster Linie soll die Segmentberichterstattung die unternehmensindividuelle Situation beschreiben und diesbezüglich Interpretationsmöglichkeiten für den Analysten eröffnen. Insofern erfährt der Branchen- und Unternehmensvergleich mittels der Segmentberichterstattung erhebliche Einschränkungen. Die im Framework der IFRS formulierte Zielsetzung, nach der die Jahresabschlussdaten auch für Unternehmens- und Branchenvergleiche geeignet sein sollen, gilt grundsätzlich auch für die Segmentberichterstattung.[312] Dies wirkt sich insgesamt auf das Konzept der Gewinnung von Rechnungslegungsdaten für die Segmentberichterstattung nach IFRS aus und führt zu erheblichen Unterschieden gegenüber den US-GAAP.[313] Zwar existiert die Forderung nach zwischenbetrieblicher Vergleichbarkeit auch im Framework nach US-GAAP, für die Segmentberichterstattung wurde sie aber eindeutig ausgeklammert. Der SFAS 131 legt größeren Wert auf die unternehmensindividuellen Interpretationsmöglichkeiten aus der Segmentberichterstattung und schafft daher Normen für eine Datenbasis, die den Verzicht auf Unternehmens- und Branchenvergleiche nach sich

[309] Vgl. IAS 14, Zielsetzung.

[310] Vgl. DRS 3 Par. 1.

[311] Vgl. Vgl. Coenenberg, A. G. (2000), S. 773.

[312] Vgl. IAS 14 Par. 15.

[313] Nach IFRS sind die Bilanzierungs- und Bewertungsmethoden aus dem Jahresabschluss für die Segmentberichterstattung zu übernehmen, während nach US-GAAP die Daten in Anlehnung an die interne Berichterstattung gewonnen werden. Dies geschieht mit der Absicht, dass nach IFRS die Segmentberichterstattungen anderer Unternehmen besser miteinander vergleichbar werden.

zieht.[314] Der DRS 3 nimmt bezüglich der Branchen- und Unternehmensvergleichbarkeit keine Stellung ein.

Im Anschluss an die Darstellung des Instrumentariums wird im analytischen Teil an diese Zielsetzungen angeknüpft.[315] Es wird gezeigt, inwiefern die Segmentberichterstattung ihren Anforderungen aus der Zielsetzung gerecht wird und welche Interpretationsmöglichkeiten sie zulässt. Dabei hängt der Zielerreichungsgrad entscheidend davon ab, welche Erwartungshaltung der Analyst an die Formulierung „besser zu verstehen" hat.

1.3 Bedeutung der Segmentberichterstattung im Rahmen der internationalen Rechnungslegung

Wie bei der Kapitalflussrechnung kamen erste Anstöße zur Publizierung einer Segmentberichterstattung aus den USA. Dies resultiert daraus, dass der amerikanische Jahresabschluss schon traditionsgemäß vorzugsweise Informationsfunktionen zu erfüllen hat. Wie im Kapitel II 1.1 beschrieben geht mit den üblichen Jahresabschlüssen diversifizierter Unternehmen, insbesondere auch mit Konzernabschlüssen, ein Publizitätsgefälle einher, so dass der Zweck einer Segmentberichterstattung schon frühzeitig erkannt wurde.[316]

Die erste nationale Regelung in den USA wurde mit Verabschiedung des APB Opinion 2 im Jahre 1967 getroffen, deren Beachtung drei Jahre später von der amerikanischen Aufsichtsbehörde vorgeschrieben wurde. Dieser Standard enthielt hauptsächlich Informationen über unterschiedliche Produktgruppen. Erst die Verabschiedung des SFAS 14 zur Segmentberichterstattung im Jahre 1976 enthielt umfassende Regelungen zur Berichterstattung über Aktivitäten von Unternehmen in unterschiedlichen Tätigkeitsbereichen und geographischen Regionen.[317]

Das IASC verabschiedete im Jahre 1981 einen Standard – IAS 14 – zur Segmentberichterstattung, der sich inhaltlich zwar am SFAS 14 orientierte, aber Unterschiede verschiedener Einzelregelungen aufwies. Seither kam es zu zahlreichen Überarbeitungen der Standards nach US-GAAP und IFRS, insbesondere

[314] Vgl. Haller, A. / Kepler, J. (2000), S. 766.

[315] Vgl. Kap. I 3.3.1.

[316] Vgl. Apel, R. (2002), S. 109.

[317] Vgl. Haller, P. (1994), S. 500; vgl. Pellens, B. (2001), S. 332.

mit dem Bemühen, einen nach US-GAAP und IFRS einheitlichen Standard zu schaffen. Dieses Bemühen scheiterte, so dass seit 1997 der SFAS 131 und der überarbeitete IAS 14 mit unterschiedlichen Konzeptionen nebeneinander stehen.[318]

In Deutschland ist erst seit der Verabschiedung des KonTraG im Jahre 1998 eine ausführliche Segmentberichterstattung im Jahresabschluss vorgesehen. Zuvor hatten Unternehmen nach Transformation der 4. und 7. EG-Richtlinie in nationales Gesetz gem. § 285 Nr. 4 und § 314 Abs. 1 Nr. 3 HGB lediglich über segmentierte Umsatzerlöse nach Tätigkeitsbereichen und geographischen Regionen zu berichten.[319] Dieses gilt bis heute noch für alle Kapitalgesellschaften und Konzernunternehmen mit Ausnahme börsennotierter Mutterunternehmen. Die letztgenannten haben seit 1998 gem. § 297 Abs. 1 Satz 2 HGB wie international üblich eine Segmentberichterstattung aufzustellen.[320] Wie auch bezüglich der Kapitalflussrechnung wurde die Ausgestaltung der Segmentberichterstattung dem DRSC überlassen, das 1999 den DRS 3 verabschiedet hat.[321] Nach Bekanntmachung vom *Bundesministerium für Justiz* (BMJ) erlangte der DRS 3 für alle börsennotierten Mutterunternehmen den Status von *Grundsätzen ordnungsmäßiger Konzernrechnungslegung* und ist verbindlich anzuwenden, sofern ein Unternehmen keinen befreienden Konzernabschluss nach IFRS beziehungsweise US-GAAP aufstellt.[322] Andere Unternehmen gliedern nach wie vor lediglich die Umsatzerlöse auf, soweit ihnen dadurch keine erheblichen Nachteile entstehen. In diesem Fall darf die Segmentierung gem. § 286 Abs. 2 und § 314 Abs. 2 HGB unterbleiben.[323] Unternehmen, die gem. § 292a HGB einen befreienden Abschluss nach IFRS beziehungsweise US-GAAP aufstellen, beachten entsprechend IAS 14 beziehungsweise SFAS 131.[324]

Inhaltlich lehnt sich der DRS 3 sehr stark an seine Vorbilder SFAS 131 und IAS 14 an und schafft Kompromisslösungen, wo sich SFAS 131 und IAS 14

[318] Vgl. Haller, A. (2002), Tz. 4.

[319] Darüber hinausgehende Segmentierungen wurden bislang nur auf freiwilliger Basis publiziert; vgl. Risse, A. (1996), S. 747.

[320] Vgl. Strobel, W. (1999a), S. 2017.

[321] Vgl. Böcking, H.-J. / Benecke, B. (1999), S. 839.

[322] Zur Wirkungskraft der vom DRSC verabschiedeten Standards vgl. Spanheimer, J. (2000), S. 998; vgl. Eidel, U. / Strickmann, M. (2000), S. 122.

[323] Vgl. Selchert, F. W. (1992), S. 2038. Zur Anwendung der Schutzklausel vgl. Zimmermann, P. (1998).

[324] Vgl. Geiger, T. (2002), S. 1903; vgl. Lenz, H. (2000), S. 513.

unterscheiden.[325] Entsprechend der Themenstellung dieser Arbeit konzentrieren sich die folgenden Ausführen auf den IAS 14, beziehen aber Abweichungen von US-GAAP und DRS an entsprechenden Stellen mit ein.

2 Darstellung des Instrumentariums

2.1 Grundlegender Aufbau

Die Segmentberichterstattung ist im Jahresabschluss nach IFRS kein eigenständiger Bestandteil, sondern Teil des Anhangs.[326] Bezüglich ihres Aufbaus macht der IAS 14 wenig Vorgaben. Lediglich im Anhang des IAS 14 befindet sich ein Beispiel für die inhaltliche Ausgestaltung einer Segmentberichterstattung.[327] So müssen Unternehmen beispielsweise über ihre Geschäftssegmente und ihre geographischen Segmente berichten.[328] Daraus ergibt sich eine grundsätzliche Aufbaustruktur der Segmentberichterstattung, die das Aussehen wie in Abbildung 14 dargestellt haben könnte.

Diese **einstufige** Berichtsform trennt die geforderten Segmentangaben nach Geschäftssegmenten und geographischen Regionen. Die Spalten zeigen die Geschäftsbereiche beziehungsweise die Regionen jeweils für das vergangene Jahr und für die Vorperiode. In den Zeilen sind die Segmentangaben aufgeführt. Bevor in der letzten Spalte die Segmente addiert werden können, müssen – ähnlich der Konsolidierung des Konzernabschlusses – intersegmentäre Beziehungen eliminiert werden.[329] Der Aufbau nach dieser Abbildung ist vom IAS 14 nicht vorgeschrieben, er wird aber in Anlehnung an das im Anhang des IAS 14 befindliche Beispiel überwiegend genutzt.

[325] Vgl. Geiger, T. (2000), S. 779.

[326] Nach IFRS besteht der Jahresabschluss aus einer Bilanz, einer *Gewinn- und Verlustrechnung*, einer Kapitalflussrechnung, einer Eigenkapitalveränderungsrechnung und einem Anhang. Die Segmentberichterstattung ist Teil des Anhangs. Vgl. IAS 1 Par. 7.

[327] Vgl. IAS 14 Anhang B.

[328] Vgl. IAS 14 Par. 9.

[329] Auf intersegmentäre Verflechtungen wird im Kap. I 2.2.1 eingegangen.

Abbildung 14: Aufbau der einstufigen Segmentberichterstattung

Informationen über Geschäftssegmente

	Produkt A		Produkt B		⟶	Eliminierungen		konsolidiert	
	Jahr 1	Jahr 2	Jahr 1	Jahr 2	⟶	Jahr 1	Jahr 2	Jahr 1	Jahr 2
Erträge / Umsatz - extern - intern									
Ergebnis									
↓									

Informationen über geographische Regionen

	Region A		Region B		⟶	Eliminierungen		konsolidiert	
	Jahr 1	Jahr 2	Jahr 1	Jahr 2	⟶	Jahr 1	Jahr 2	Jahr 1	Jahr 2
Erträge / Umsatz - extern - intern									
Ergebnis									
↓									

Neben der einstufigen Segmentierung ist auch eine **kombinatorische** Berichtsform zulässig.[330] Bei der kombinatorischen Darstellung wird jeweils eine Segmentangabe in einer Matrix gezeigt. Dies hat den Vorteil, dass die Segmentangaben sowohl nach Geschäftsbereichen als auch nach geographischen Segmenten in gemeinsamer Abhängigkeit gezeigt werden.[331]

Eine solche Matrix verdeutlicht beispielsweise die Höhe des Umsatzes eines Produktes in einer bestimmten Region. Folglich ist die Auswirkung einer Änderung in der Umsatzprognose für eine bestimmte Region ersichtlich. Aus einer einstufigen Tabelle gehen diese Informationen nicht hervor, da der Umsatz der

[330] Vgl. IAS 14 Par. 29.

[331] Vgl. Bernards, O. (1994), S. 116.

Tätigkeitsbereiche und geographischen Regionen nicht in Abhängigkeit voneinander dargestellt werden.[332]

Abbildung 15: Aufbau der kombinatorischen Segmentberichterstattung

		Umsätze								
		Produkt A		Produkt B		⇒	Eliminierungen		konsolidiert	
		Jahr 1	Jahr 2	Jahr 1	Jahr 2		Jahr 1	Jahr 2	Jahr 1	Jahr 2
Region A	Jahr 1		X		X			X		X
	Jahr 2	X		X			X		X	
Region B	Jahr 1		X		X			X		X
	Jahr 2	X		X			X		X	
↓	↓									
Eliminierunge	Jahr 1		X		X			X		X
	Jahr 2	X		X			X		X	
konsolidiert	Jahr 1		X		X			X		X
	Jahr 2	X		X			X		X	

Der Nachteil der kombinatorischen Segmentierung liegt in einem möglichen *information overload*.[333] In einem zweidimensionalen Modell kann pro Matrix immer nur eine Segmentangabe dargestellt werden. Folglich müssten für alle geforderten Segmentangaben eigene Matrizen aufgestellt werden, die in einem Jahresabschluss schnell zur Unübersichtlichkeit führen könnten und gegebenenfalls gegen die Prinzipien der Klarheit und Wesentlichkeit der Informationen verstoßen würden.

[332] Vgl. Ordelheide, D. / Stubenrath, M. (2000), S. 388.

[333] Vgl. Haller, A. / Kepler, J. (2000), S. 790.

Aus diesem Grund sieht der IAS 14 diese Darstellungsform nur als eine Möglichkeit vor, lässt sie im Beispiel sogar unberücksichtigt.[334] In aktuellen Geschäftsberichten ist daher zu beobachten, dass Unternehmen vorzugsweise die einstufige Segmentierung wählen.

2.2 Die Ermittlungsgrundsätze

Wie zuvor beschrieben soll durch die Abbildung von einzelnen Segmenten die Vermögens-, Finanz- und Ertragslage eines Unternehmens besser beurteilt werden können, als es allein anhand des (konsolidierten) Jahresabschlusses möglich ist. Da in einem zusammengefassten Jahresabschluss positive und negative Entwicklungen kompensiert werden, hängt der zusätzliche Informationsgewinn beziehungsweise die Aussagefähigkeit der Segmentberichterstattung entscheidend davon ab, inwiefern solche Kompensationseffekte im Ausweis verhindert werden. Um nicht zuletzt der Willkürfreiheit des Bilanzierenden vorzubeugen, werden einheitliche Kriterien zur Erhebung von Segmentdaten und der Abgrenzung von Segmenten vorgegeben. Dabei handelt es sich jedoch nur um Grundsätze. Die Rechnungslegungsstandards verzichten auf die Vorgabe eines starren Standardschemas, um den Unternehmen eine sinnvolle Klassifizierung der unternehmerischen Aktivitäten im Hinblick auf die Lieferung entscheidungsrelevanter Informationen zu ermöglichen.[335]

Zunächst werden dazu die Ermittlungsgrundsätze *autonomous entity approach* und *disaggregation approach* erläutert, nach denen die Segmentdaten zu erheben sind. Im Anschluss daran werden der *risk and reward approach* und der *management approach* beschrieben, nach denen die Segmente abzugrenzen sind.

2.2.1 *Autonomous entity approach* und *disaggregation approach*

Der Ermittlung von Segmentdaten können zwei unterschiedliche Konzeptionen zugrunde liegen, von denen die anschließende Interpretation der Segmentberichterstattung entscheidend abhängt. Diese Ansätze sind der *autonomous entity approach – Ansatz autonomer Einheiten* – und der *disaggregation approach* – Disaggregationsansatz.[336]

---

[334] Vgl. IAS 14 Par. 29 und Anhang.

[335] Vgl. S. Baumann, K.-H. (1987), S. 12.

[336] Vgl. Haller, A. / Kepler, J. (2000), S. 767.

Beim ***Ansatz autonomer Einheiten*** wird die Fiktion der wirtschaftlichen Unabhängigkeit der einzelnen Segmente unterstellt. Demnach werden die Segmentdaten so ermittelt, als wären die Segmente selbständige Unternehmen.[337] Dies hat zur Folge, dass alle Synergieeffekte – *economies of scale and scope* –, die innerhalb eines Konzerns bestehen, eliminiert werden müssen. Nutzen beispielsweise zwei Segmente gemeinsam ein Grundstück, ergeben sich innerhalb des Konzerns Einsparungen etwa in den Mieten, den laufenden Energiekosten oder den kommunalen Gebühren. Im Rahmen des *Ansatzes autonomer Einheiten* sind diese Einsparungen zu neutralisieren. Jedes Segment ist so zu behandeln, als entstünden ihm die Kosten aus dem Alleinbetrieb.[338] Ebenso sind alle intersegmentären Transaktionen, die bei Aufstellung des Konzernabschlusses eliminiert werden, den jeweiligen Segmenten wieder zuzurechnen.[339]

In diesem Ansatz liegt ein wesentlicher Nachteil: Die Daten beruhen grundsätzlich auf Schätzungen und Schlüsselungen und basieren nicht auf den tatsächlich konsolidierten Bestands- und Erfolgsgrößen. Somit würde einem auf autonomen Einheiten beruhender Ansatz der Einheitsfiktion des Konzernabschlusses widersprechen.[340] Aus diesem Grund sind die Segmentberichterstattungen in allen Standards einheitlich nach dem Disaggregationsansatz aufzustellen.[341]

Beim **Disaggregationsansatz** werden die aggregierten Daten des Konzernabschlusses auf die einzelnen Segmente disaggregiert. Dieses entspricht jedoch keiner Entkonsolidierung des Konzernabschlusses beziehungsweise keiner Darstellung der Tochterunternehmen des Konzerns, sondern einer „nach Teilbereichen gegliederte[n] Erläuterung und Spezifizierung der Vermögens-, Finanz- und Ertragslage der wirtschaftlichen Einheit >>Konzern<<".[342] Im zuvor erwähnten Beispiel bedeutet dies, dass die mit dem Grundstück verbundenen Gemeinkosten anteilig den Segmentergebnissen zugerechnet werden müssen.[343] Transaktionen, die zwischen den Segmenten stattfinden, sind in der strengsten Auslegung des Disaggregationsansatzes in den Daten nicht enthalten, da es sich

[337] Vgl. Coenenberg, A. G. (2000), S. 782.

[338] Vgl. Haller, A. / Kepler, J. (2000), S. 790.

[339] Vgl. Ordelheide, D. / Stubenrath, M. (2000), S. 396.

[340] Vgl. Coenenberg, A. G. (2000), S. 782.

[341] Namentlich wird der Disaggregationsansatz nicht erwähnt. Dieser Ansatz lässt sich nur aus den Formulierungen in den Standards schließen; vgl. Haller, A. / Park, P. (1994), S. 513; vgl. Küting, K. / Pilhofer, J. (1999a), S. 603.

[342] Coenenberg, A. G. (2000), S. 782.

[343] Vgl. Haller, A. / Kepler, J. (2000), S. 790.

nur um einen segmentierten (Konzern)Jahresabschluss handelt, in dem diese Vorgänge bereits eliminiert wurden.[344]

Der Disaggregationsansatz gewährleistet die Konformität zwischen Segmenten und Konzernabschluss. Ein Nachteil ist jedoch, dass neben den Synergien auch intersegmentäre Transaktionen nicht gezeigt werden.[345] Dies wirkt sich auf die Vergleichbarkeit der Daten aus. Ein Segment könnte unter Umständen eine negative Beurteilung erhalten, wenn beispielsweise die Rendite, die durch Außentätigkeit erzielt wird, gering ausfällt, das Segment aber überwiegend zur Unterstützung anderer Segmente tätig ist. Solche Überlegungen haben immer dann besonderes Gewicht, wenn der intersegmentäre Transfer besonders hoch ist.[346] Aus diesem Grund wird in den Standards zur Segmentberichterstattung eine weniger strenge Auslegung des Disaggregationsansatzes verfolgt. Synergien sind zu eliminieren, Transfers zwischen den Segmenten sind aber weiterhin enthalten.[347] Dies widerspricht einerseits dem Disaggregationsansatz, fördert aber andererseits die ergebnisgerechtere Zuteilung zu den Segmenten.

2.2.2 *Risk and reward approach* und *management approach*

Im Rechnungswesen werden das interne und das externe Berichtswesen unterschieden. Die externe Rechnungslegung ist durch normative Vorschriften geregelt, um die Jahresabschlüsse der Unternehmen nach außen hin verlässlich und mit Jahresabschlüssen anderer Unternehmen vergleichbar zu machen.[348] In der internen Berichterstattung hingegen ist das Unternehmen an keine Vorschriften gebunden. Es liegt im Ermessen des Managements, über die Ausgestaltung des internen Berichtswesens nach Effizienzgesichtspunkten zu entscheiden.[349]

---

[344] Vgl. Coenenberg, A. G. (2000), S. 782.

[345] Vgl. Benecke, B. (2000), S. 179.

[346] Je höher die Interdependenzen zwischen den Geschäftstätigkeiten der einzelnen Segmente, desto größer ist auch der Unterschied zwischen dem Ansatz autonomer Einheiten und dem Disaggregationsansatz; vgl. Haller, A. / Kepler, J. (2000), S. 767.

[347] Vgl. Coenenberg, A. G. (2000), S. 783.

[348] Verlässlichkeit und Vergleichbarkeit sind nur zwei Ziele. Die Gewinnermittlung im Sinne des Gesetzgebers (HGB) oder der Standardsetter ist zwar die wichtigere Funktion, in diesem Zusammenhang jedoch nicht von Bedeutung.

[349] Vgl. Kussmaul, H. (2000), S. 59.

In der aktuellen Entwicklung des Rechnungswesens ist dennoch zu beobachten, dass sich das interne und externe Berichtswesen zunehmend aufeinander zu bewegen.[350] Besonders gilt dies für die Segmentberichterstattung. Bei der Aufstellung dieses Instruments erhält die interne Berichterstattung mehr oder weniger unterschiedlich ausgeprägt in den verschiedenen Standards Einzug in die externe Rechnungslegung. Die Regelsetzer IASB, FASB und DRSC fürchten jedoch dadurch die willkürliche, die Jahresabschlussaussage gestaltende, informationsverschleiernde Bildung von Segmenten durch die Abschlussersteller. Deswegen werden trotz intern frei gestaltbarer Berichterstattungen grundsätzliche Regelungen getroffen, nach denen die Übernahme der internen Berichterstattung für die Segmentberichterstattung zu erfolgen hat. Grundlage hierfür bilden der *management approach* und der *risk and reward approach* beziehungsweise der *management approach with a risk and reward safety net*.

Nach dem ***management approach*** ist die Segmentberichterstattung grundsätzlich in Anlehnung an die interne Organisation und Berichterstattung eines Unternehmens aufzustellen. Es wird die Absicht verfolgt, Unternehmensexternen Informationen über die Unternehmensstruktur und ihre Berichtswege sowie Berichtsinhalte zu liefern, auf denen Entscheidungen der obersten Führungsebene basieren.[351] Dieser Ansatz entstand aus den Bedürfnissen des Kapitalmarktes, der nach Informationen verlangt, auf denen ökonomische Entscheidungen des Managements beruhen. Insbesondere intern genutzte Informationen zur Planung, Steuerung und Kontrolle sind die Informationen, die idealer weise Kapitalmarktteilnehmern zur Beurteilung der aktuellen und künftigen unternehmerischen Situation dienen.[352] Von der internen Berichterstattung wird erwartet, dass sie objektiven Effizienzkriterien entspricht und nicht durch Regelements verzerrt ist.

Der amerikanische Standard zur Segmentberichterstattung SFAS 131 ist der einzige Standard, der den *management approach* in allen Punkten konsequent umsetzt. Möglich wird dies durch den Verzicht auf Vergleichbarkeit mit fremden Unternehmen in der Zielsetzung der Segmentberichterstattung. Das Ziel der Segmentberichterstattung nach IAS 14 ist hingegen auch unter dem Gesichtspunkt der Vergleichbarkeit von Jahresabschlussdaten zu verfolgen. Deshalb kommt der *management approach* nur eingeschränkt zur Geltung, da die interne Berichterstattung unternehmensindividuell abweicht. Die Vorschriften nach IFRS enthalten daher einen Ansatz, der die Vergleichbarkeit gewährleisten

---

[350] Vgl. Bruns, H.-G. (1999), S. 586; vgl. Hebeler, C. (2001), S. 618. Bzgl. der Harmonisierung durch die Segmentberichterstattung vgl. Böcking, H.-J. (1999), S. 513.

[351] Vgl. Husmann, R. (1998), S. 820.

[352] Vgl. Coenenberg, A. G. (2000), S. 776.

soll.[353] Er liegt in der Berücksichtigung der Chancen- und Risikostruktur des Unternehmens.

Dieser so genannte ***risk and reward approach*** verlangt die Überprüfung der einzelnen Geschäftsaktivitäten auf ihren Beitrag zum Unternehmensgesamterfolg und auf die damit jeweils tätigkeitsspezifisch verbundenen Risiken.[354] Auf dieser Grundlage – der in sich nach Chancen und Risiken homogenen Segmente und zu anderen Segmenten heterogenen Chancen und Risiken – beruhen im Wesentlichen alle Vorschriften zur Segmentberichterstattung nach IFRS. Der *risk and reward approach* entstand aus der Überlegung, dass Entscheidungen sowohl vom Management also auch seitens der Analysten grundsätzlich unter Chance-Risiko-Kalkülen getroffen werden und dass folglich ein Instrument, das eine unter Chancen und Risiken abgewogene Datenbasis liefert, die nützlichsten Informationen bereitstellt.[355]

Bei Beiersdorf wird die Segmentberichterstattung beispielsweise im Rahmen der Tätigkeitsbereiche in die Sparten „cosmed", „medical" und „Tesa" eingeteilt. Da der Kosmetik-Bereich fast zwei drittel des gesamten Geschäftsvolumens beträgt, ist eine Gliederung unter Chance-Risiko-Aspekten wohl fraglich. Eine Segmentierung beispielsweise nach Produktgruppen könnte da eher hilfreich sein, die Risikostruktur des Unternehmens berücksichtigen zu können.[356]

Während nach US-GAAP der *management approach* streng auszulegen ist und ähnlich einer „Generalnorm" über dem SFAS 131 schwebt, schreibt der IAS 14 den *risk and reward approach* für einige spezielle Sachverhalte vor. So ist die Segmentdefinition, die Abgrenzung von Segmenten und auch die Bestimmung der Berichtspflichten unter Chance-Risiko-Aspekten zu treffen.[357] Dies wird im Detail an späterer Stelle noch aufgegriffen.[358] Der *management approach* hat nur noch insofern Bedeutung, als dass die interne Berichterstattung lediglich als

[353] Vgl. Haller, A. (2002), Tz. 33.

[354] Vgl. Böcking, H.-J. / Benecke, B. (1998), S. 97.

[355] Vgl. Haller, A. / Kepler, J. (2000), S. 769.

[356] Vgl. Beiersdorf Geschäftsbericht 2001, S. 66.

[357] Vgl. IAS 14 Par. 9, 11, 12, 26 u. 28.

[358] Vgl. Kap. I 2.3.2.

Instrument zur Identifikation der Chancen und Risiken dient (*management approach with a risk and reward safety net*).[359]

Dadurch, dass der IAS 14 die interne Berichterstattung zur Identifikation von Chancen und Risiken heranzieht und interne Entscheidungen in der Regel unter Chance-Risiko-Kalkülen getroffen werden, führen der *risk and reward approach* und der *management approach* zu ähnlichen Ergebnissen, die sich im Detail aber voneinander unterscheiden können.[360] Beispielsweise ist nach IFRS und US-GAAP die Segmentberichterstattung nach Tätigkeitsbereichen und geographischen Regionen zu gliedern.[361] Der IAS 14 knüpft die Definition der Tätigkeitsbereiche und geographischen Märkte aber an die Chancen und Risiken an, die in den jeweiligen Bereichen unterschiedlich sein müssen. Liefert das interne Berichtswesen also Segmente, die diesem nicht Rechnung tragen, ist nach IFRS auf einer tieferen Berichtsebene nach entsprechenden Segmenten zu suchen.[362]

Der DRS 3 kehrt die Prioritätensetzung des IAS 14 um. Grundsätzlich ist der *management approach* anzuwenden, der dem *risk and reward approach* aber insofern Rechnung trägt, indem er dann berücksichtigt werden muss, falls die interne Berichtserstattung zu mehreren Segmentierungsoptionen führt.[363]

2.3 Der dreistufige Segmentierungsprozess

Die Segmentierung der aggregierten Daten vollzieht sich nach IFRS grundsätzlich in drei Schritten. Da die Einteilung in Tätigkeitsbereiche und geographische Regionen bereits vorgeschrieben wird, ist in einem ersten Schritt festzustellen, aus welchen dieser beiden Bereiche überwiegend die Risken und Chancen für

---

[359] Vgl. IAS 14 Par. 13, 14, 27 u. 28.

[360] Vgl. Böcking, H.-J. / Benecke, B. (1998), S. 840. Die Ähnlichkeit bezieht sich hier auf den Aufbau und die Segmentabgrenzung. Zu wesentlichen Unterschieden kann es aber auch bezüglich der in die Segmentberichterstattung fließenden Datenbasis kommen; vgl. dazu die Ausführungen in Kap. I 2.5.

[361] Grundsätzlich gilt nach US-GAAP zwar der *management approach*, so dass die intern gebildeten (operativen) Segmente maßgebend sind. Erfolgt jedoch intern keine Segmentierung nach Tätigkeitsbereichen und geographischen Märkten, sind zusätzliche Angaben zu diesen Segmenteinteilungen zu machen; vgl. Pellens, B. (2001), S. 335.

[362] Liefert das interne Berichtswesen Segmente, die sich zu anderen Segmenten hinsichtlich der Risiken und Chancen nicht unterscheiden, handelt es sich nach IAS 14 definitionsgemäß gar nicht erst um berichtspflichtige Segmente; Vgl. IAS 14 Par. 9.

[363] Vgl. Coenenberg, A. G. (2000), S. 776.

ein Unternehmen resultieren. Für diesen „primären" Bereich gelten dann die höchsten Offenlegungsvorschriften. Diesen Schritt beschreibt die „two-tier-segmentation" im folgenden Kapital. Anschließend gilt es, die einzelnen Segmente sowohl in den Tätigkeitsbereichen wie auch in den geographischen Regionen zu identifizieren. Im letzten Schritt wird ermittelt, welche der identifizierten Segmente aufgrund ihrer Bedeutung offen zu legen sind.

2.3.1 Two-tier-segmentation

Die Unterscheidung in ein primäres und sekundäres Berichtsformat ist nach IFRS einzigartig. An dieser Stelle werden die Auswirkungen des *risk and reward approaches* wieder deutlich. Das Unternehmen hat zu entscheiden, ob die Risiken und Chancen des Unternehmens im Wesentlichen aus dem Angebot unterschiedlicher Produkte beziehungsweise Dienstleistungen entstehen oder ob sie daraus resultieren, dass das Unternehmen auf verschiedenen regionalen Märkten tätig ist.[364] In der Regel gibt das interne Berichtssystem darüber Aufschluss.[365] Die als bedeutender zu erkennende Berichtsebene ist als primäres Berichtsformat festzulegen, die weniger bedeutende Berichtsebene als sekundäres Berichtsformat. Auswirkungen in der Segmentberichterstattung hat dies, indem an das primäre Berichtsformat höhere Offenlegungsanforderungen gestellt werden als an das sekundäre Berichtsformat.[366]

In Fällen, in denen die interne Berichtsstruktur beide Berichtsebenen als gleich bedeutend erkennen lässt – beispielsweise bei Verwendung der Matrix-Segmentierung[367] –, sind die Tätigkeitsbereiche als primäres Berichtsformat zu definieren.[368] Ist in seltenen Fällen die bedeutendere Berichtsebene nicht zu erkennen – wenn beispielsweise intern nach juristischen Einheiten oder Kundengruppen segmentiert wird –, liegt es im Ermessen des Managements, das primäre Berichtsformat für eine Ebene festzulegen.[369]

[364] Vgl. IAS 14 Par. 26.

[365] Vgl. IAS 14 Par. 27.

[366] Die Anforderungen werden im Kap. I 2.4 behandelt.

[367] Vgl. Kap. I 2.1.

[368] Vgl. IAS 14 Par. 27a.

[369] Vgl. IAS 14 Par. 27b.

Sowohl nach US-GAAP als auch nach DRS sind die Informationen des internen Berichtswesens maßgebend. Insofern erfolgen keine differenzierten Offenlegungsanforderungen.[370]

2.3.2 Identifikation von Segmenten

Nach der Bestimmung der primären und sekundären Berichtsebenen erfolgt die eigentliche Segmentbestimmung. Hierbei ist grundsätzlich wieder der *risk and reward approach* zu beachten. Segmente müssen in sich **homogene** und zu anderen Segmenten **heterogene** Chancen und Risiken aufweisen. Zur Identifikation der Chancen und Risiken in Geschäftssegmenten sind die Art der Produkte und Dienstleistungen, die Art der Produktionsprozesse, der Einfluss von Kundengruppen und die Art der Vertriebswege oder die Infrastruktur heranzuziehen. Für geographische Segmente sind wirtschaftliche und politische Rahmenbedingungen, deren Entfernung, spezielle regionale Risiken, Devisenkursbestimmungen und Kursänderungsrisiken relevant.[371]

Hilfreich ist grundsätzlich wiederum die interne Berichterstattung, aber nur für den Fall, dass die Segmente des internen Berichtswesens der Definition von Segmenten bezüglich homogen-heterogener Chancen-Risiko-Struktur genügen.[372] Wesentliche Bedeutung könnte dieses beispielsweise bei stark vertikal diversifizierten Unternehmen haben. Unternehmensteile, die hauptsächlich an eine nachgelagerte Produktionsstufe liefern, weisen in der Regel homogene Chancen und Risiken im Vergleich zur nachgelagerten Produktionsstufe auf. Solche vor- und nachgelagerten Unternehmensteile bilden nach IFRS per Definition ein gemeinsames Segment.[373] Insofern wird der *management approach* wieder durch den *risks and rewards safety net* eingedämmt.

SFAS 131 stellt grundsätzlich auf den *management approach* ab, dem auch DRS 3 folgt. Beide ermöglichen aber die Zusammenfassung von Segmenten, wenn sie homogene Chance-Risiko-Strukturen aufweisen.[374]

---

[370] Vgl. Küting, K. / Weber, C.-P. (2001a), S. 621.

[371] Vgl. IAS 14 Par. 9.

[372] Vgl. Coenenberg, A. G. (2000), S. 778.

[373] Vgl. Haller, A. / Kepler, J. (2000), S. 775.

[374] Vgl. Haller, A. / Kepler, J. (2000), S. 774.

2.3.3 Zusammenfassung von Segmenten

Bezüglich des Wesentlichkeitskriteriums bei der Bildung von Segmenten treffen alle Standards einheitliche Regeln. Demnach ist ein Segment als wesentlich einzustufen, wenn ein Großteil seiner Umsätze mit Dritten erzielt wird und sein Umsatz mindestens 10% des gesamten Unternehmensumsatzes ausmacht, sein Ergebnis mindestens 10% des gesamten Unternehmensergebnisses beträgt (auch bei negativer Abweichung) oder sein Vermögen mindestens 10% des gesamten Unternehmensvermögens aufweist. Die Erfüllung eines dieser 10%-Kriterien führt bereits zu einem ausweispflichtigen Segment, sofern von einer langfristigen Überschreitung der 10%-Marke auszugehen ist. Segmente, die unter der 10%-Marke liegen, werden in einem Sammelsegment zusammengefasst.[375]

Für den Fall, dass in einem Unternehmen nur wenige seiner Teilbereiche der 10%-Regel entsprechen und dies zu einem Aufblähen des Sammelsegments führen würde, wirkt zugleich die 75%-Regel, nach der mindestens 75% des gesamten Unternehmensumsatzes segmentiert werden muss.[376] Während die 10%-Regel also einen *information overload* verhindert, indem zu viele Segmente gebildet werden müssten, wirkt die 75%-Regel einem Informationsdefizit entgegen, indem eine Mindestsegmentierung vorgeschrieben wird.

[375] Vgl. Langenbucher, G. (1999), S. 164.

[376] Vgl. Haller, A. / Kepler, J. (2000), S. 775.

Abbildung 16: Der Segmentierungsprozess nach IAS 14

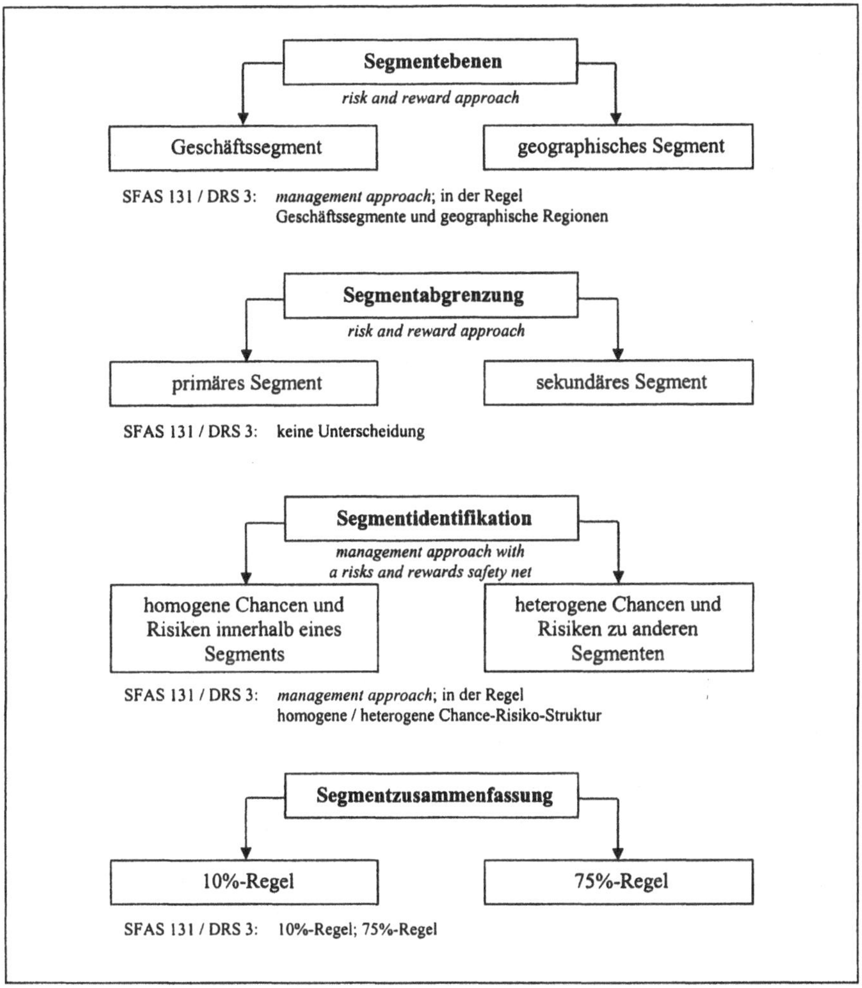

2.4 Angaben im primären und sekundären Berichtsformat

Die Nützlichkeit der Segmentberichterstattung ist abhängig vom Umfang der Informationen, die in ihr offen gelegt werden.[377] Unterschieden werden die totale und die partielle Segmentierung. Bei der **totalen** Segmentierung werden die

[377] Vgl. Haller, A. / Kepler, J. (2000), S. 776.

gesamte Bilanz und *Gewinn- und Verlustrechnung* lückenlos auf die Segmente zerlegt. Dieses führt zum höchsten Informationsausweis, so dass zunächst die Vermutung nahe liegt, dass die totale Segmentierung auch den höchstmöglichen Nutzen für weitere Analysen stiften könnte. Dem stehen aber Zuordnungsprobleme einiger Positionen der Bilanz und der Erfolgsrechnung entgegen. Beispielsweise können Rückstellungen nicht ohne weiteres einzelnen Segmenten zugeordnet werden, da sie für das Unternehmen als Ganzes gebildet werden. Aufwendungen der Verwaltung können ebenso wenig sinnvoll aufgeschlüsselt werden. Zweitens würde die totale Segmentierung, auch wenn ihr die Zuordnung sämtlicher Positionen gelänge, zu einem *information overload* führen, da praktisch jedes Segment für sich allein den Umfang eines Jahresabschlusses annehmen würde.[378]

Aus diesem Grund ist die totale Segmentierung in den Standards nicht vorgesehen. Sie wählen eine **partielle** Segmentierung. Hierbei sind nur ausgewählte Informationen des Jahresabschlusses für die einzelnen Segmente zu liefern. Der SFAS 131 schreibt in Anlehnung an den *management approach* lediglich vor, diejenigen Daten in der Segmentberichterstattung zu zeigen, die auch für interne Steuerungszwecke benötigt werden. Dies bezieht sich auch auf Daten, die die Steuerungsgrößen indirekt beeinflussen. Wird ein Unternehmen beispielsweise allein anhand der Umsatzerlöse gesteuert, dann sind auch lediglich die Umsätze zu segmentieren. Wird hingegen das Segmentergebnis für unternehmerische Entscheidungen verwendet, sind neben diesem auch alle weiteren Informationen zu zeigen, die das Ergebnis beeinflussen – so beispielsweise die Umsätze und weitere Erträge sowie Aufwendungen.[379]

Die IFRS schreiben eindeutig vor, welche Jahresabschlusspositionen zu segmentieren sind. Unterschieden werden dabei das primäre und das sekundäre Berichtsformat mit unterschiedlichem Offenlegungsumfang. Da die *two-tier-segmentation* von der Risiko-Chance-Struktur des Unternehmens abhängt, werden für den Bereich, aus dem die wesentlichen Risiken und Chancen resultieren, die umfangreichsten Informationen verlangt. Im Folgenden wird zunächst nur eine unkommentierte Aufzählung der Informationen gegeben. Eine Auseinandersetzung mit den sich dahinter verbergenden Inhalten und der Frage, ob der Umfang dieser Angaben als ausreichend betrachtet werden kann, erfolgt im analytischen Teil bei der Interpretation der Daten.

---

[378] Vgl. Kind, A. (2000), S. 102.

[379] Vgl. Haller, A. / Kepler, J. (2000), S. 777.

Die Segmentangaben nach DRS 3 unterscheiden sich nicht erheblich von denen nach IAS 14.[380] Da es jedoch keine Unterscheidung in primäres und sekundäres Berichtsformat gibt, beziehen sich die Offenlegungspflichten sowohl auf Tätigkeitsbereiche als auch auf geographische Regionen.

Abbildung 17: Segmentangaben[381]

Angaben im primären Berichtsformat:

- Segmenterlöse getrennt nach Erlösen mit externen Kunden und nach Erlösen mit anderen Segmenten
- Segmentergebnis
- Buchwert des Segmentvermögens
- Segmentschulden
- Segmentinvestitionen
- Segmentabschreibungen (alternativ Segment-Cashflow)
- andere wesentliche nicht zahlungswirksame Segmentaufwendungen
- Anteil des Segmentergebnisses aus *at equity* bewerteten Beteiligungen
- Buchwert der *at equity* bewerteten Beteiligungen
- Überleitungsrechnung der Segmenterlöse, des Segmentergebnisses, des Segmentvermögens und der Segmentschulden auf die Daten des gesamten Unternehmens
- andere wesentliche Segmentaufwendungen und Segmenterträge, in der Regel außerordentliche Ergebnisse (freiwillig)

Angaben im sekundären Berichtsformat:

- Segmenterlöse mit externen Kunden
- Buchwert des Segmentvermögens
- Segmentinvestitionen

Weitere Angaben:

- Ermittlungsmethoden für Verrechnungspreise von intersegmentären Transfers
- Bilanzierungs- und Bewertungsänderungen
- Zusammensetzung der Produkte und Dienstleistungen beziehungsweise der geographischen Regionen

[380] Vgl. DRS 3 Par. 31.

[381] Vgl. IAS 14 Par. 51-81.

2.5 Bewertungsgrundsätze für Segmentangaben

Der IAS 14 fordert die Übernahme der gleichen Bilanzierungs- und Bewertungsregeln für die Segmentberichterstattung wie für den Konzern.[382] Die Übereinstimmung der angewandten Rechnungslegungsgrundsätze für die Bilanz, die *Gewinn- und Verlustrechnung* und die Segmentberichterstattung hat den Vorteil, dass nicht nur die Datenstrukturierung, sondern auch die Bewertung standardmäßig vorgegeben ist, so dass Segment- und Unternehmensvergleiche erleichtert werden. Darüber hinaus lässt sich einfacher von disaggregierten Daten auf aggregierten Daten des gesamten Unternehmens schließen.

Im Gegensatz dazu verlangt der SFAS 131 wiederum die konsequente Anwendung des *management approaches*. Die Bewertung der Daten hat genauso zu erfolgen, wie sie intern berichtet werden. Dieses kann unter Umständen dazu führen, dass Werte, die intern zu Steuerungszwecken genutzt werden, in die Segmentberichterstattung einfließen, im übrigen Jahresabschluss aber nicht berücksichtigt werden – beispielsweise kalkulatorische Größen.[383] Zu Recht wird aber in der Literatur darauf hingewiesen, dass die Unterschiede des internen und externen Rechnungswesens nach US-GAAP nicht allzu groß seien. Gegebenenfalls könne die Überleitungsrechnung zur Beurteilung des Ausmaßes für solche Unterschiede herangezogen werden.[384]

Mit dem IAS 14 und dem SFAS 131 stehen sich zwei völlig unterschiedliche Bewertungskonzeptionen gegenüber. Nach US-GAAP gilt der Grundsatz, dass die Informationen, die intern berichtet werden, auch die nützlichsten Informationen für Analysten sind.[385] Nach IFRS wird der Vorstellung gefolgt, dass Bilanzierungs- und Bewertungsmethoden den tatsächlichen Verhältnissen entsprechend genutzt werden und somit dieselben Grundsätze in der Segmentberichterstattung die entscheidungsrelevantesten Informationen liefern.[386] Diesem Ansatz schließt sich auch der DRS 3 an.[387]

[382] Vgl. IAS 14 Par. 44.

[383] Vgl. Haller, A. / Kepler, J. (2000), S. 783.

[384] Vgl. Küting, K. / Lorson, P. (1999), S. 53.

[385] Vgl. Hahn, K. (2000), S. 690.

[386] Vgl. Pejic, P. (1997), S. 2041.

[387] Vgl. Coenenberg, A. G. (2000), S. 783; vgl. DRS 3 Par. 19.

2.6 Grenzen der Segmentberichterstattung

Bevor die analytischen Möglichkeiten der Segmentberichterstattung aufgezeigt werden, ist die Auseinandersetzung mit den Grenzen der Segmentberichterstattung hinsichtlich ihrer Datengewinnung notwendig. Die Abhängigkeit der analytischen Erkenntnisse von der Zuverlässigkeit der bereitgestellten Informationen macht dies erforderlich.

Die Zielsetzung der Segmentberichterstattung liegt in der zuverlässigeren Beurteilung des gesamten Unternehmens, insbesondere in der Einschätzung der Ertragskraft unter Beachtung der Chancen und Risiken dieses Unternehmens.[388] Dazu werden klassischerweise Zeit- und Unternehmens- sowie Branchenvergleiche herangezogen. Durch die Segmentberichterstattung werden zusätzlich Segmentvergleiche innerhalb des Unternehmens, aber auch Vergleiche zu anderen Unternehmen ermöglicht. Unter diesem Aspekt sollen die Grenzen der Segmentberichterstattung diskutiert werden.

Bei der Bereitstellung der Segmentdaten können drei Ansätze hinsichtlich des Umfanges der Datendisaggregation unterschieden werden:

1. vollständige Segmentierung,
2. Segmentierung nur solcher Daten, die direkt zugerechnet werden können und
3. Segmentierung der direkt zurechenbaren Informationen und zusätzlich solcher Daten, die nicht direkt zugerechnet werden können, aber in einem sachlichen Zusammenhang – gemessen anhand eines geeigneten Verteilungsschlüssels – zu den Segmenten stehen.[389]

Da die vollständige Segmentierung teilweise zu Zuordnungsproblemen führt – beispielhaft seien Verwaltungskosten oder Finanzierungskosten genannt – wird dieser Ansatz von keinem der Standardsetter präferiert. Genauso wenig wird der zweite Ansatz verfolgt. Da hierbei von der Segmentierung derjenigen Daten abzusehen ist, die mit Zuordnungsproblemen behaftet sind, können wesentliche Informationen verloren gehen. Aus diesen Gründen wird von allen Standardsettern der dritte Ansatz bevorzugt. Danach sind alle nicht direkt zurechenbaren Daten, für die aber ein geeigneter Verteilungsschlüssel ermittelt werden kann,

[388] Vgl. dazu die Zielsetzung der Segmentberichterstattung in Kap. I 1.2.

[389] Vgl. auch die Ausführungen in Kap. I 2.4 zu totaler und partieller Disaggregation.

den Segmenten zuzuordnen.[390] Insofern wird ein Kompromiss zwischen dem Grundsatz der Datenvollständigkeit und dem Grundsatz der Datenzuverlässigkeit gefunden.

Genau in der Zuordnung der Daten, die im Ermessen des Unternehmens liegen, besteht das Analyseproblem für den externen Jahresabschlussleser. Im Allgemeinen wird dem IAS 14 der Vorteil zugesprochen, dass er die Vergleichbarkeit der Daten sowohl zeitlich wie auch mit anderen Unternehmen fördere.[391] Für den **Zeitvergleich** ist dem uneingeschränkt zuzustimmen. Die Bilanzierungs- und Bewertungsregeln des Jahresabschlusses sind auch für die Segmentberichterstattung stetig anzuwenden. Dieses gilt nach US-GAAP nicht. Sofern sich das interne Berichtswesen verändert hat, ist auch eine Anpassung der Segmentberichterstattung notwendig.[392] Wurde beispielsweise die Profitabilität der Segmente bisher anhand eines *Return On Investments* (ROI) gemessen und im Nachhinein auf eine Ergebnisgröße wie das *Earnings Before Interest and Taxes* (EBIT) umgestellt, ist möglicherweise die Ertragsentwicklung der Segmente im Zeitablauf nicht mehr unmittelbar vergleichbar.

Anders verhält es sich bei **Segmentvergleichen** zu anderen Unternehmen. Vergleich fördernd ist sicherlich, dass für alle Unternehmen die Bilanzierungs- und Bewertungsregeln in gleicher Weise zur Anwendung kommen und individuelle Berichterstattungsmodalitäten im internen Berichtswesen den Vergleich nicht stören können.[393] Entscheidend ist aber, inwieweit dem Berichterstatter Ermessensspielräume verbleiben, die Höhe und den Ausweis bestimmter Segmentdaten zu beeinflussen. Solche Ermessenspielräume können genutzt werden, bestimmte Positionen gar nicht erst einem Segment zu zurechnen, weil nach Meinung der Unternehmung kein gerechter Verteilungsschlüssel gefunden werden könne.

Darüber hinaus kann aber auch der Verteilungsschlüssel willkürlich gewählt werden. Nutzen beispielsweise zwei Segmente gemeinsam ein Gebäude, wird für die Segmentberichterstattung der Vermögenswert des Gebäudes aufgeteilt.[394] Eine mögliche Strategie könnte darin bestehen, dem ohnehin profitableren Seg-

[390] Vgl. Haller, A. / Kepler, J. (2000), S. 781.

[391] Vgl. Fey, G. / Mujkanovic, R. (1999), S. 265.

[392] Vgl. Haller, A. / Park, P. (1999), S. 63.

[393] Vgl. Haller, A. (2002), Tz. 133

[394] Denkbar wären Verteilungsschlüssel nach der räumlichen oder zeitlichen Nutzung des Gebäudes oder einfach nach der Anzahl der nutzenden Segmente.

ment einen größeren Vermögensanteil zuzurechen als dem weniger erfolgreichen Segment. Dies hätte Einfluss auf das gesamte Vermögen der Segmente und folglich auch Einfluss auf die Segmentrenditen. Die Rendite des erfolgreichen Segments würde ceteris paribus sinken, während sich die Rendite des anderen Segments erhöht. Über solche Mechanismen lassen sich Segmentdaten beeinflussen. Anders als beim *management approach* ist eine solche Behandlungsweise noch nicht einmal an die Akzeptanz der Segmentverantwortlichen gebunden.[395]

Insgesamt bleibt festzustellen, dass mit dem IAS 14 und seiner teilweisen Ablehnung des *management approaches* sowie seinem Verzicht auf Vollständigkeit subjektive Einschätzungen klein gehalten werden. Es wird eine objektivere Vergleichsbasis nicht nur zu anderen Unternehmen sondern auch zwischen den Segmenten geschaffen.

Trotz der noch verbleibenden Gestaltungsmöglichkeiten bietet die Segmentberichterstattung ein beachtliches Informationspotenzial. Seine Nutzung für die Beurteilung der wirtschaftlichen Situation der Unternehmung durch externe Bilanzleser soll nun gezeigt werden.

3 Bilanzanalytische Möglichkeiten und Erkenntnisse

Im darstellenden Teil wurde die Aufgabe der Segmentberichterstattung bereits erläutert. Ihr zufolge soll der Analyst in die Lage versetzt werden, die Erfolgssituation eines Unternehmens zuverlässiger diagnostizieren, seine Risiken und Chancen „besser" einschätzen sowie seine gesamte Lage „besser" begutachten zu können. Es wurde dargelegt, dass die Beurteilung von Unternehmen mit einem hohen Diversifizierungsgrad hinsichtlich dieser Analyseziele ohne eine Segmentberichterstattung schwierig ist.[396] Es soll nun detailliert dargestellt werden, wie die Segmentberichterstattung bei der Überwindung dieser Schwierigkeiten hilfreich eingesetzt werden kann, um ein verlässlicheres und differenzierteres Urteil zu erlangen.

Zunächst werden einige globale Analyseüberlegungen zur Segmentberichterstattung festgehalten. Diese werden anschließend unter dem Aspekt der strategi-

---

[395] Vgl. Haller, A. / Kepler, J. (2000), S. 797.

[396] Vgl. Kap. I 1.1.

schen Ausrichtung von Unternehmen vertieft, bevor auf die Möglichkeiten der kennzahlengestützten Analyse eingegangen wird.

3.1 Generelle Analyseüberlegungen zu Geschäftssegmenten und geographischen Regionen

Die Segmentberichterstattung bietet dem Analysten schon auf den ersten Blick eine Übersicht in die verschiedenen Unternehmensbereiche und Regionen, in denen ein Unternehmen tätig ist. Hierbei können erste Eindrücke über die Diversifikationsstärke eines Unternehmens gewonnen werden, da sich Erfolgsschwankungen der Segmente gegenseitig auffangen können.

Unternehmen berichten schon länger über ihre Geschäftsfelder in verbaler Form. Dieses geschah bisher freiwillig im Lagebericht, zwar testiert durch den Wirtschaftsprüfer, aber nicht in der von einer Segmentberichterstattung verlangten Form.[397] Mit ihr informieren Unternehmen nun auch über wesentliche Erfolgs- und Finanzgrößen in den Segmenten, so dass eine tiefere Analyse der Geschäftsbereiche möglich ist.

Die wichtigsten Größen in der Segmentberichterstattung sind die Segmentergebnisse und das jeweilige in den Segmenten eingesetzte Vermögen, das zur Ergebniserzielung notwendig ist. Die Segmentumsätze und -investitionen liefern die wesentlichen Einflussgrößen auf die Segmentergebnisse.

In diesem Zusammenhang ist die **wertorientierte Unternehmensführung**, populär geworden durch das *Shareholder Value-Konzept* von RAPPAPORT[398], von besonderer Bedeutung. Mittlerweile wird ihr Niederschlag im Jahresabschluss auch von den Abschlussanalysten berücksichtigt, insbesondere im Rahmen der Segmentberichterstattung. Unter wertorientierter Unternehmensführung wird eine strategische Unternehmensausrichtung verstanden.[399] Ein Unternehmen kann langfristig nur überleben, wenn es dauerhaft am Markt erfolgreich ist. Er-

[397] Unerheblich ist hier, dass nach IFRS kein Lagebericht aufgestellt werden muss, da IFRS bilanzierende Unternehmen in Deutschland einen Lagebericht aufstellen müssen, um in den Genuss der Befreiungsregel nach § 292a HGB zu gelangen.

[398] Vgl. Rappaport, A. (1986); vgl. Rappaport, A (1999).

[399] Zur strategischen Analyse vgl. auch die Ausführungen im Kap. I 3.2.

folgreich sind Unternehmen, wenn sie mindestens ihre Kapitalkosten erwirtschaften.[400,401]

Um den Erfolg eines Unternehmens unter dem Aspekt der Wertgenerierung messen zu können, sind verschiedene Konzepte entwickelt worden. Beispielsweise seien das *Cash Value Added-* oder das *Economic Value Added-Konzept* genannt, die den absoluten Unternehmenswertbeitrag messen. Daneben besteht auch die Möglichkeit, den Unternehmenswertbeitrag in Form von Renditen zu berechnen. Stellvertretend dafür sei das *Cashflow Return on Investment-Konzept* erwähnt.[402]

Inzwischen ist die Liste der verschiedenen Verfahren unerschöpflich. Sie lassen sich jedoch alle auf die gleiche Grundüberlegung zurückführen. In allen Konzepten wird eine ermittelte Kennzahl mit den Kapitalkosten verglichen.[403] Liegt der Erfolg über den Kapitalkosten, wird Wert geschaffen. Können die Kapitalkosten nicht erzielt werden, wird Wert vernichtet. Anschließend dienen die Ergebnisse als Basis für strategische Managemententscheidungen. Von Wertvernichtern sollen sich die Unternehmen langfristig trennen, Wertgenerierer hingegen sollen gefördert und optimal kombiniert werden.[404]

Die Analyse des Jahresabschlusses unter dem Aspekt der wertorientierten Betrachtung wird durch die Segmentberichterstattung erleichtert. Ohne dieses Instrument konnte der Analyst bisher nur eine Renditekennzahl – etwa einen Return on Investment – für das gesamte Unternehmen bestimmen. Dieses Ergebnis

---

[400] Vgl. Coenenberg, A. G. (2000a), S. 1829.

[401] Aktuell wird im Schrifttum weniger die Notwendigkeit wertorientierter Unternehmensführung diskutiert, sondern nun eher die Umsetzung der Berichterstattung über Schaffung von Unternehmenswerten im Jahresabschluss. Diese Diskussion wird unter dem Stichwort *Value Reporting* = „wertorientierte Berichterstattung" geführt; vgl. Eccles, R. G. u.a. (2002); vgl. Boemle, M. (2000), S. 58; vgl. Fischer, T. M. / Wenzel, J. / Kühn, C. (2001), S. 1209; vgl. Ruhwedel, F. / Schultze, W. (2002).

[402] Vgl. Coenenberg, A. G. / Mattner, G. R. (2001), S. 67; vgl. ausführlicher zu den genannten Verfahren Ballwieser, W. (2000), S. 162-165; vgl. Crasselt, N. / Pellens, B. / Schremper, R. (2000); vgl. Crasselt, N. / Pellens, B. / Schremper, R. (2000a).

[403] Vgl. bei Janssen, F. / Scheren, M. (1999) die Ausführungen zum CFROI und EVA, S. 620-624.

[404] Vgl. Böcking, H.-J. (1999), S. 513. Entscheidend dafür ist die langfristige Orientierung. Kurzfristig ist die Trennung von Wertvernichtern nicht die einzige Alternative. Restrukturierungen des Wert vernichtenden Bereiches können ebenso sinnvoll sein, um ihn wieder in den Wert schaffenden Bereich vorzubringen.

liefert folglich nur einen Durchschnittswert von möglichen Wertgenerierern und Wertvernichtern. Eine differenziertere Analyse oder Identifikation von Wertveränderern ist nicht möglich. Da die Segmentberichterstattung das Zahlenwerk des gesamten Unternehmens auf Tätigkeitsbereiche und Regionen aufteilt, sind mindestens für diese Bereiche getrennte Aussagen möglich.[405]

> Beispielsweise teilt Beiersdorf seinen Konzern in die Tätigkeitsbereiche „cosmed", „medical" und „tesa". Im Geschäftsjahr 2001 wurden jeweils Renditen von 47,1%, 14,7% und 5,4% in den Bereichen erzielt.[406] Im gesamten Unternehmensdurchschnitt entspricht diese Rendite 28,9%. In diesem Beispiel ist eindeutig zu erkennen, dass Beiersdorf maßgeblich im Kosmetikbereich Unternehmenswert generiert. Für den Medizinbereich und Tesa kann keine eindeutige Aussage getroffen werden, da im Geschäftsbericht keine Angaben zu den Kapitalkosten gemacht werden. Sie dürften aber wohl über 5,4% liegen, so dass mindestens Tesa zu keiner Unternehmenswertsteigerung beiträgt.[407]

Bei der Beurteilung von Geschäftsbereichen nach Wertgenerierern und Wertvernichtern entsteht ein Konflikt. Auf der einen Seite ist mit der Diversifikation die Kompensation von Erfolgen und Misserfolgen zwecks Risikominimierung möglich und beabsichtigt. Auf der anderen Seite sollen aber nur die erfolgreichsten Segmente weiter geführt werden. Eine Entscheidung zur Trennung von einem Wertvernichter oder zur Förderung eines Wertgenerierers hat daher sicherlich noch weitere Aspekte als das in den vergangen Perioden erzielte Ergebnis zu berücksichtigen, die der unternehmensexternen Seite zumindest anhand des Jahresabschlusses kaum zur Verfügung stehen.[408] In jedem Fall aber kann der Analyst mittels der Segmentberichterstattung Auffälligkeiten feststellen und die primären Erfolgsquellen bestimmen.

---

[405] Vgl. auch Mujkanovic, R. (2000), S. 123.

[406] Vgl. Beiersdorf Geschäftsbericht 2001, S. 66.

[407] Zur Schätzung von Kapitalkosten vgl. Botosan, C. A. (1997), S. 323. Sie sollen nicht weiter behandelt werden. Vgl. im Detail dazu Ballwieser, W. (2002a).

[408] Beispielsweise sind Synergieeffekte unter den Segmenten zu beachten. Darüber hinaus kann die Aufbrechung von Konzernstrukturen durch Ausgliederung von Unternehmensbereichen zu erheblichen Schwierigkeiten führen.

Im Fall Beiersdorf muss beispielsweise hinterfragt werden, inwiefern die Restrukturierungsaufwendungen für Tesa im Jahr 1997 noch positive Erfolgsaussichten erhoffen lassen, so dass eine Kapitalkosten deckende Rendite erwirtschaftet werden kann.[409]

Seit Jahren existieren Übernahmegerüchte um Beiersdorf. Seit Sommer 2002 bemüht sich insbesondere die amerikanische Konsumgüterkette *Procter & Gamble* um die Übernahme von Beiersdorf. Sollte es zu dieser Übernahme kommen, befürchten Analysten, dass es zu einer Zerschlagung des Konzerns, mindestens zum Verkauf von Tesa kommen würde, da die Kapitalkosten seit Jahren nicht erwirtschaftet werden können. Eine solche Entscheidung wäre auf das Kapitalkostenkonzept zurückzuführen.

Neben diesem Kapitalkostendeckungsprinzip sollte sich die allgemeine Betrachtung der Segmente auf die Umsätze und die Investitionen erstrecken. So können Auffälligkeiten bei gegenläufigen Umsatz- und Ergebnisentwicklungen für die spätere Detailanalyse festgehalten werden. Der Investitionsumfang zeigt eine erste Tendenz, in welchen Bereichen das Unternehmen intensive Anstrengungen unternimmt und welche Bereiche aus Sicht des Managements (weniger) zukunftsträchtig sind. Dabei sind Investitionsschübe zu beachten. Das Segmentvermögen und seine Zugänge liefern zugleich Anhaltspunkte über die Größe und damit erste Eindrücke über die Bedeutung der Segmente im Gesamtunternehmen.

Im Schrifttum enden die meisten Ausführungen zur Segmentberichterstattung mit der Darstellung des Instrumentariums und der bis hierher geschilderten Globalanalyse.[410] Mit Ausnahme des Kapitalkostendeckungsprinzips wird an keiner Stelle die Segmentberichterstattung zur strategischen Unternehmensanalyse herangezogen. In nur wenigen Beiträgen werden mögliche Kennzahlen zur Analyse diskutiert.[411] Sofern dies dennoch geschieht, wird die Datenbasis zur Kennzahlenberechnung kaum erläutert. Gerade in der Datenbasis verbergen sich aber Gestaltungsmöglichkeiten, die bei der Interpretation der Kennzahlen hinterfragt werden müssen.

409 Vgl. Beiersdorf Geschäftsbericht 1998, S. 31 u. S. 35.

410 Vgl. bspw. Hahn, K. (2000); vgl. Husmann, R. (1997).

411 Vgl. bspw. Coenenberg, A. G. (2001);vgl. Kirsch, H. (2001).

3.2 Analyseüberlegungen unter dem Aspekt der strategischen Unternehmensführung

Der Jahresabschluss bildet die unternehmerischen Tätigkeiten der Vermögens-, Finanz- und Ertragsvorgänge einer Unternehmung ab. In der Rechnungslegung und unter den Bilanzanalysten wird unter der Analyse der Vermögens-, Finanz- und Ertragslage die Untersuchung der wirtschaftlichen Lage verstanden.[412] Das Zahlenmaterial wird für Zwecke der Bilanzanalyse aufbereitet, vergangenheitsorientierte Zeitreihen werden in die Zukunft fortgeschrieben und anhand von Entwicklungs-, Unternehmens- / Branchen- und Soll-Ist-Vergleichen interpretiert. Auf diese Weise soll eine Prognose über die zukünftige Wirtschaftslage des Unternehmens getroffen werden.[413]

Die Analyse des Jahresabschlusses beschreibt jedoch die wirtschaftliche Lage eines Unternehmens unvollständig. Zwar können mit der Jahresabschlussanalyse Auffälligkeiten festgemacht werden, die Prognose der Zukunft ist allerdings mit erheblicher Unsicherheit behaftet. Die zukünftige wirtschaftliche Lage eines Unternehmens ist vom langfristigen Erfolgspotenzial abhängig, das allein mit der Analyse der vergangenen Wirtschaftslage zu keinem zufrieden stellenden Ergebnis gelangt.[414] Insbesondere die strategische Unternehmensausrichtung und die Umwelt, in der sich das Unternehmen befindet, haben maßgeblichen Einfluss auf die künftigen Unternehmensergebnisse.[415]

Die Analyse der Unternehmensstrategie bildet die eigentliche Basis für die Interpretation der Zahlen aus dem externen Rechnungswesen und der anschließenden Zukunftsprognose.[416] Bisher stand die Strategieanalyse als ein gesonderter Bereich neben der Bilanzanalyse. Zusammenhänge wurden im Schrifttum wenig aufgezeigt.[417] Im Folgenden soll dargelegt werden, wie die Informationen der Segmentberichterstattung dem externen Jahresabschlussleser helfen können, Strategieanalysen in seine Untersuchung mit einzubeziehen. Somit werden Jahresabschlussanalyse und Strategieanalyse teilweise zusammengeführt, um zu

[412] Vgl. Behr, G. (2002a), S. 456.

[413] Vgl. Arbeitskreis „Externe Unternehmensrechnung" der Schmalenbach-Gesellschaft (1996), S. 1989.

[414] Vgl. Choi, F. D. S. / Frost, C. A. / Meek, G. K. (1999), S. 291.

[415] Vgl. Welge, M. K. / Al-Laham, A. (2000), S. 334.

[416] Vgl. Hail, L. (2001), S. 795.

[417] Vgl. bspw. Hail, L. (2001); vgl. Wohlgemuth, F. / Ranker, D. / Zwirner, C. (2001).

einem verlässlicheren Urteil über die zukünftige Entwicklung eines Unternehmens zu gelangen.

Für den Begriff „**Strategie**" wurden im Laufe der Zeit zahlreiche Definitionen hervorgebracht.[418] Hier soll unter Strategie allgemein ein Aktionsplan verstanden werden, der sich mit gegenwärtigen und zukünftigen Entwicklungen im Umfeld einer Unternehmung befasst und Entscheidungen über finanzielle und menschliche Ressourcen darstellt, um langfristige Ziele mit Erfolg zu erreichen.[419] Eine **Unternehmensstrategie** beschreibt folglich einen Weg, mit dessen Hilfe die Unternehmung ihre Aktivitäten auf verschiedenen Märkten konfiguriert und koordiniert, um Werte zu erzeugen.[420] Daher lautet die Kernaufgabe des strategischen Managements, bestehende Erfolgspotenziale zu erhalten und neue zu generieren. Ein Unternehmen, das diese Herausforderungen nicht meistern kann, gelangt über kurz oder lang in Liquiditäts- und Rentabilitätsschwierigkeiten. Möglicherweise endet dieses sogar in einem Ausscheiden aus dem Wirtschaftsprozess.[421]

Aufgabe strategisch geführter Unternehmen ist zunächst, das Unternehmen auf strategische Erfolgspotenziale hin zu untersuchen. Die Analyse liefert Einblicke in die ökonomischen Gesetzmäßigkeiten einer Branche, identifiziert die kritischen Erfolgsfaktoren inklusive der damit verbundenen Chancen und Risiken und listet die unternehmensspezifischen Stärken und Schwächen auf.[422] Anschließend ist das Ergebnis der Analyse in einer Unternehmensstrategie zu formulieren und im Unternehmen zu implementieren. Die Erfolgskontrolle schließt den Strategieprozess ab.[423]

Das strategische Management führt Umwelt- und Unternehmensanalysen durch, um das zukünftige Erfolgspotenzial mit Hilfe ausgewählter Unternehmensstrategien aktiv beeinflussen zu können. Unternehmensexterne hingegen führen Unternehmensstrategieanalysen[424] durch, um etwas über die strategische Ausrich-

[418] Vgl. bspw. Kreis, R. (1993), S. 261.

[419] Vgl. eine ähnliche Definition bei Welge, M. K. / Al-Laham, A. (2000), S. 335.

[420] Vgl. Welge, M. K. / Al-Laham, A. (2000), S. 334.

[421] Vgl. Hail, L. (2001), S. 796.

[422] Vgl. Hail, L. (2001), S. 796.

[423] Vgl. Welge, M. K. / Al-Laham, A. (2000), S. 354.

[424] Im Folgenden werden unter der Unternehmensstrategieanalyse die Umwelt- und Unternehmensanalyse zusammengefasst.

tung zu erfahren. Offensichtlich ist, dass die vergangene Geschäftsentwicklung – insbesondere die Erfolgsentwicklung – nicht ohne weiteres in die Zukunft fortgeschrieben werden kann, ohne das zukünftige Erfolgspotenzial, das von der Unternehmensstrategie abhängt, zu berücksichtigen. Beispielsweise sind aus Ertragssteigerungen vergangener Jahre keine konstanten Wachstumsraten zu unterstellen, wenn das Unternehmen bisher eine Monopolstellung genossen hat und plötzlich weitere Wettbewerber auf den Markt treten. Folglich sind mit der Einbettung der Jahresabschlussanalyse in den strategischen Kontext präzisere Aussagen möglich.[425] Mit Abbildung 18 folgt eine Skizierung relevanter Unternehmensstrategien und -analysen.

Die **Umweltanalyse** identifiziert die Chancen und Risiken eines Unternehmens. Dabei sind gesetzliche, ökonomische[426], technologische[427], soziokulturelle[428] sowie ökologische[429] Bedingungen zu untersuchen.[430] Da der Erfolg einer Unternehmung insbesondere von der Attraktivität der Branche abhängt, in der es tätig ist, bildet die Branchenanalyse einen sehr wichtigen Bereich.[431]

Um die strukturellen Merkmale einer Branche erfassen zu können, bietet sich die systematische Analyse der wichtigsten Wettbewerbskräfte an, denen ein Unternehmen ausgesetzt ist. Instrumentarium dazu verschafft die **Branchenanalyse nach PORTER**. Ziel dieser Analyse ist die Erkenntnis, wie die Branchenstruktur den Wettbewerb beeinflusst, der letztendlich das Ausmaß der Branchenrentabilität bestimmt. Veränderungen in der Branchenstruktur geben Anhaltspunkte über zukünftige Rentabilitätsveränderungen. Dazu stellt PORTER die Rivalität der Unternehmen einer Branche ins Zentrum seiner Betrachtung. Diese drückt sich aus in der Anzahl der Mitbewerber, dem Branchenwachstum, dem Differenzierungsgrad der Unternehmen oder der Höhe der Marktaustrittsbarrieren.[432,433]

---

[425] Vgl. Hail, L. (2001), S. 796.

[426] Bspw. Konjunkturlage, Zinsniveau, Arbeitslosigkeit oder Inflation insbesondere in der entsprechenden Branche.

[427] Bspw. Produkt- und Prozessinnovationen, Informationstechnologie, Telekommunikation oder Biotechnologie.

[428] Bspw. Politik, Wertewandel, kulturelle Trends oder Konsumverhalten.

[429] Bspw. Rohstoffgewinnung und -verbrauch oder Abfallentsorgung und -vermeidung.

[430] Vgl. Welge, M. K. / Al-Laham, A. (2000), S. 334.

[431] Vgl. Hax, A. C. / Majluf, N. S. (1991), S. 280.

[432] Vgl. Porter, M. E. (1989), S. 26; vgl. Porter, M. E. (1992), S. 26.

Abbildung 18: Unternehmensstrategien und -analysen

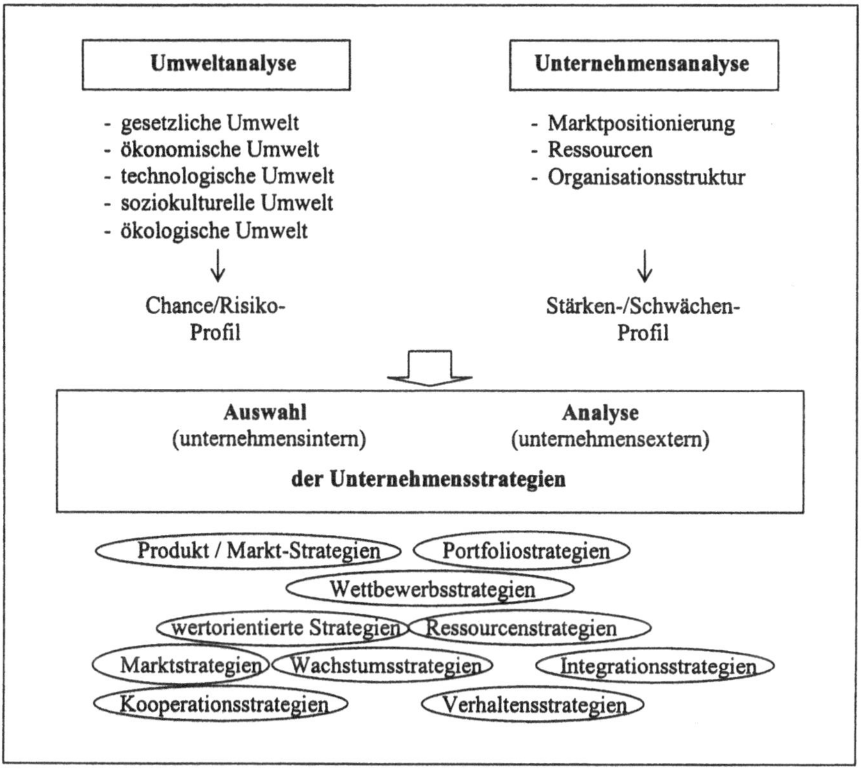

Den Wettbewerb der Branche bestimmen vier weitere Einflussfaktoren: Bedrohung durch neue Konkurrenten und Ersatzprodukte sowie die Verhandlungsmacht der Abnehmer und Lieferanten. Die Gefahr durch neue Konkurrenten ist besonders hoch, wenn wenige Markteintrittsbarrieren existieren. Darunter fallen beispielsweise staatliche Regulierungen, Kapitalbedarf oder Brandloyalität. Die Gefahr durch Ersatzprodukte ist besonders hoch, wenn die Leistungen anderer Unternehmen identische Funktionalitäten aufweisen, das Preis-/Leistungs-Verhältnis der Substitute günstig ausfällt und die Bereitschaft der Kunden vorhanden ist, sich auf andere Produkte umzustellen. Die Verhandlungsmacht der Abnehmer ist tendenziell höher, je größer der Anteil eines Abnehmers oder einer Abnehmergruppe am Gesamtumsatz des Verkäufers ist, je standardisierter die Produkte und je geringer ihre Umstellungskosten sind oder je glaubwürdiger sie

[433] Marktaustrittsbarrieren sind Faktoren, die ein Unternehmen veranlassen, in der Branche zu verbleiben. Dies könnte beispielsweise bei branchenspezifisch erfolgten Investitionen oder hohen Forschungsausgaben der Fall sein. Vgl. im Detail Porter, M. E. (1992), S. 46.

mit Rückwärtsintegration[434] drohen können. Die Verhandlungsmacht der Lieferanten ist umso höher, je weniger Lieferanten existieren, je wichtiger und differenzierter ihre Produkte als Inputfaktor sind und je glaubwürdiger sie mit Vorwärtsintegration[435] drohen können.[436]

Die **Unternehmensanalyse** ermittelt die Stärken und Schwächen eines Unternehmens. Diese können in der Marktpositionierung, den Ressourcen[437], der Unternehmenskultur[438] oder der Organisationsstruktur[439] liegen. Insbesondere die Markpositionierung ist von besonderer Bedeutung. Die Produktpalette und Sortimentsgestaltung, das Preis-/Leistungsverhältnis und die Profilierung am Markt sowie die Konjunkturabhängigkeit liefern entscheidende Erkenntnisse für ein Stärken-/Schwächen-Profil.[440]

Nachdem mittels der Umweltanalyse ein Chance-/Risiko-Profil und anhand der Unternehmensanalyse ein Stärken-/Schwächen-Profil erstellt wurde, wählt das Management eine geeignete Strategie oder eine Kombination aus mehreren Strategien aus, die auf die Chancen und Stärken des Unternehmens aufbauen.[441] Der Analyst versucht, die vom Unternehmen befolgten Strategien zu identifizieren und sie mit seinem Chance-/Risiko- und seinem Stärken-/Schwächen-Profil abzugleichen. Im Laufe der Zeit haben sich zahlreiche **Strategiekonzepte** herausgebildet. Im Folgenden seien die wesentlichen Konzepte, für die die Segmentberichterstattung Informationen liefern kann, kurz beschrieben.

Die **Produkt-/Markt-Strategien** von ANSOFF stellen die Produkte und Märkte eines Unternehmens in einen sinnvollen Zusammenhang. Unterschieden werden

---

434 Rückwärtsintegration führt das Unternehmen näher an seine Lieferanten; vgl. Hax, A. C. / Majluf, N. S. (1991), S. 259; vgl. Porter, M. E. (1989), 85.

435 Vorwärtsintegration führt das Unternehmen näher an seine Abnehmer; vgl. Hax, A. C. / Majluf, N. S. (1991), S. 259; vgl. Porter, M. E. (1989), 85.

436 Vgl. Schreyögg, G. (1984), S. 110.

437 Bspw. Qualifikation des Managements und der Mitarbeiter, Technologie oder Innovationskraft sowie Finanzkraft.

438 Bspw. Kundenbetreuung und Servicequalität, Marktauftritt und Kommunikation, Personalpolitik und Führungsstil oder Sozial- und Umweltkompetenz.

439 Bspw. Aufbau- und Ablauforganisation, Flächenabdeckung oder Standorte.

440 Vgl. Welge, M. K. / Al-Laham, A. (2000), S. 334.

441 Vgl. Gabler Wirtschaftslexikon (1993), Strategisches Management und Unternehmensführung.

die Marktdurchdringung, Marktentwicklung, Produktentwicklung und Diversifikation. Bei der Marktdurchdringung werden die Anstrengungen mit einem bestehenden Produkt auf einem bestehenden Markt intensiviert. Bei der Marktentwicklung tritt ein Unternehmen mit einem bestehenden Produkt auf einen neuen Markt, bei der Produktentwicklung mit einem neuen Produkt auf einen bestehenden Markt. Bei der Diversifikation werden neue Produkte in neuen Märkten eingeführt.[442]

Die **Portfoliostrategie** der BOSTON CONSULTING GROUP positioniert Produkte beziehungsweise Geschäftsbereiche in strategische Geschäftsfelder abhängig vom Marktanteil und Marktwachstum. Die strategischen Geschäftsfelder geben Empfehlungen für das Investitionsverhalten des jeweiligen Produktes. „Stars" sollten von weiteren Investitionen begleitet werden, da langfristig *Netto-Cashflows* erwartet werden. „Cash Cows" hingegen zielen auf eine Abschöpfung hin. Bei „Dogs" sollte desinvestiert werden, da die *Netto-Cashflows* bereits negativ sind. Bei „Questionmarks" ist keine eindeutige Aussage möglich. Sie entwickeln sich entweder zu einem „Star" oder sollten von vornherein abgebaut werden. Das Unternehmensziel liegt in einem ausgeglichenen Portfolio.[443]

Die **Wettbewerbsstrategien** zeigen Wege auf, wie Unternehmen sich gegenüber dem Wettbewerb Marktvorteile verschaffen können. Nach PORTER kann dies zum einen über die Kostenführerschaft geschehen, indem ein Unternehmen kostengünstiger arbeitet als die Konkurrenz. Zum anderen können sich Unternehmen auch über Produktdifferenzierungen von anderen Unternehmen abheben, die einen höheren Preis rechtfertigen. Die Anstrebung eines Kostenminimums ist dabei kein primäres Ziel. Schließlich können sich Unternehmen auch auf einzelne Schwerpunkte eines bestimmten Marktsegments konzentrieren, wobei der Wettbewerbsvorteil sowohl über die Kostenführerschaft als auch über die Differenzierung erreicht werden kann.[444]

Neben diesen Konzepten existieren noch die **wertorientierten Strategien**. Sie wurden bereits im Rahmen der allgemeinen Analyseüberlegungen zur Segmentberichterstattung erläutert.[445] Ressourcenorientierte Strategien[446], Konzepte im

---

[442] Vgl. Ansoff, H. I. (1979); vgl. Staehle, W. H. (1994), S. 625.

[443] Vgl. Staehle, W. H. (1994), S. 616; vgl. Welge, M. K. / Al-Laham, A. (2000), S. 339.

[444] Vgl. Welge, M. K. / Al-Laham, A. (2000), S. 347; vgl. Staehle, W. H. (1994), S. 629.

[445] Vgl. Kap. I 3.1.

[446] Ausprägungen hinsichtlich der Konzentration auf Kernkompetenzen.

Hinblick auf die Marktbreite[447], das Wachstum[448], die Integration[449] und Kooperation[450] sowie auf das Verhalten gegenüber der Konkurrenz[451] werden in dieser Arbeit nicht ausführlicher behandelt.[452]

Die strategische Analyse soll anhand eines Beispiels nachvollzogen werden, damit deutlich wird, an welchen Stellen die Informationen der Segmentberichterstattung die Überlegungen ergänzen können.

Die strategische Umwelt- und Unternehmensanalyse lassen sich besonders gut bei Beiersdorf nachvollziehen. Bei diesem Unternehmen liegen für die Jahre 1999-2001 erfreuliche Ertragsentwicklungen vor. Dieses drückt sich in einem Anstieg des Ergebnisses vor Zinsen und Steuern von 339 Mio. € auf 466 Mio. € aus. Dies entspricht jeweils einer jährlichen Wachstumsrate von 14,7% und 19,8%. Möglich wurde der Ergebnisanstieg durch das Umsatzwachstum von 3.638 Mio. € auf 4.542 Mio. €. Die entsprechenden Wachstumsraten betragen 13,1% und 10,3%. Das Erfolg tragende Segment bildet der Kosmetikbereich. Im Vergleich zu den anderen Segmenten hat sich dieser Bereich überdurchschnittlich gut entwickelt. Das Ergebnis vor Zinsen und Steuern wuchs von 272 Mio. € auf 385 Mio. €. Das entspricht jährlichen Wachstumsraten von 20,2% und 17,7%. Der Umsatz stieg von 2.242 Mio. € auf 2.955 Mio. € mit entsprechenden Zuwächsen von 15,5% und 14,1%.[453] Fraglich ist nun, ob diese überaus positive Ergebnisentwicklung aufrechterhalten werden kann und ob die durch die Segmentberichterstattung erkennbare Konzentration auf den Kosmetikbereich in Zukunft für weiteres Wachstum sorgen kann.

Im Kosmetikbereich vertreibt Beiersdorf überwiegend Produkte der Marke Nivea, die im niedrigen Preissegment angesiedelt sind. Die Umweltanalyse bezüglich der Branche liefert folgendes Bild: Die Rivalität unter den Anbietern der Kosmetikbranche ist sehr hoch, da eine große Anzahl Wettbewerber bei gleichzeitig geringer Diversifizierung der Produkte existiert. Die Bedrohung durch neue Konkurrenten ist jedoch gering, da hohe

[447] Ausprägung: Konzentration und Ausweitung.

[448] Ausprägung: expandieren, halten, konsolidieren und kontraktieren.

[449] Ausprägung: Vorwärts-, Rückwärts- und Seitwärtsintegration.

[450] Ausprägung: Akquisition, Beteiligung, Kooperation und Unabhängigkeit.

[451] Ausprägung: aggressiv, neutral und defensiv.

[452] Vgl. im Einzelnen Hail, L. (2001), S. 800.

[453] Vgl. Beiersdorf Geschäftsberichte 1999-2001.

Markteintrittsbarrieren aufgrund der teuren Kosmetikentwicklung existieren. Steigende Forschungs- und Entwicklungskosten dokumentieren dies.[454] Dementsprechend sind auch die Marktaustrittsbarrieren hoch, was den Verdrängungswettbewerb stört. Nachteilig ist zu verzeichnen, dass die Umstellungskosten der Verbraucher auf eine andere Marke gering sind. Die Verhandlungsmacht der Abnehmer dürfte eher niedrig liegen, da es sich bei Nivea-Produkten um Massenartikel handelt, die nahezu in allen Drogerieabteilungen vertreten sind. Von Beiersdorf selbst wird der Wettbewerb in der Branche als ein hart umkämpfter Markt dargestellt.[455] Derzeit müht sich aber kein anderes Unternehmen mit einem so aggressiven Marktauftreten wie Beiersdorf.

Die Unternehmensanalyse zeigt folgendes: Mit der Ansiedlung der Nivea-Produkte im preisgünstigen Segment wird eine Zielgruppe angesprochen, die Wert auf Körperpflege legt, das Bestreben nach Markenartikeln hat, sich aber teure Luxusartikel nicht leisten kann und deshalb auf der Suche nach preisgünstigen Produkten ist. Durch eine massive Werbekampagne in den Medien wird das Markenimage von Nivea aufgebaut und so die Vorstellung ausgelöst, es handle sich bei Nivea um ein hochwertiges Markenprodukt. Der Wertewandel hin zur intensiveren Körperpflege trifft besonders auch auf Männer zu, so dass Beiersdorf insbesondere das Geschäft der Nivea-for-man–Produkte intensiviert. Aufgrund des breiten Sortiments von Nivea-Produkten, des günstigen Preis/Leistungsverhältnisses und des daraus wenig konjunkturanfälligen Segmentes weist Beiersdorf enorme Stärken in der Marktpositionierung auf.[456]

Strategisch erfolgreich geführte Unternehmen zeichnen sich dadurch aus, dass sie auf ihre Chancen und Stärken aufbauen. Mit der Marktpositionierung der Nivea-Produkte verfolgt Beiersdorf sämtliche Produkt/Marktstrategien. Bestehende Nivea-Produkte werden im Markt gefördert – auch erkennbar an der Durchdringung internationaler Märkte –, neue Produkte hinzugenommen und neue Märkte durch die Nivea-for-man-Linie erschlossen. Dieses drückt sich nicht nur in der Absichtserklärung der Unterneh-

[454] Vgl. Beiersdorf Geschäftsbericht 2001, S. 66.

[455] Vgl. Beiersdorf Geschäftsbericht 2001, S. 42.

[456] Zur Konjunkturunabhängigkeit vgl. auch Beiersdorf Geschäftsbericht 2001, S. 40.

[457] Vgl. Beiersdorf Geschäftsbericht 2001, S. 43.

[458] Vgl. Adidas-Salomon Geschäftsbericht 2001, S. 90.

[459] Vgl. Lufthansa Geschäftsbericht 2001, S. 120.

[460] Vgl. Henkel Geschäftsbericht 2001, S. 42.

[461] Vgl. auch die Presseerklärung des Vorstandes von TUI am 22.01.2003. Einzusehen unter http://www.tui.com/de/pressemedien/pressemeldungen/2003/pm20030122_1_zahlen_d.html (Stand 31.01.2003).

mensleitung aus,[457] sondern lässt sich auch an den Wachstumszahlen vergangener Jahre nachvollziehen.

Die Bedeutung des Kosmetik-Segments gemessen sowohl am Umsatz und Ergebnis sowie Vermögen im Vergleich zum Segment „medical" und „Tesa" lässt eine eindeutige Konzentration auf diesen Bereich erkennen. Häufig ist bei Unternehmen anhand der ressourcenorientierten Strategie festzustellen, dass sich Unternehmen insbesondere auf ein Segment – in der Regel deren Kernkompetenz – konzentrieren. Dieses ist auch bei Adidas-Salomon zu erkennen. Während „Salomon" und „Taylormade Adidas Golf" im Vergleich geringere Bedeutung haben, bildet „Adidas" das Hauptsegment.[458] Noch deutlicher fällt die Gewichtung eines Segments bei Lufthansa auf. Der Bereich „Passage" – Passagier-Linienluftverkehr – ist das Hauptsegment, während „Logistik" – Fracht-Linienluftverkehr –, „Technik", „Touristik", „Catering", „IT-Services" und „Finanzgesellschaften" Nebenbereiche darstellen.[459] Im Hinblick auf ein ausgeglichenes Portfolio und folglich ausgeglichene Chance/Risiko-Struktur ist bei Henkel keine Konzentration festzustellen. Vier Segmente in den Bereichen „Reinigungsmittel", „Körperpflege", „Klebstoffe" und „Technologies" sind relativ gleichbedeutend.[460]

Die Konzentration auf nur ein Segment kann sich auf die wirtschaftliche Lage des gesamten Unternehmens negativ auswirken, wenn die negativen Entwicklungen dieses Segments nicht mehr durch andere Bereiche aufgefangen werden können, weil sie schlicht zu klein sind. Der beispielsweise in den letzten Jahren umstrukturierte Stahl erzeugende Preussag-Konzern zum weltgrößten Touristik-Konzern TUI hat zur Folge, dass das am wichtigsten gewordene Reisesegment derzeit die gesamte wirtschaftliche Lage des Unternehmens belastet, da die Konjunkturschwäche und hinzukommend die Auswirkungen des 11. Septembers die Reiselust bremsen.[461]

Wie gezeigt gibt es vielfältige Einflussfaktoren, die den Erfolg eines Unternehmensbereiches bestimmen. Im Falle Beiersdorf scheint die Konzentration und Ausdehnung des Kosmetikbereiches viel versprechend und sinnvoll zu sein, da sie kaum Risiken birgt. Im Folgenden soll gezeigt werden, welche (Kenn)zahlen der Segmentberichterstattung teilweise die angesprochenen strategischen Ausrichtungen eines Unternehmens erkennen und deren zurückliegende Erfolge bestimmen lassen, um zukünftige Erfolgsentwicklungen verlässlicher zu prognostizieren.

3.3 Kennzahlengestütze Analyse

3.3.1 Kategorisierung des Kennzahlenmaterials

Die Analyse der Segmentdaten einschließlich der Kennzahlenberechnung ist aus mehreren Gründen sinnvoll. Sie dokumentieren das vergangene Geschäftsjahr unter vermögens-, finanz- und ertragswirtschaftlichen Gesichtspunkten. Damit bietet sich für den Analysten die Möglichkeit zur Erfolgskontrolle auf Segmentebene. Die Erfolgskontrolle erstreckt sich dabei auch auf die Beurteilung strategischer Ausrichtungen. Werden beispielsweise deutliche Umsatzanstiege oder Investitionen in einem Segment festgestellt, kann mit der Entwicklung des Segmentergebnisses beobachtet werden, inwiefern die angewandte Wachstumsstrategie bereits erfolgreich war.

Im Rahmen der Analyse der Segmentberichterstattung ist eine ganze Reihe von Kennzahlenberechnungen denkbar. Wie schon bei der Kapitalflussrechnung soll die Kategorisierung der Kennzahlen an der Zielsetzung der Segmentberichterstattung ausgerichtet werden.

Direkt aus der Zielsetzung des IAS 14 leiten sich die Beurteilung der Segmentertragskraft einschließlich ihrer Risiken und Chancen ab. Damit soll ein verlässlicheres Urteil über die gesamte Unternehmenssituation ermöglicht werden. Die Möglichkeit zur Beurteilung der Vermögens- und Finanzlage ist ein weiteres Ziel. Die Analyse des Segmentwertbeitrages kann auch im Zusammenhang mit der Ertragslage behandelt werden. Da der Wertberichterstattung eine besondere Bedeutung zukommt, wird sie in einem separaten Teil behandelt.[462]

[462] Zur Zielsetzung der Segmentberichterstattung vgl. IAS 14 Zielsetzung.

Abbildung 19: Kategorisierung der segmentbezogenen Kennzahlen

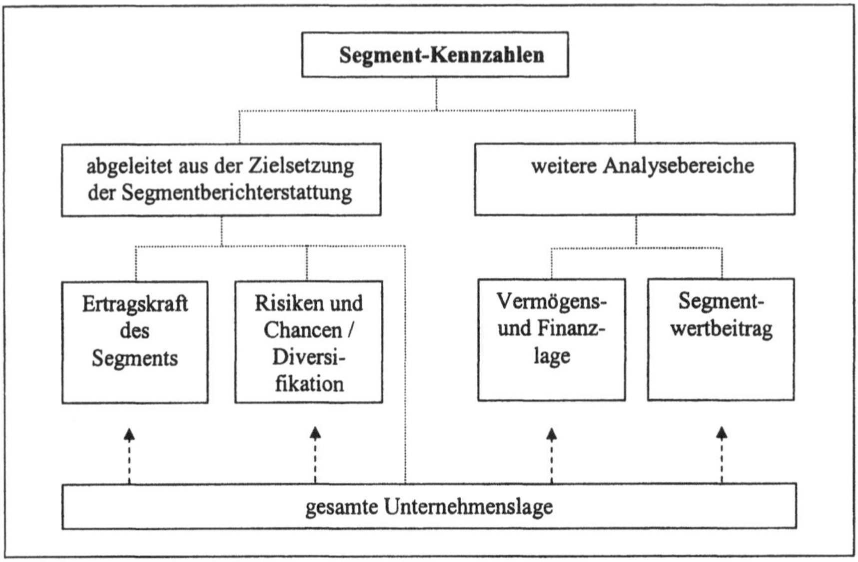

3.3.2 Beurteilung der Segmentertragslage

3.3.2.1 Segmentergebnis und Segmentrentabilität

Das **Segmentergebnis** ist definiert als Differenz von Segmenterlösen und Segmentaufwendungen.[463] In den Segmenterlösen sind sämtliche Erträge des Unternehmens erfasst, die dem jeweiligen Segment direkt und indirekt über einen Verteilungsschlüssel zugeordnet werden können. Zu den Erträgen zählen zweifelsohne die Segmentumsätze, die den größten Teil ausmachen. Darüber hinaus zählen zu den Segmenterträgen aber auch Teile der sonstigen betrieblichen Erträge, sofern sie nicht direkt vom IAS 14 ausgeschlossen sind.[464] Dieses gilt für außerordentliche Erträge und Aufwendungen, Zinsen, Dividenden und realisier-

[463] Vgl. IAS 14 Par. 16.

[464] Haller, A. (2002), Tz. 101.

te Kursgewinne/-verluste sowie Ertragsteuern.[465] Insofern sind die Segmenterlöse nicht mit Segmentumsätzen gleichzusetzen.[466]

Gemäß dem bereits geschilderten (milden) Disaggregationsansatz[467] beinhalten die Segmenterlöse und Segmentaufwendungen auch die Komponenten aus dem zwischenbetrieblichen Leistungstransfer. Dazu zählen beispielsweise die Umsatzerlöse mit anderen Segmenten und die durch die Geschäftstätigkeit mit anderen Segmenten verbundenen Aufwendungen. Dadurch ist die Beurteilung der Segmentleistungsfähigkeit eher möglich, als wenn solche Tätigkeiten nicht berücksichtigt würden. Vorraussetzung ist jedoch, dass die Leistungstransfers nach marktüblichen Bedingungen verrechnet werden. Viele Unternehmen geben an, dass sie die *dealing at market length-Methode* anwenden.[468] Bei dieser Methode werden die Leistungen in der Weise verrechnet, als würden sie für fremde Marktteilnehmer erbracht. Damit wird unterstellt, dass die Segmente unter gleichen Wettbewerbsbedingungen wie fremde Unternehmen agieren.[469]

Da Unternehmen gerade im Hinblick auf innerbetriebliche Leistungstransfers nahezu willkürliche Gestaltungsspielräume haben, die nur begrenzt sind, wenn die *dealing at market length-Methode* tatsächlich zum Zuge kommt, ist der Analyst auf die Zuverlässigkeit der Berichterstattung und auf das Testat des Wirtschaftsprüfers angewiesen. Hinzu kommt, dass die Beurteilung der Leistungsfähigkeit und damit die Vergleichbarkeit beeinträchtigt wird, wenn das Ausmaß der nicht eindeutig einem Segment zurechenbaren Positionen hoch ist. Das kann beispielsweise bei Verwaltungskosten der Fall sein.

Das Segmentergebnis bildet die Basis zur Beurteilung der Segmentertragslage. Da die Segmenterlöse und Segmentaufwendungen vor dem außerordentlichen

---

[465] Vgl. IAS 14 Par. 16.

[466] In der Bilanzierungspraxis ist allerdings zu beobachten, dass Unternehmen unter den Segmenterträgen in der Regel nur die Segmentumsätze zeigen, so dass die Unterschiede zwischen Segmentumsätzen und ausgewiesenen Segmenterträgen keinen Unterschied ergeben. Ursache dafür ist, dass Segmenterträge den gleichen Abgrenzungskriterien genügen müssen wie die „revenues" in der *Gewinn- und Verlustrechnung*; vgl. Haller, A. (2002), Tz. 101.

[467] Vgl. Kap. I 2.2.1.

[468] Vgl. bspw. Bayer Finanzbericht 2001, S. 23; vgl. Schering Geschäftsbericht 2001, S. 113.

[469] Vgl. Currle, M. / Lutz, B. (2000), S. 265.

Ergebnis, dem Finanzergebnis sowie Ertragsteuern auszuweisen sind,[470] ist das Segmentergebnis ebenfalls eine Differenz vor diesen Posten. Damit entspricht das Segmentergebnis dem Betriebsergebnis auf Segmentebene. Häufig wird dieses Betriebsergebnis *Earnings before Interest and Taxes* (EBIT) bezeichnet. Da die Begriffe Betriebsergebnis, EBIT und auch *operatives Ergebnis* im Schrifttum keine einheitlich definierten Größen sind und in Geschäftsberichten unterschiedliche Verwendung finden, soll eine kurze Erläuterung dieser Zahlen erfolgen.

Das **Betriebsergebnis** ist wie oben beschrieben eine Ergebnisgröße vor Steuern, außerordentlichen Erträgen und Aufwendungen sowie Finanzerfolgen. Es soll zum Ausdruck bringen, wie viel das Unternehmen im Kernbereich seiner Tätigkeit erwirtschaftet hat. Dabei stören außerordentliche und steuerliche Einflüsse. Der Finanzerfolg hat nichts mit der eigentlichen Geschäftstätigkeit zu tun und ist ebenfalls herausgerechnet.[471] Für den Analytiker ist darüber hinaus von Interesse, welches Ergebnis das Unternehmen nachhaltig im Kernbereich erwirtschaften kann und eliminiert aus dem Betriebsergebnis deshalb weitere Erfolgskomponenten, die seiner Interpretation nach weder regelmäßig sind noch durch die Kerntätigkeit hervorgerufen werden. Dieses bereinigte Ergebnis stellt das ***ordentliche Betriebsergebnis*** dar.[472] Häufig wird es auch als ***operatives Ergebnis*** bezeichnet.[473]

Zwischen dem Betriebsergebnis einerseits und dem *operativen Ergebnis* andererseits steht das **EBIT**. Der Übersetzung nach ist es das Ergebnis vor Zinsen und Steuern. Unklar ist jedoch, ob es ein Ergebnis nur vor Zinsaufwendungen ist, ob die Zinserträge mit eingeschlossen sind oder ob sogar das gesamte Finanzergebnis einschließlich der Beteiligungserfolge herausgerechnet werden muss. Einige Interpretationen gehen soweit, dass die „Earnings“ nicht mit „Ergebnis“ sondern mit „Betriebsergebnis“ übersetzt werden und folglich auch das außerordentliche Ergebnis ausklammern.[474] Sodann stellt sich die Frage, ob nur die in der *Gewinn- und Verlustrechnung* anzugebenden außerordentlichen Pos-

[470] Die Segmentaufwendungen sind nicht verpflichtend anzugeben, können aber durch einfache Differenzbildung der Segmenterlöse und des Segmentergebnisses ermittelt werden.

[471] Vgl. Coenenberg, A. G. (2000), S. 434.

[472] Vgl. Coenenberg, A. G. (2000), S. 980.

[473] Vgl. Gräfer. H. (2001), S. 53. Im Folgenden wird die Bezeichnung *operatives Ergebnis* gewählt, um Verwechselungen von Betriebsergebnis und *ordentlichem Betriebsergebnis* zu vermeiden.

[474] Vgl. bspw. Beiersdorf Geschäftsbericht 2001, S. 62.

ten herausgerechnet werden müssen oder ob noch weitere betriebsfremde und unregelmäßige Erträge und Aufwendungen berücksichtigt werden sollen. Das käme der Definition des *operativen Ergebnisses* gleich.

In letzter Zeit sind neben dem EBIT auch die Kennzahlen ***Earnings Before Interest Taxes and Amortization*** (EBITA) und ***Earnings Before Interest Taxes Depreciation and Amortization*** (EBITDA) populär geworden.[475] Hier liegt die Vorstellung zugrunde, dass häufig in den Abschreibungen bilanzpolitische und unternehmensindividuelle Auswirkungen versteckt sind, die sowohl den Entwicklungs- und Unternehmensvergleich stören.[476]

Abbildung 20: EBIT-Definitionen

Periodenergebnis		**Periodenergebnis**
+ EE-Steuern ± Finanzergebnis		+ EE-Steuern + Zinsaufwand = **EBIT** Definition 1 - Zinserträge = **EBIT** Definition 2 ± andere Finanz- und Verbunderfolge = **EBIT** Definition 3
± außerordentliches Ergebnis laut GuV		± außerordentliches Ergebnis laut GuV
= **Betriebsergebnis**		= **EBIT** Definition 4
± andere betriebsfremde und unregelmäßige Erfolge		± andere betriebsfremde und unregelmäßige Erfolge
= ***operatives Ergebnis***		= **EBIT** Definition 5

Es bleibt festzuhalten, dass die Terminologie nicht einheitlich gebraucht wird. Fraglich ist, welche Auslegung für den Jahresabschlussleser die informativste beziehungsweise für die jeweilige Fragestellung am besten geeignet ist. Die Vorteile der EBIT-Größen, die eng an den Jahresabschlusszahlen ausgelegt sind,

---

475 Vg. Casey, C. / Loistl, O. (2001), S. 62; vgl. Schindler, R. (2002), S. 771.

476 Sehr skeptisch im Bezug auf "normalisierte Gewinne" vgl. Boemle, M. (2001), S. 1197.

liegen in ihrer leichten Nachvollziehbarkeit und Kommunizierbarkeit, da Berechnungsschritte nicht erläuterungsbedürftig sind. Zusätzliche Informationen erhält der Analyst allerdings nicht, da sie eigenständig aus dem Jahresabschluss berechnet werden können. EBIT-Größen, die an der Idee des *operativen Ergebnisses* ausgerichtet sind, bieten für den Analysten den entscheidenden Vorteil, dass betriebsfremde und unregelmäßige Komponenten bereits bereinigt wurden. Jedoch ist die Berechnung ohne weitere Angaben extern nicht mehr nachvollziehbar. Nach Meinung des Verfassers sollte der zuletzt genannten Variante der Vorzug gegeben werden. Dies macht allerdings die Offenlegung der Rechenschritte erforderlich, damit das Ergebnis nicht willkürlich gestaltet werden kann. Ein standardisiertes EBIT in Anlehnung an das *operative Ergebnis* wäre nicht nur eine Arbeitserleichterung für den Analysten, sondern würde auch die oft unter sehr vagen Annahmen vorgenommenen Bereinigungen erübrigen.

Eine Standardisierung der Terminologie ist bisher nicht absehbar. Für die weitere Verwendung des Segmentergebnisses ist festzuhalten, dass es sich dabei um das Betriebsergebnis auf Segmentebene handelt.[477] EBIT-Größen werden aufgrund ihrer Begriffsvielfalt nicht weiter verwendet, um Missverständnisse zu vermeiden. Vielleicht kann mit dieser Arbeit der nötige Anstoß gegeben werden, das EBIT in der Rechnungslegung zu standardisieren.

Die Interpretation des Segmentergebnisses als absoluter Wert bietet nur geringen Informationsgehalt. Ein Anstieg ist ohne Zweifel als positives Zeichen zu werten. Ist das Unternehmensgesamtergebnis gestiegen, kann der Zuwachs in den Segmenten lokalisiert werden. Haben die Strategieanalysen die Fokussierung der Unternehmensleitung auf bestimmte Segmente ergeben, können die Anstiege der jeweiligen Segmentergebnisse als Erfolge der Strategieumsetzung aufgefasst werden.

Mehr Erkenntnis bietet die Berechnung der **Segmentrentabilität**. Ihre Berechnung wird aus demselben Grund wie bei der Unternehmensgesamtanalyse vorgenommen. Ein absoluter Wert löst noch keine Vorstellung darüber aus, ob das Ergebnis ausreichend ist. Erst die Kombination mit dem für die Ergebniserzielung eingesetzten Vermögen lassen diese Rückschlüsse zu.[478]

---

[477] Vgl. Abbildung 20, Definition 4.

[478] Vgl. Hahn, K. (1999), S. 82.

Kennzahl 11: Segmentrentabilität

$$\text{Segmentrentabilität} = \frac{\text{Segmentergebnis}}{\text{Segmentvermögen}}$$

Entscheidend für die Berechnung der Segmentrentabilität ist, dass der Erfolgsgröße eine Verursachungsgröße gegenübergestellt wird, die im sachlichen Zusammenhang mit dem Erfolg steht.[479] Da es sich bei dem Segmentergebnis wie herausgestellt um das Betriebsergebnis auf Segmentebene handelt, muss ihm das in diesem Bereich eingesetzte *betriebliche Vermögen* gegenüber gestellt werden.

Das **Segmentvermögen** nach IAS 14 entspricht zumindest definitionsgemäß dieser Voraussetzung. Zusätzlich soll die Konformität zwischen Ergebnis und Vermögen hergestellt werden, indem ausdrücklich gefordert wird, dass zum Betriebsvermögen alle Vermögensteile zählen, die im Segmentergebnis enthaltene Erfolge erwirtschaftet haben. Sind beispielsweise Abschreibungen auf einen Vermögenswert im Segmentergebnis berücksichtigt, muss dieser Vermögenswert auch im Segmentvermögen einbezogen sein.

Die Rentabilität auf Segmentebene entspricht der Grundidee des *Return on Investments* (ROI) für das gesamte Unternehmen. Der ROI wird in unterschiedlichen Varianten berechnet. In der einfachsten Version wird das Periodenergebnis ins Verhältnis zum Gesamtvermögen gesetzt.[480] Dieses entspricht der Gesamtkapitalrentabilität ohne Berücksichtung der Zinskorrektur.[481] Vorteilhafter ist jedoch die Berechnung des ROI auf Basis des *operativen Ergebnisses* und des korrespondierenden Betriebsvermögens, um eine Rentabilität zu erhalten, die die Effizienz des betrieblichen Bereichs misst.[482] Dazu müssen beide Komponenten aus dem Jahresabschluss abgeleitet werden. Für die Berechnung des *operativen Ergebnisses* wurden die Probleme bereits geschildert. Bei der Bestimmung des Betriebsvermögens muss sich der Analyst häufig einer vereinfachten Formel bedienen, da die notwendigen Angaben zur Überleitung vom Gesamtvermögen

[479] Vgl. Kirsch, H. (2001), S. 1514.

[480] Vgl. Baetge, J. (1998), S. 38.

[481] Vgl. Baetge, J. (1998), S. 448.

[482] Vgl. Baetge, J. (1998), S. 449.

fehlen. Beispielsweise werden das Finanzanlagevermögen, die liquiden Mittel und die sonstigen Vermögensgegenstände als nicht betrieblich interpretiert.[483]

Mit der Segmentberichterstattung kann der Analyst von der vereinfachten Berechnungsvariante für die Segmentrentabilitäten Abstand nehmen, da das Segmentvermögen als betriebsnotwendiges Vermögen definiert ist und mit dem Segmentergebnis in kausalem Zusammenhang steht. Fraglich ist, inwiefern Unternehmen noch Gestaltungsspielraum bei der Festlegung und Verteilung des betrieblichen Segmentvermögens haben. Leider verlangt der IAS 14 nur die Überleitung der Segmentergebnisse auf ein vergleichbares Unternehmensgesamtergebnis, welches anschließend auf das Periodenergebnis zu überführen ist. Somit werden die Unterschiede zwischen Betriebsergebnis und Periodenergebnis deutlich.[484] Dieses gilt nicht für das gesamte Betriebsvermögen. Das Segmentvermögen ist nur auf das Unternehmensvermögen überzuleiten.[485] Folglich bleibt für den Analysten der Unterschied zwischen Betriebsvermögen und Gesamtvermögen verborgen, so dass zum einen die Berechnung des vergleichbaren ROI auf Unternehmensebene entfällt und zum anderen das Einflusspotenzial auf Segmentebene nicht beurteilt werden kann. Nach Meinung des Verfassers sollte der IAS 14 um solche Pflichtangaben ergänzt werden, wie beispielsweise im DRS 3 vorgesehen.[486]

Nach IAS 14 sind in der Segmentberichterstattung auch Segmentschulden auszuweisen.[487] Zu diesen Segmentschulden zählen nur solche Verbindlichkeiten wie beispielsweise Rückstellungen und Lieferantenverbindlichkeiten, die aus dem betrieblichen Bereich entstehen. Kreditaufnahmen, die mit Zinsaufwendungen verbunden sind, zählen nicht zu den Segmentschulden. Dieses korrespondiert mit dem Segmentergebnis, das keine Zinsen enthält.[488] Folglich sind die Segmentschulden nicht als anteiliges Fremdkapital des Segments an den gesamten Unternehmensverbindlichkeiten zu interpretieren. Der gesonderte Ausweis könnte dazu veranlassen, die Segmentschulden vom Segmentvermögen abzuzie-

[483] Vgl. Gräfer, H. (2001), S. 96.

[484] Wenn die Summe der Segmentergebnisse keinem vergleichbaren Zwischenergebnis der *Gewinn- und Verlustrechung* entspricht, ist die Summe der Segmentergebnisse auf das Zwischenergebnis der *Gewinn- und Verlustrechnung* überzuleiten; vgl. bspw. sehr anschaulich im Schering Geschäftsbericht 2001, S. 114.

[485] Vgl. IAS 14 Par. 67.

[486] Vgl. DRS 3 Par. 37.

[487] Vgl. IAS 14 Par. 56.

[488] Vgl. IAS 14 Par. 20.

hen und nur dieses Nettovermögen zur Berechnung einer Segmenteigenkapitalrentabilität zu verwenden.

Abbildung 21: Überleitung Segmentergebnis und Segmentvermögen

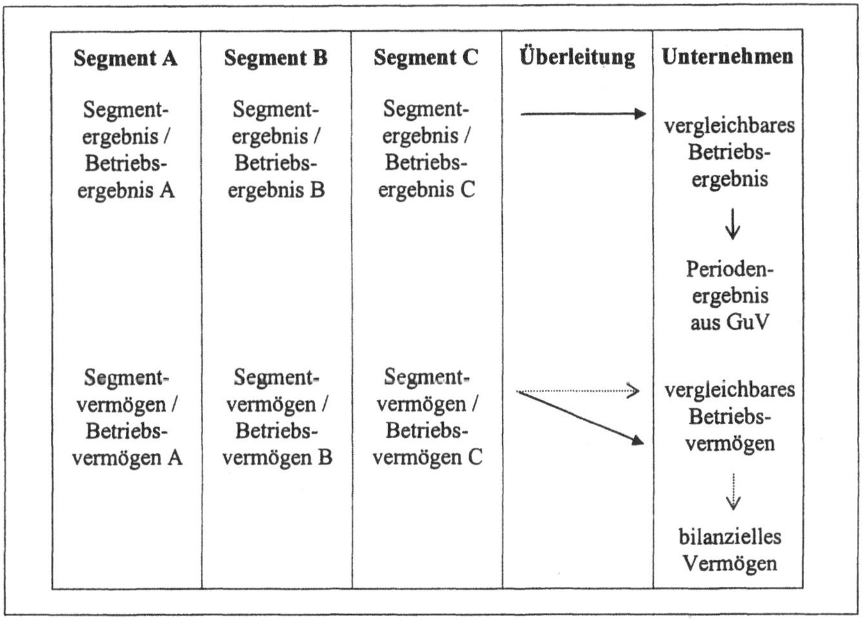

3.3.2.2 Segmenterlös und Segmentumsatzrendite

Segmenterlöse wurden bereits definiert.[489] Neben den Segmentumsätzen sind auch andere Segmenterträge unter dieser Position zusammenzufassen. Bei den bilanzierenden Unternehmen ist jedoch überwiegend festzustellen, dass sie dieser Aufforderung nicht folgen.[490] Dieses könnte zwei Ursachen haben: Erstens sind die Segmentumsätze die wesentliche Erfolgsgröße, die die Segmenterlöse bestimmen und andere Segmenterträge als unwesentlich klassifizieren könnten. Die zweite Ursache mag in der missverständlichen Formulierung des IAS 14 liegen, in der es heißt, dass Segmenterlöse nach Verkäufen mit externen Kunden

[489] Vgl. Kap. I 3.3.2.1.

[490] Vgl. auch Fn. 493. In einer Studie von HACKER und DOBLER wird bereits auf die mangelhafte Aufgliederung der Umsätze nach internen und externen Geschäftsvorfällen hingewiesen; vgl. Hacker, B. / Dobler, M. (2000), S. 815.

und Transaktionen mit anderen Segmenten getrennt darzustellen[491] und zusätzlich auf die konsolidierten Umsätze überzuleiten sind.[492] Obwohl der getrennte Ausweis von anderen Segmenterträgen nicht gefordert wird, ist aus der Formulierung nicht abzuleiten, dass die Summe der externen Verkäufe und Transaktionen mit anderen Segmenten die Segmenterlöse bilden. Folglich ist die Segmentumsatzentwicklung getrennt von der Segmentertragsentwicklung zu beobachten.[493]

Abbildung 22: Segmentumsatz und Segmenterlös

	Segmentumsatz mit Dritten
+	Segmentumsatz mit anderen Segmenten
=	**Segmentumsatz**
+	andere Segmenterträge, sonstige betriebliche (Segment)Erträge
=	**Segmenterlöse**

Die Umsatzerlöse werden bei der klassischen Erfolgsanalyse insbesondere zur Berechnung der Umsatzrendite herangezogen. Sie drückt aus, wie viel Prozent des Umsatzes im Unternehmen als betrieblicher Erfolg beziehungsweise als Marge verbleibt.[494] Der Vorteil dieser Kennzahl liegt darin, das sich einerseits Änderungen von externen Unternehmensbedingungen wie Preisentwicklungen, Absatzschwankungen und allgemeine Konjunkturentwicklungen, die sich in den Umsatzerlösen niederschlagen, sofort auf die Umsatzrendite auswirken und von dieser Kennzahl wichtige Signalwirkungen ausgehen. Als Erfolgsgröße sollte nicht wie häufig üblich der Jahresüberschuss, sondern das *operative Ergebnis*, das im kausalen Zusammenhang zu den Umsatzerlösen steht und frei von außerordentlichen und betriebsfremden Einflüssen ist, gewählt werden.[495]

[491] Vgl. IAS 14 Par. 51.

[492] Vgl. IAS 14 Par. 67.

[493] Bayer und Lufthansa sind zwei von wenigen Unternehmen, die die Segmentinformationen exakt den Vorgaben entsprechend abbilden. Neben den Segmentumsätzen mit Außenstehenden und internen Transaktionen werden die sonstigen betrieblichen Erträge auf die Segmente verteilt und auf die entsprechende konsolidierte Position der *Gewinn- und Verlustrechnung* übergeleitet; vgl. Bayer Finanzbericht 2001, S. 66 und Lufthansa Geschäftsbericht 2001, S. 120.

[494] Vgl. Coenenberg, A. G. (2000), S. 1018.

[495] Vgl. Gräfer, H. (2001): Bilanzanalyse, S. 95.

Die Angaben der Segmentumsätze können auch zur Ermittlung der „Gewinnspanne“ auf Segmentebene genutzt werden. Da das Segmentergebnis das Betriebsergebnis darstellt, ist der Kausalzusammenhang zwischen Ergebnis und Umsatz näherungsweise hergestellt.[496]

Kennzahl 12: Segmentumsatzrendite

$$\text{Segmentumsatzrendite} = \frac{\text{Segmentergebnis}}{\text{Segmentumsatz}}$$

Die „Gewinnspannen“ in den Segmenten können strategieanalytischen Aufschluss darüber geben, ob ein Unternehmen in diesem Bereich die Kostenführerschaft anstrebt oder sich mit seinen Produkten von anderen Unternehmen differenziert. Geringe Segmentumsatzrenditen deuten auf Kostenführerschaft hin, da das Ergebnis nur mit großen Umsatzmengen erzielt werden kann. Hohe Umsatzrenditen sind hingegen möglich, wenn das Unternehmen am Markt höhere Preise aufgrund der Produktdifferenzierung erzielen kann, die weit über den Produktionskosten liegen.

3.3.2.3 Segment-Cashflow

Nach IAS 14 ist die Veröffentlichung des **Segment-Cashflows** nicht verbindlich vorgesehen. Näherungsweise kann er bestimmt werden, indem zum Segmentergebnis die angabepflichtigen Abschreibungen und andere außerordentliche nicht zahlungswirksame Aufwendungen addiert werden. Wie bereits im Rahmen der Kapitalflussrechnung dargestellt, dient der Cashflow zur Ergänzung des Periodenergebnisses auch als erfolgswirtschaftlicher „Indikator“, weil er weitgehend bewertungsunabhängig und somit bilanzpolitisch wenig gestaltbar ist. Einige Gestaltungsmöglichkeiten werden durch Berechnung des *operativen Ergebnisses* herausgefiltert. So verbirgt sich in den Abschreibungen oder Rückstellungen immer noch ein Gestaltungspotenzial, das mit der Verwendung des Cashflows als Erfolgsindikator eliminiert werden soll.[497]

Der Cashflow bietet folglich Interpretationsvorteile, wenn er im Vergleich zum Periodenergebnis untersucht wird. Unterschiedliche Entwicklungen deuten auf

[496] Richtiger wäre die Verwendung des *operativen Ergebnisses* auf Segmentebene.

[497] Vgl. Gräfer, H. (2001), S. 157.

die bilanzpolitische Gestaltung des Periodenergebnisses hin.[498] Insofern soll an dieser Stelle für den verbindlichen Ausweis eines Segment-Cashflows plädiert werden. Dazu würde sich anbieten, den *Cashflow aus betrieblicher Geschäftstätigkeit* pro Segment zu bestimmen und ihn anschließend auf den betrieblichen Unternehmens-Cashflow aus der Kapitalflussrechnung überzuleiten.[499] Auf die finanzanalytischen Verwendungsmöglichkeiten wird im Rahmen der Vermögens- und Finanzlage noch einmal eingegangen.[500]

Beiersdorf weist in der Segmentberichterstattung regelwidrig das Netto-Vermögen aus.[501] Angeblich beträgt das Betriebsvermögen 1.611 Mio. € im Jahr 2001. Im Vergleich zur Bilanzsumme von 3.247 Mio. € sind dies 49,6%. Diese Methode scheint der Geschäftsleitung sehr willkommen, da sie zu der erstaunlich hohen Rendite von 47,1% im Kosmetikbereich führt und die Rendite im Medizinbereich von 14,7% noch akzeptabel erscheinen lässt. Der Ausweis allein des Netto-Vermögens ist nach IAS 14 nicht erlaubt, ohne das Segmentvermögen und die Segmentschulden getrennt zu zeigen.[502]

Offen bleibt, wie sich das Betriebsvermögen von 1.611 Mio. € zusammensetzt. Da die „operativen Verbindlichkeiten“ beim Netto-Vermögen abgezogen wurden, unterscheidet es sich erheblich vom Betriebsvermögen, das man nach der Praktikerformel berechnen würde. Nach dieser Formel beträgt es 2.415 Mio. €.[503] Die Überleitung auf Segmentebene scheitert allerdings. Jedoch ist zu erkennen, dass die Renditen deutlich niedriger ausfallen würden.

Adidas-Salomon, Bayer, und Henkel differenzieren das segmentspezifische Vermögen überhaupt nicht. Es wird das gesamte Bilanzsummenvermögen auf die Segmente verteilt, ohne den kausalen Zusammenhang zwischen Segmentergebnis und Segmentver-

498 Vgl. Kap. I.3.3.6.

499 Vorschläge zur Cashflow-Segmentierung lassen sich beispielsweise bei KIND finden; vgl. Kind, A. (2000), S. 168. Der vollständigen Segmentierung einer Kapitalflussrechnung ist jedoch nicht zuzustimmen, da gerade Finanzierung- und Eigenkapital bezogene Überlegungen auf Segmentebene kaum Sinn machen.

500 Vgl. Kap. I 0.

501 Vgl. die Erläuterungen zum betrieblichen Vermögen im Geschäftsbericht 2001 von Beiersdorf, S. 93.

502 Das Saldierungsverbot geht aus der Forderung hervor, sowohl das Segmentvermögen als auch die Segmentschulden zu zeigen.

503 Die Praktikerformel berechnet das Betriebsvermögen folgendermaßen: Bilanzsumme - Finanzanlagevermögen – flüssige Mittel und Wertpapiere des Umlaufvermögens – sonstige Vermögensgegenstände. Für Beiersdorf ergibt das im Geschäftsjahr 2001: 3.247-18-714-100=2.415.

mögen zu gewährleisten. Folglich besitzen auf diesen Daten berechnete Rentabilitäten keine Aussagekraft. Genauso beziehen Adidas-Salomon und Bayer auch das gesamte Fremdkapital in die Segmentschulden ein, obwohl damit verbundene Aufwendungen für das Fremdkapital im Segmentergebnis nicht enthalten sind. Schering ist das einzige Unternehmen, dass Segmentvermögen und Segmentschulden sowohl vom Konzernvermögen und den Konzernschulden abgrenzt als auch getrennt ausweist.[504]

Hinsichtlich der Segmenterlöse hält sich Beiersdorf nicht an die Forderung des IAS 14. Es gibt keine Angaben zu Segmenterlösen aus Transaktionen mit anderen Segmenten und weiteren Segmenterträgen. Unterstellt man, dass Transaktionen mit anderen Segmenten nicht vorkommen, können die Segmentumsatzrenditen auf Basis der Außenumsätze berechnet werden. Mit einer Segmentumsatzrendite von 13,0% im Kosmetikbereich deutet alles darauf hin, dass Beiersdorf sich mit seiner Produktlinie Nivea von Kosmetikprodukten anderer Unternehmen differenziert. Die Unternehmensanalyse hat dieses bereits schon vermuten lassen, so dass die hohe Gewinnspanne den Erfolg der Differenzierungsstrategie dokumentiert. Im Medizinbereich und bei Tesa ist dies bisher nicht gelungen.[505]

Lufthansa bewegt sich mit der Luftverkehrsparte in einem schwierigen Umfeld. Preiskämpfe mit Billigfluganbietern führen zu einer gesunkenen Gewinnspanne. Im Vergleich zum Jahr 1998 lag die Umsatzrendite des Segments „Passage“ noch bei 11,1%. Seitdem ist sie kontinuierlich gesunken. 1999 und 2000 lag sie bei jeweils 6,8% (im Jahr 2000 angepasst 7,3%). Im Jahr 2001 betrug sie nur noch 1,5%. Weder die strategische Ausrichtung als Differenzierer von günstigeren Fluganbietern im Hochpreissegment noch die Orientierung an der Kostenführerschaft ist bisher erfolgreich gewesen.[506]

Angaben in Mio. € Unternehmen	Beiersdorf "cosmed"				Lufthansa "Passage"			
Periode	1998	1999	2000	2001	1998	1999	2000	2001
Segmentergebnis		272,0	327,0	385,0	986,7	634,9	734,0	148,7
Segmentvermögen	k.A.	590,5	653,0	816,0	6547,3	6670,2	7513,7	7657,4
Segmentrentabilität		**46,06%**	**50,08%**	**47,18%**	**15,07%**	**9,52%**	**9,77%**	**1,94%**
Segmentergebnis	195,8	272,0	327,0	385,0	986,7	634,9	734,0	148,7
Segmentgesamtumsatz	1.980,2	2.394,9	2.590,0	2.955,0	8.845,0	9.391,8	10.861,9	10.632,5
Segmentumsatzrendite	**9,89%**	**11,36%**	**12,63%**	**13,03%**	**11,16%**	**6,76%**	**6,76%**	**1,40%**

[504] Vgl. Geschäftsberichte 2001 von Adidas-Salomon, Bayer, Henkel und Schering.

[505] Vgl. Beiersdorf Geschäftsbericht 2001, S. 66.

[506] Vgl. Lufthansa Geschäftsbericht 1998, S. 115, Geschäftsbericht 1999, S. 128, Geschäftsbericht 2000 S. 126 und Geschäftsbericht 2001, S. 120.

3.3.3 Beurteilung der Diversifikationsintensität: Segmentergebnis-, Segmentumsatz- und Segmentvermögensanteil

Ein weiterer wesentlicher Informationsgehalt der Segmentberichterstattung liegt in Einblicken zur Risiken- und Chancen-Struktur eines Unternehmens. Dazu wurde eingangs bereits auf die Breite der unterschiedlichen Tätigkeiten und geographischen Regionen geschaut.[507] Die Tätigkeitsbereiche und geographischen Regionen haben in einem Unternehmen unterschiedliche Bedeutung allein aufgrund ihrer Segmentgröße, des Umsatzes, den sie generieren und schließlich der Höhe, mit der sie zum Unternehmensergebnis beitragen. Um das Ausmaß der Diversifikationsintensität und die Bedeutung der Segmente zu messen, werden Segmentergebnis- und Segmentumsatz- sowie Segmentvermögensanteile berechnet.

Kennzahl 13: Segmentergebnisanteil

$$\text{Segmentergebnisanteil} = \frac{\text{Segmentergebnis}}{\text{Unternehmensgesamtergebnis (Betriebsergebnis)}}$$

Der **Segmentergebnisanteil** misst den Beitrag, den jedes Segment zum gesamten Unternehmenserfolg beisteuert. Die Berechnung ist möglich, da die Segmentergebnisse auf ein vergleichbares Unternehmensergebnis zu überführen sind und in den Ergebnissen keine Doppelzählungen durch Leistungstransfers enthalten sind.[508] Zwischengewinne eines Segments etwa, die bei der Konsolidierung eliminiert werden, stellen Aufwand des belieferten Segments dar und reduzieren dort das Segmentergebnis. Eine Differenz entsteht nur, wenn Ergebniskomponenten nicht zugeordnet werden, wie beispielsweise Verwaltungskosten. Ist dieser Betrag erheblich, sollte anstelle des Unternehmensergebnisses die Summe der Segmentergebnisse im Nenner verwendet werden.

Die Diversifikationsintensität eines Unternehmens sollte nicht nur an der Menge seiner Geschäftsfelder und geographischen Regionen gemessen werden, sondern auch die Abhängigkeit des Unternehmensergebnisses von den einzelnen Segmentergebnissen berücksichtigen. Ein Unternehmen, das auf verschiedenen

[507] Vgl. Kap. I 3.1.

[508] Vgl. Reinhard, A. (1998), S. 333.

Märkten tätig ist, aber sein Ergebnis im Wesentlichen auf nur einem Markt erzielt, ist besonders von den Risiken dieses Marktes betroffen.

Kennzahl 14: Segmentumsatzanteile

$$\text{Diversifikationsgrad} = \frac{\text{Segmentaußenumsatz}}{\text{Unternehmensgesamtumsatz}}$$

$$\text{Interne Verflechtung A} = \frac{\text{Intersegmentumsatz}}{\text{Segmentgesamtumsatz}}$$

$$\text{Interne Verflechtung B} = \frac{\text{Segmentaußenumsatz}}{\text{Segmentgesamtumsatz}}$$

Neben den Ergebnisanteilen liefert die Umsatztätigkeit auf den verschiedenen Märkten weitere Erkenntnisse über die Diversifikationsstärke. Aufgrund der differenzierten Angaben zu Außen- und Innenumsätzen können oben stehende Kennzahlen berechnet werden.

Der **Diversifikationsgrad** setzt den Segmentaußenumsatz ins Verhältnis zum gesamten Unternehmensumsatz. Da der Unternehmensumsatz in der *Gewinn- und Verlustrechnung* eine konsolidierte Größe darstellt und keine Innenumsätze enthält, wird das Entsprechungsprinzip im Rahmen der Kennzahlenbildung nicht verletzt.[509] Die **internen Verflechtungen A** und **B** zeigen das Ausmaß der intersegmentären Transaktionen. In der Regel sind die internen Verflechtungen jedoch sehr gering oder kommen gar nicht vor, da die Segmente nach heterogenen Chancen und Risiken abgegrenzt werden. Folglich werden alle zur Herstellung eines marktfähigen Produktes oder einer Dienstleistung anfallenden Tätigkeiten häufig in einem Segment und in der internen Berichterstattung zusammengefasst, da Vorleistungen vielfach denselben Chancen und Risiken ausgesetzt sind wie die Endprodukte, in die sie eingehen.

Bei der Berechnung des **Segmentvermögensanteils** wird auf die Summe der Segmentbetriebsvermögensteile zurückgegriffen, da das wie gesagt das korrespondierende Betriebsvermögen des Unternehmens nicht angegeben werden muss.

[509] Vgl. Reinhard, A. (1998), S. 331

Kennzahl 15: Segmentvermögensanteil

$$\text{Segmentvermögensanteil} = \frac{\text{Segmentvermögen}}{\text{Summe der Segmentvermögensteile}}$$

Beiersdorf erzielt sein Betriebsergebnis zu 83% in der Kosmetikbranche.[510] Daraus lässt sich schlussfolgern, dass die Anstrengungen zur Geschäftsausweitung im Kosmetikbereich zwar erfolgreich waren, das Unternehmen sich aber zunehmend von der Entwicklung in der Kosmetikbranche abhängig macht. Die Diversifizierung ist unter diesem Aspekt nicht als ausreichend zu bewerten. Eine ähnliche Konzentration ist bei Volkswagen festzustellen.[511] Die Diversifikationsgrade deuten in dieselbe Richtung.

Wie erwähnt sind interne Verflechtungen selten aufschlussreich. Bei Beiersdorf existieren gar keine, bei Volkswagen sind sie unbedeutend. Bei Segmenten, die in ihrem Grundgeschäfts verschieden sind – wie beispielsweise bei Volkswagen „Automobile" und „Finanzdienstleistungen" – sind niedrige interne Verflechtungen nicht verwunderlich. Volkswagen gibt im Geschäftsbericht zum Segment „Automobile" noch detaillierter Informationen an, unter anderem die Umsätze der Automobilmarken getrennt nach Außen- und Innenumsätzen. Erwartungsgemäß sind dort die internen Verflechtungen größer, da zwischen den Automobilmarken Leistungstransfers stattfinden. Sie betragen insgesamt 39%.[512]

Auffällig ist die Verteilung des Vermögens bei Volkswagen. Es wird im Verhältnis 60:40 auf die Segmente „Automobile" und „Finanzdienstleistungen" verteilt, obwohl das Ergebnis überwiegend im Automobilbereich erwirtschaftet wird. Hier ist zu vermuten, dass die Tätigkeiten im Finanzierungsgeschäft den Automobilbereich subventionieren.

[510] Vgl. Beiersdorf Geschäftsbericht 2001, S. 66.

[511] Vgl. Volkswagen Geschäftsbericht 2001, S. 80.

[512] Vgl. Volkswagen Geschäftsbericht 2001, S. 82.

Angaben in Mio. € / Unternehmen / Segment	Beiersdorf cosmed	medical	tesa	Konzern	Volkswagen Automobile	Finanzdienst-leistungen	Konzern
Segmentergebnis	385,0	60,0	21,0	466,0	4.625,0	552,0	5.424,0
Segmentergebnisanteil	**82,62%**	**12,88%**	**4,51%**	**100,00%**	**85,27%**	**10,18%**	**95,45%**
Segmentaußenumsatz	2.955,0	915,0	672,0	4.542,0	80.072,0	8.468,0	88.540,0
Diversifikationsgrad	**65,06%**	**20,15%**	**14,80%**	**100,00%**	**90,44%**	**9,56%**	**100,00%**
Intersegmentumsatz					363,0	106,0	469,0
Segmentgesamtumsatz					80.435,0	8.574,0	
Interne Verflechtung A					**0,45%**	**1,24%**	
Segmentaußenumsatz					80.072,0	8.468,0	88.540,0
Segmentgesamtumsatz					80.435,0	8.574,0	
Interne Verflechtung B					**99,55%**	**98,76%**	
Segmentvermögen	816,0	413,0	382,0	1.611,0	66.665,0	45.944,0	112.609,0
Segmentvermögensanteil	**50,65%**	**25,64%**	**23,71%**	**100,00%**	**59,20%**	**40,80%**	**100,00%**

3.3.4 Beurteilung der Segmentvermögens- und -finanzlage: Segmentinvestitionsquote, Segmentwachstumsrate, Segmentumschlagshäufigkeit und Segmentinnenfinanzierungsgrad

Die Analyse der Segmentvermögens- und -finanzlage bildet einen weiteren Bereich, der nicht direkt vom IAS 14 in der Zielsetzung erwähnt wird. Indirekt ist er aber relevant, da die zukünftige Ertragslage eines Unternehmens vom Vermögens- und Finanzpotenzial abhängt.

Bezüglich des Wachstums im **Segmentvermögen** können folgende Kennzahlen berechnet werden:

Kennzahl 16: Segmentinvestitionsquote und -wachstumsrate

$$\text{Segmentinvestitionsquote} = \frac{\text{Segmentinvestitionen}}{\text{Segmentvermögen}}$$

$$\text{Segmentwachstumsrate} = \frac{\text{Segmentinvestitionen}}{\text{Segmentabschreibungen}}$$

Die **Segmentinvestitionsquote** gibt an, wie viel ein Unternehmen im Verhältnis zur Segmentgröße investiert. Der Nachteil dieser Kennzahl ist, dass sie kein tatsächliches Wachstum misst, da die Abnutzung des Vermögens nicht berücksichtigt wird. Tatsächliches Wachstum findet nur statt, wenn die Investitionen größer sind als die Abschreibungen.[513] Die **Segmentwachstumsrate**, die die Abschreibungen berücksichtigt, kann allerdings nur auf der primären Segmentierungsebene berechnet werden, da im sekundären Segment Angaben zu den Abschreibungen fehlen.[514] Kennzahlen, die den jährlichen Verschleiß oder die gesamte Abnutzung messen, sind auf keiner Segmentierungsebene möglich. Für die Abschreibungsquote und den Abnutzungsgrad fehlen Angaben zu den Vermögenswerten zu Anschaffungs- oder Herstellungskosten.

Die **Finanzanalyse** auf Segmentebene ist nur eingeschränkt möglich und sinnvoll. Die Kapitalstruktur dazu ist aus der Segmentberichterstattung nicht ableitbar. Die Segmentschulden stellen nicht das gesamte auf Segmente zugeordnete Fremdkapital der Unternehmung dar. Nicht enthalten sind beispielsweise Verbindlichkeiten gegenüber Kreditinstituten, soweit es sich nicht um ein Unternehmen handelt, dessen wesentliche Tätigkeit finanzieller Art ist und deshalb die damit verbundenen Zinsaufwendungen im Segmentergebnis ausweist. Folglich ist das anteilige Eigenkapital pro Segment nicht ermittelbar, so dass Kennzahlen wie Eigenkapitalquote, Verschuldungsgrad oder Entschuldungsdauer nicht berechnet werden können.[515] Ohnehin ist der Informationsgehalt dieser Kennzahlen auf Segmentebene fraglich. Finanzielle Ansprüche der Eigentümer und Gläubiger richten sich immer gegen das gesamte Unternehmen und nicht gegen ein Segment. Interessant ist allenfalls, welchen Beitrag die Segmente zur Zahlungsmittelgenerierung und Liquidität beitragen.

Liquiditätsbelastungen können aus überhöhten zahlungsmittelgebundenen Aktiva resultieren. Die Berechnung der **Umschlagshäufigkeit** des Vermögens gibt an, wie oft das eingesetzte Vermögen im Geschäftsjahr „verflüssigt" wurde.[516] Auf Segmentebene wird die Kennzahl folgendermaßen berechnet:

[513] Vgl. Gräfer, H. (2001), S. 185.

[514] Vgl. Kirsch, H. (2001), S. 1515.

[515] Vgl. Kirsch, H. (2001), S. 1514.

[516] Vgl. Gräfer, H. (2001), S. 126.

Kennzahl 17: Segmentumschlagshäufigkeit

$$\text{Segmentumschlagshäufigkeit} = \frac{\text{Segmentumsatz}}{\text{Segmentvermögen}}$$

Der Vorteil der Berechnung der Umschlagshäufigkeit ist der, dass sie sich auch auf Segmentebene mit der Umsatzrendite zur Segmentrentabilität verbinden lässt und die Einflussgrößen auf die Rentabilität aufdeckt.

Im Rahmen der Segmentertragsanalyse wurde der Cashflow bereits näherungsweise bestimmt. Der Cashflow als absolute Größe ist nur eingeschränkt zu interpretieren. Aus diesem Grund wird er zu verschieden Größen in Beziehung gesetzt, um relative Aussagen über das Innenfinanzierungspotenzial zu gewinnen. Der Cashflow in Beziehung zum Vermögen drückt den Rückfluss von Zahlungsmitteln für das eingesetzte Vermögen aus. Diese Cashflow-Rendite zeigt gleichzeitig im Vergleich zu anderen Unternehmen die Wachstumsmöglichkeit aus eigener Kraft auf.[517] Aussagekräftiger ist die Wachstumsmöglichkeit allerdings nur auf Unternehmensebene, da das Finanzmanagement unternehmensübergreifend agiert. Deshalb wird die Kennzahl hier nicht weiter behandelt.

Der **Innenfinanzierungsgrad** der Investitionen, der bereits im Rahmen der Kapitalflussrechnung für das gesamte Unternehmen berechnet wurde,[518] kann auch auf Segmentebene ermittelt werden.

Kennzahl 18: Segmentinnenfinanzierungsgrad

$$\text{Segmentinnenfinanzierungsgrad} = \frac{\text{Segment-Cashflow}}{\text{Segmentinvestitionen}}$$

Im Rahmen der Kapitalflussrechnung interessiert der Innenfinanzierungsgrad unter finanzanalytischen Aspekten, um zu erfahren, inwiefern das Unternehmen in der Lage ist, aus eigener Kraft Zahlungsmittel für die Finanzierung der Investitionen zu generieren. Auf Segmentebene ist dieser Gedanke aus bereits ge-

---

[517] Vgl. Gräfer, H. (2001), S. 189.

[518] Vgl. Kap. I 3.3.5.

nannten Gründen von untergeordneter Bedeutung. Mehr können der Innenfinanzierungsgrad zusammen mit der Wachstumsquote über mögliche Geschäftsfeldstrategien des Unternehmens geben. Instrumentarium dazu bietet die Portfolioanalyse.

Abbildung 23: Geschäftsfelder der Portfolioanalyse

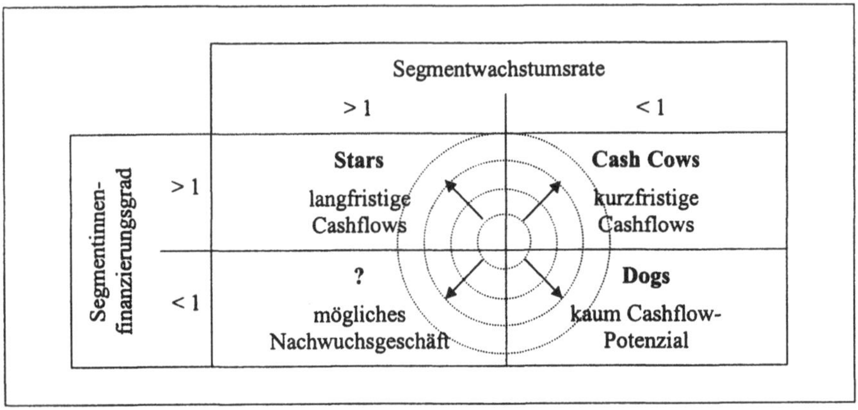

Quelle: In Anlehnung an Porter, M. E. (1992), S. 448.[519]

Ein Geschäftssegment, in dem echtes Wachstum stattfindet und der Cash-Rückfluss bereits die Investitionen finanziert, wird als „Star-Geschäft" bezeichnet. Hier sind langfristig weitere Zahlungsströme zu erwarten. Ist das Wachstum hingegen avers, werden in diesem „*Cash Cow-Segment*" Zahlungsmittel nur noch abgeschöpft. Dieses ist aber nur noch begrenzt möglich. Ohne weitere Investitionen ist langfristig nicht mehr mit Zahlungsströmen zu rechnen. Segmente mit hohen Wachstumsraten, die noch nicht aus eigener Kraft finanziert werden können, sind mit einem „Fragezeichen" gekennzeichnet. Es könnte sich dabei um ein Nachwuchsgeschäft oder Misserfolgssegment handeln. Die so genannten „Dogs" sind dadurch gekennzeichnet, dass die ohnehin geringen Investitionen keine ausreichenden Zahlungsmittel mehr erwirtschaften, so dass sich das Unternehmen langfristig von diesem Bereich trennen sollte.[520]

---

[519] In der Matrix wird bei PORTER der Segmentinnenfinanzierungsgrad durch den relativen Marktanteil ersetzt. Dabei geht es in diesem Modell aber um die Kapitalfreisetzung, die genauso durch den *Free Cashflow* beziehungsweise durch den Innenfinanzierungsgrad gemessen werden kann; vgl. auch Hax, A. C. / Majluf, N. S. (1991), S. 157.

[520] Porter, M. E. (1992), S. 449; vgl. Hax, A. C. / Majluf, N. S. (1991), S. 158.

Beiersdorf investiert in allen Segmenten proportional zur Segmentgröße gleichmäßig. Zusammen mit den Wachstumsraten lässt sich gleichzeitig in allen Segmenten Wachstum feststellen. Die Umschlagshäufigkeiten zeigen jedoch, dass in den Bereichen „medical“ und „Tesa“ deutlich mehr Kapital im Vermögen gebunden ist als im „cosmed“-Bereich. Die niedrigen Umschlagshäufigkeiten sind unter anderem auch der Grund für die im Vergleich zum „cosmed“-Bereich niedrigen Rentabilitäten. Zusätzlich muss noch berücksichtigt werden, dass beim Vermögen bereits die Schulden abgezogen sind, so dass die wahren Umschlagshäufigkeiten noch geringer ausfallen.[521]

Erfreulicherweise wird bei Beiersdorf der Brutto-Cashflow aus der Kapitalflussrechnung den Segmenten zugeordnet. Diese Information bieten nicht viele Unternehmen. Bayer und Volkswagen zeigen ebenfalls segmentbezogene Cashflows. Adidas-Salomon, Henkel, Lufthansa oder Schering verzichten beispielsweise auf diese Angabe.[522]

Bei Beiersdorf konnten mit Ausnahme bei "Tesa“ die Investitionen aus dem betrieblichen Cashflow bezahlt werden. Mit der Wachstumsrate führt dies zu folgenden Segmentklassifikationen:

Beim Kosmetikgeschäft handelt es sich um einen Star, der noch langfristig Zahlungsmittel generiert. Weniger ausgeprägt, aber immerhin durch „Star“-Merkmale geprägt, verhält sich der Medizinbereich. Wachstum wird durch selbst erwirtschaftete Zahlungsmittel finanziert. Im Vorjahr war dieser Bereich noch mit einem „Fragezeichen“ versehen, da die Investitionen noch zu keinem ausreichenden Zahlungsrückfluss führten. Inwiefern sich die Investitionsmaßnahmen bei „Tesa“ auszahlen, bleibt abzuwarten.

[521] Vgl. Beiersdorf Geschäftsbericht 2001, S. 66.

[522] Vgl. Bayer Finanzbericht 2001, S. 20; vgl. Volkswagen Geschäftsbericht 2001, S. 80; vgl. Adidas-Salomon Geschäftsbericht 2001, S. 90; vgl. Henkel Geschäftsbericht 2001, S. 42; vgl. Lufthansa Geschäftsbericht 2001, S. 120; vgl. Schering Geschäftsbericht 2001 S. 113-115.

Angaben in Mio. € Unternehmen	Beiersdorf			
Segment	cosmed	medical	tesa	Konzern
Segmentinvestitionen	119,0	66,0	48,0	233,0
Segmentvermögen	816,0	413,0	382,0	1.611,0
Segmentinvestitionsquote	**14,58%**	**15,98%**	**12,57%**	**14,46%**
Segmentinvestitionen	119,0	66,0	48,0	233,0
Segmentabschreibungen	76,0	51,0	27,0	154,0
Segmentwachstumsrate	**156,58%**	**129,41%**	**177,78%**	**151,30%**
Segmentgesamtumsatz	2.955,0	915,0	672,0	4.542,0
Segmentvermögen	816,0	413,0	382,0	1.611,0
Segmentumschlagshäufigkeit	**3,62**	**2,22**	**1,76**	**2,82**
Segment-Cashflow	329,0	87,0	40,0	456,0
Segmentinvestitionen	119,0	66,0	48,0	233,0
Segmentinnenfinanzierungsgrad	**276,47%**	**131,82%**	**83,33%**	**195,71%**

3.3.5 Kapitalkostendeckung auf Segmentebene: Segmentwertbeitrag

Im Rahmen der globalen Analyse wurden erste Überlegungen zur Wertberichterstattung bereits angeführt. Ein Segment schafft zusätzlichen Unternehmenswert, wenn die Kapitalkosten mindestens gedeckt werden können. Dazu wird die Differenz aus Segmentrentabilität und Kapitalkosten gebildet. Anschließend kann der „spread" mit dem Segmentvermögen multipliziert werden, um den absoluten Unternehmenswertbeitrag zu erhalten.[523]

Kennzahl 19: Segmentwertbeitrag

Segmentwertbeitrag = (Segmentrentabilität – Segmentkapitalkosten) · Segmentvermögen

In den meisten Fällen müssen die Kapitalkosten geschätzt werden, da sie nur selten in Geschäftsberichten angegeben werden.[524] Häufig werden deswegen durchschnittliche Kapitalkosten von 10% angenommen.[525]

[523] Vgl. Fröhling, O. (2000), S. 53.

[524] Volkswagen gibt als eines von wenigen Unternehmen die Kapitalkosten und deren Ermittlungsmethode im Geschäftsbericht an; vgl. Volkswagen Geschäftsbericht 2001, S. 18.

Zusätzlich zur Differenzierung von Wertgenerierern und Wertverzehrern bietet es sich an, die gleichzeitig mit der Wertänderung verbundene finanzielle Belastung beziehungsweise Freisetzung von Zahlungsmitteln zu untersuchen.[526] Dazu wurde bereits der Innenfinanzierungsgrad vorgestellt. Ein Innenfinanzierungsgrad >1 bedeutet, dass der *Free Cashflow* positiv ist und zur Verlustdeckung bei Wertvernichtung verwendet werden kann. In diesem Fall ist die Wertvernichtung noch mit keiner weiteren finanziellen Belastung verbunden. Ist der Innenfinanzierungsgrad hingegen <1 beziehungsweise der *Free Cashflow* negativ, müssen weitere Finanzmittel zur Verlusttilgung eingesetzt werden.

Abbildung 24: Wertgenerierung und *Free Cashflow*

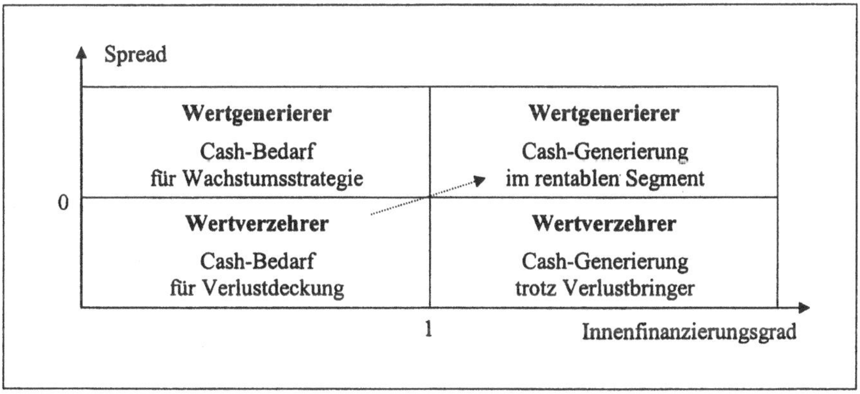

Quelle: In Anlehnung an Coenenberg, A. (2001), S. 603.

[525] Zur Problematik segmentbezogener Kapitalkosten vgl. Fröhling, O. (2000), S. 28-32. In einer empirischen Studie von RICHTER / SIMON-KEUENHOF wurden durchschnittliche Kapitalkosten großer deutscher Kapitalgesellschaften von 10,2% berechnet; vgl. Richter, F. / Simon-Keuenhof, K. (1996), S. 703.

[526] Vgl. Coenenberg, A. (2001a), S. 603.

Für Beiersdorf ist zu beobachten, dass bei Unterstellung von 10% Kapitalkosten „Tesa“ Wert vernichtet. Freigesetzte Zahlungsmittel werden zunächst zur Verlusttilgung benötigt.[527]

Nach eigener Berechnung handelt es sich bei Volkswagen in beiden Segmenten um Wertvernichter. Volkswagen selbst klassifiziert das Automobilsegment als einen Wertgenerierer. Dieses liegt daran, dass das Unternehmen die Kapitalkosten auf einen deutlich niedrigeren Vermögenseinsatz als in der Segmentberichterstattung angegeben bezieht. Dieses ist extern nicht nachvollziehbar, zumal in der Segmentberichterstattung das Vermögen angegeben werden muss, dass zur Ergebniserzielung eingesetzt wird. Mit beiden Segmenten handelt es sich jedoch um Wertvernichter, die trotz Kapitalvernichtung Zahlungsmittel freisetzen, so dass die schlechte Ertragslage noch zu keiner finanziellen Anspannung geführt hat.[528]

Unternehmen	Beiersdorf				Volkswagen		
Segment	cosmed	medical	tesa	Konzern	Automobile	Finanzdienst-leistungen	Konzern
Segmentrentabilität	47,10%	14,70%	5,40%	28,90%	6,94%	1,20%	4,82%
Kapitalkosten	10,00%	10,00%	10,00%	10,00%	8,10%	8,10%	8,10%
Spread	**37,10%**	**4,70%**	**-4,60%**	**18,90%**	**-1,16%**	**-6,90%**	**-3,28%**
Innenfinanzierungsgrad	**276,47%**	**131,82%**	**83,33%**	**195,71%**	**123,1%**	**2923,9%**	**151,7%**

4 Zusammenfassung der Ergebnisse und Vorschläge zur Beseitigung verbleibender Informationsdefizite

Die Untersuchungen zur Segmentberichterstattung orientierten sich ebenso wie bei der Kapitalflussrechnung an der Zielsetzung des betrachteten Instruments. Mit dieser Zusammenfassung soll wiederum zugleich eine strukturierte Anleitung zur Ausschöpfung des Analysepotenzials der Segmentberichterstattung gegeben werden.

[527] Vgl. Beiersdorf Geschäftsbericht 2001, S. 66.

[528] Vgl. Volkswagen Geschäftsbericht 2001, S. 18 u. 80.

Abbildung 25: Analyseschema für die Segmentberichterstattung

1) Allgemeine Analyseüberlegungen
- Geschäftsbereiche und geographische Regionen
- Segmentgrößen/-bedeutung
- Segmentergebnis

2) Umwelt- und Unternehmensanalyse
- Risiken-/Chancen-Analyse — (Branchenanalyse nach Porter)
- Stärken-/Schwächen-Analyse — (Unternehmensanalyse)

3) Spezielle Analyseüberlegungen und Berechnung von
- Segmentertragslage — (Produkt-/Markt-Strategien)
  - → Segmentergebnis und Segmentrentabilität
  - → Segmenterlöse und Segmentumsatzrendite — (Wettbewerbsstrategien)
  - → Segment-Cashflow
- Segmentdiversifikation
  - → Segmentergebnisanteil
  - → Segmentumsatzanteil und interne Verflechtungen — (Ressourcen-strategien)
  - → Segmentvermögensanteil
- Segmentvermögens- und Finanzanalyse
  - → Segmentinvestitionsquote — (Wachstumsstrategien)
  - → Segmentumschlagshäufigkeit
  - → Segmentwachstumsrate und Segmentinnenfinanzierungsgrad — (Portfolio-analyse)

Zunächst sollte sich der externe Betrachter einen globalen Eindruck über die Zusammensetzung der Segmente eines Unternehmens verschaffen. Dabei helfen die Anzahl der Segmente, deren Größe und die Segmentergebnisse bei der Identifizierung der Segmentbedeutung im Gesamtunternehmen. Anschließende Analyseergebnisse zu einzelnen Segmenten sind dann hinsichtlich ihrer Bedeutung zu relativieren.

Die Analyse des Jahresabschlusses und insbesondere der Segmentberichterstattung sollte stets unter Hinzuziehung strategischer Unternehmensausrichtungen geschehen. Änderungen in der Umwelt eines Unternehmens oder in seinen eigenen Stärken und Schwächen zeichnen sich möglicherweise erst in späteren Geschäftsjahren im Jahresabschluss ab und können allein bei der Interpretation der vergangenen Jahresabschlussdaten zu Fehlinterpretationen führen. Zu diesem Zweck wurden die wichtigsten Unternehmensstrategien und Analysemodelle vorgestellt, die im Zusammenhang mit der Segmentberichterstattung relevant sind.

Die Analyse der Chancen und Risiken eines Unternehmens in seiner Umwelt wurde mittels des Fünf-Kräfte-Modells von PORTER vorgestellt. Ist ein Unternehmen erheblichen Risiken in einer Branche ausgesetzt, ist die Situation dieses Unternehmens umso vorsichtiger einzustufen, je bedeutender das dieser Branche zuzuordnende Segment für das Gesamtunternehmen ist. Gleiches Urteil tragen die Schwächen eines Unternehmens hervor.

Erfolgreiche Unternehmen zeichnen sich dadurch aus, dass sie ihre Chancen nutzen, unkalkulierte Risiken möglichst vermeiden, auf Ihre Stärken bauen und an ihren Schwächen arbeiten. Haben Unternehmen ihre Chancen und Risiken sowie Stärken und Schwächen erkannt, setzen Geschäftsstrategien an diesen Punkten an. Einige dieser Strategien wurden vorgestellt. Zudem wurde gezeigt, wie die Umsetzung dieser Strategien durch die Segmentberichterstattung teilweise dokumentiert wird. So zeigt die Segmentberichterstattung, in welchen Märkten das Unternehmen tätig ist und wo sie hauptsächlich ihre Ressourcen einsetzen, welche Märkte sie auf Wachstum ausrichten und wo sie Wert generieren. Sogar die Differenzierung vom Wettbewerber kann durch die Segmentberichterstattung erkennbar werden. Die mit den Segmentdaten möglichen Kennzahlen bieten die wesentliche Hilfestellung, die Strategien sichtbar zu machen.

Hauptanliegen gemäß der Zielsetzung des IAS 14 ist die „bessere“ Einschätzung der Ertragskraft sowie der Chancen und Risiken. Die „bessere“ Einschätzung der gesamten Unternehmenssituation schließt Einblicke in die Vermögens- und Finanzlage mit ein. Ohne Frage bietet die Segmentberichterstattung in Zeiten diversifizierender Unternehmen wie gezeigt Informationsgewinne gegenüber herkömmlichen Jahresabschlüssen. Insofern wird die Segmentberichterstattung nach IAS 14 ihrer Zielsetzung gerecht, da das Prädikat „besser“ durch den Informationsgewinn erreicht wird.

Dennoch lassen sich Verbesserungsvorschläge anbringen. Es wurde gezeigt, dass die Beurteilung der Finanzlage eines Unternehmens auf Segmentebene nur eingeschränkt Sinn macht, da sich finanzielle Ansprüche der Eigentümer und Gläubiger an das gesamte Unternehmen richten und nicht an einzelne Segmente. Nützlich hingegen sind aber Informationen darüber, wie viel Zahlungsmittel einzelne Segmente generieren, um zur finanziellen Stabilität beizutragen. Instrumentarium dazu bietet der Cashflow auf Segmentebene. Leider ist dieser nicht zwingend in der Segmentberichterstattung zu veröffentlichen. Näherungsweise kann er bestimmt werden, indem zum Segmentergebnis die Abschreibungen addiert werden. Jedoch handelt es sich dabei um eine ungenaue Größe, da andere zahlungsunwirksame Aufwendungen und Erträge wie beispielsweise Veränderungen der Rückstellungen nicht berücksichtigt werden. Insofern ist der Segment-Cashflow als verpflichtender Bestandteil zu fordern.

Es bietet sich dazu an, den *Cashflow aus betrieblicher Geschäftstätigkeit* aus der Kapitalflussrechnung zu segmentieren. Erfreulicherweise tun dies bereits einige Unternehmen. Eine Segmentierung der gesamten Kapitalflussrechnung ist nach Meinung des Verfassers allerdings nicht zu fordern. Dieses würde nicht nur zu einem *information overload* führen, sondern gerade auch im Hinblick auf den Finanzierungsbereich keine nützlichen Informationen liefern.

Eine Besonderheit der Segmentberichterstattung nach IAS 14 liegt im primären und sekundären Berichtsformat. Weder SFAS 131 noch DRS 3 treffen hinsichtlich der Bedeutung von Tätigkeitsbereichen und geographischen Regionen eine Unterscheidung. Für beide Berichtsformen sind sämtliche Informationen offen zu legen.[529] Nach IAS 14 sind nicht einmal die Segmentergebnisse zu zeigen, so dass ergebnisabhängige Kennzahlen nicht berechnet werden können. Es bedürfte keiner großen Änderung im IAS 14, die Unterscheidung zwischen primärer und sekundärer Berichtsform zu eliminieren.

Mangelhaft erscheint nach Meinung des Verfassers die Umsetzung der Segmentberichterstattung in der Rechnungslegungspraxis. Ausdrücklich wird vom IAS 14 die Überleitung des Periodenergebnisses auf ein vergleichbares Ergebnis der *Gewinn- und Verlustrechung* und die anschließende Überleitung auf das Periodenergebnis gefordert. Nicht nachvollziehbar ist, weshalb das entsprechende Segmentvermögen und die Segmentschulden nicht in gleicher weise auf die Bilanzpositionen zu überführen sind. Ein Blick in die Bilanzierungspraxis hat gezeigt, dass Unternehmen Segmentvermögen und Segmentschulden scheinbar unterschiedlich definieren, hierzu aber auch zu keinen weiteren Erläuterungen verpflichtet sind. Hier wären dieselben Vorschriften wie beim Segmentergebnis zu fordern. Ergänzend wären verbale Erläuterungen zur Überleitung angebracht.

[529] Vgl. Pejic, P. (1998), S. 379.

IV Die Eigenkapitalveränderungsrechnung nach IFRS

1 Informationsdefizite ohne Eigenkapitalveränderungsrechnung im klassischen Jahresabschluss

1.1 Die Problematik des Eigenkapitals als Residualgröße

Die Eigenkapitalausstattung eines Unternehmens hat in der Rechnungslegung und Bilanzanalyse besondere Bedeutung. Buchungstechnisch ergibt sich das Eigenkapital durch Differenzbildung von Vermögen und Schulden.[530] Folglich wird es auch als Reinvermögen – der Teil des Vermögens, der von den Eigentümern finanziert wird und ihnen im Falle der Liquidation zusteht – bezeichnet.[531] Ihm werden insbesondere die **Funktionen** Kontinuitäts- und Haftungs- sowie Verlustausgleichsfunktion zugesprochen.[532]

Hinsichtlich der Zusammensetzung des Eigenkapitals ist zu unterscheiden, in welchem Maße es durch die Unternehmensleitung disponibel ist.[533] So wird das gezeichnete Kapital von den Eigentümern unbefristet zur Verfügung gestellt und sichert zusammen mit dem langfristigen Fremdkapital die Fortführung der Geschäftstätigkeit (Kontinuitätsfunktion). Das gezeichnete Kapital und die Rücklagen unterliegen unterschiedlichen gesetzlichen und satzungsmäßigen Bestimmungen und können nur bedingt aufgelöst oder an die Eigentümer zurückgezahlt werden.[534] Da die Eigentümer vor Auflösung der Gesellschaft keinen Anspruch auf Rückzahlung der eingezahlten Beträge und thesaurierten Gewinne haben, sichert das Eigenkapital gleichzeitig die Erhaltung der Haftungssubstanz (Haftungsfunktion). Darüber hinaus werden Verluste durch das Eigenkapital ausge-

[530] Vgl. Thiele, St. (1998), S. 41.

[531] Vgl. Gräfer, H. (2001), S. 131.

[532] Die Funktionen des Eigenkapitals werden im Schrifttum zahlreich erörtert. Dazu finden sich unterschiedliche Funktionskataloge mit verschieden Begriffen belegt, die im Wesentlichen aber auf die oben aufgeführten Funktionen abstellen; vgl. ausführlicher Göth, P. (1997), S. 85.

[533] Vgl. Alexander, D. / Nobes, C. (2001), S. 253.

[534] Die buchungstechnische Auflösung beziehungsweise Bildung des Eigenkapitals ist nicht vom Regelwerk – ob HGB oder IFRS –, nach dem der Jahresabschluss erstellt wird, sondern von der Rechtsform und der Satzung des Unternehmens abhängig. So bestimmen in Deutschland beispielsweise die §§ 150 ff. AktG, inwieweit das Eigenkapital einer Aktiengesellschaft disponibel ist; vgl. im Einzelnen zu den rechtlichen Grundlagen des Eigenkapitals Gehlhausen, W. / Gehlhausen, H. F. (1992), S. 217.

glichen. Zunächst dienen die Rücklagen als variabler Puffer zum Verlustausgleich bevor das gezeichnete Kapital angegriffen wird. Folglich sind Unternehmen fähiger, Verluste auszugleichen, je höher sie mit Eigenkapital finanziert sind (Verlustausgleichsfunktion).[535]

Da die Höhe der Eigenkapitalausstattung aus diesen Gründen als Maß der Sicherheit der Unternehmensfinanzierung gesehen wird, bietet ein hoher Eigenkapitalbestand aus Sicht der Kreditgeber Potenzial für weitere Fremdfinanzierung.[536] Allerdings belastet eine hohe Eigenkapitalfinanzierung die Rentabilität. Eigenkapital ist wegen der nicht als Betriebsausgaben abzugsfähigen Dividendenzahlungen sehr teuer. Zinsen für Fremdkapital werden hingegen schon bei der Gewinnermittlung abgezogen und mindern somit das ertragsteuerliche Ergebnis.[537] Nicht zu vergessen sind auch die Mitspracherechte der Eigentümer, die die Entscheidungsfreiheit des Managements eindämmen.[538] Folglich ist ein Optimum der Unternehmensfinanzierung zu finden, das durch die Funktionen des Eigenkapitals ausreichend Sicherheit gewährt, aber vor allem die Rentabilität nicht zu sehr belastet.[539,540]

In der Bilanzanalyse werden unterschiedliche Eigenkapitalqualitäten definiert, je nach Problem- und Fragestellung.[541] Das **bilanzielle** Eigenkapital ist wie bereits geschildert die Residualgröße aus Vermögen und Schulden und kann somit aus der Bilanz abgelesen werden. Es wird vorwiegend im Rahmen der erfolgswirt-

[535] Vgl. Baetge, J. (1998), S. 212.

[536] Vgl. Schipporeit, E. (2001), S. 441.

[537] Vgl. Gräfer, H. (2001), S. 135.

[538] Vgl. Wöhe, G. / Bilstein, J. (2002), 417.

[539] Vgl. Gräfer, H. (2001), S. 135. Hinsichtlich der Rentabilität bietet der Leverage-Effekt ein geeignetes Verfahren, den optimalen Verschuldungsgrad zu finden; vgl. Schmidt, R. H. / Terberger, E. (1997), S. 244.

[540] Im bundesdeutschen Durchschnitt liegen die Eigenkapitalquoten unter 20%; vgl. Wöhe, G. / Bilstein, J. (2002), S. 418. Das Bundesaufsichtsamt für Versicherungswesen gibt jedoch eine 30%ige Eigenkapitalquote zur Erlangung der Deckungsstockfähigkeit vor; vgl. Gräfer, H. (2001), S. 136. Als Faustregel für einen optimalen Finanzierungsgrad gilt daher häufig ein Drittel vom Gesamtkapital, wenngleich die Höhe eines optimalen Verschuldungsgrades nicht verallgemeinert werden kann; vgl. Coenenberg, A. G. (2000), S. 916. Im internationalen Vergleich ist dieser Wert sehr niedrig. Aufgrund der unterschiedlichen Gläubigerstruktur liegen Eigenkapitalquoten in den USA bei 40-50%; vgl. Jahrmann, F.-U. (1999), S. 464. Bei deutschen im DAX notierten Unternehmen ist eine gleiche Tendenz zu verfolgen.

[541] Vgl. Kühnberger, M. (1996), S. 366.

schaftlichen Analyse herangezogen, da es zusammen mit den *stillen Reserven* – dem nicht bilanzierten Teil des Eigenkapitals – das investierte Kapital der Eigentümer darstellt, das sich durch Kapitaleinzahlungen im Rahmen der Außenfinanzierung und durch Gewinnthesaurierung im Rahmen der Selbstfinanzierung angesammelt hat. Da auch die *stillen Reserven* zum (investierten) Eigenkapital gehören, wird zur Berechnung der Eigenkapitalrentabilität das Eigenkapital möglichst unter Hinzuziehung der *stillen Reserven* verwendet. Diese misst den Grad der Zielerreichung der Unternehmung.[542]

Das **bilanzanalytische** Eigenkapital hat eher die Aufgabe, die Sicherheit der Einkommensquelle durch den Fortbestand der Unternehmung zu messen. Es wird daher eher im Rahmen der Finanzanalyse – beispielsweise zur Berechnung der Eigenkapitalquote und den Deckungsgraden – eingesetzt und muss besonders vorsichtig ermittelt werden.[543] Nicht das ursprüngliche Investitionsvolumen steht im Vordergrund, sondern das im Falle der Liquidation verfügbare Haftungspotenzial. Deshalb werden vom bilanziellen Eigenkapital nicht werthaltige Eigenkapitalteile beziehungsweise Vermögensteile abgezogen und *stille Reserven* hinzugerechnet.[544] Beispielsweise kann der derivative *Geschäfts- und Firmenwert* als „bezahlte Gewinnerwartungen" interpretiert werden, deren Erfüllung aber höchst ungewiss ist und im Falle einer Liquidation kein Schuldendeckungspotenzial darstellt.[545] Bilanzanalysten ziehen deshalb diesen Posten vom bilanzanalytischen Eigenkapital ab, wenn er – wie in der internationalen Rechnungslegung üblich – aktiviert wurde.[546]

Aufgrund der Bedeutung des Eigenkapitals ist es notwendig, die Ursachen der Veränderung des Eigenkapitals zu bestimmen. Deren Kenntnis ist wie erläutert wichtig für die Beurteilung der Rentabilität und Sicherheit. Eigenkapitalveränderungen werden durch Vermögensmehrungen und -minderungen hervorgerufen. Im Rahmen des Residualkonzeptes wird die Eigenkapitalveränderung durch Vergleich des Eigenkapitals am Anfang und am Ende der Periode ermittelt.[547] Die Erklärung der Eigenkapitalveränderung erfolgt neben den Kapitaltransfers

[542] Vgl. Baetge, J. (1998), S. 432. BAETGE bezeichnet das Eigenkapital inkl. der *stillen Reserven* auch als „wirtschaftliches Eigenkapital"; vgl. Baetge, J. (1998), S. 433.

[543] Vgl. Gräfer, H. (2001), S. 132.

[544] Vgl. Gräfer, H. (2001), S. 133.

[545] Vgl. Riebell, C. (1999), S. 142.

[546] Vgl. Schwarzecker, J. (1992), S. 77.

[547] Vgl. Baetge, J. (1998a), S. 344.

zwischen der Unternehmung und den Eigentümern aufgrund des Zusammenwirkens von Bilanz und *Gewinn- und Verlustrechung* über das Periodenergebnis.[548]

Die Begründung der Eigenkapitalveränderung durch die Erfolgsrechnung setzt allerdings voraus, dass sämtliche Vermögensänderungen in Form von Aufwendungen und Erträgen erfolgswirksam verbucht werden.[549] Neben den durch Kapitaltransfers und „erwirtschaftete" Periodenerfolge hervorgerufenen Veränderungen des Eigenkapitals gibt es jedoch noch solche, die in keinem direkten Zusammenhang mit der unternehmerischen Betätigung im Sinne von Aufwendungen und Erträgen stehen und deswegen nicht in der Erfolgsrechnung erfasst werden sollen. Weil sie die eigentliche Ursache für die Veröffentlichung einer Eigenkapitalveränderungsrechnung darstellen, werden sie nun erläutert.[550]

1.2 Ursachen für Änderungen im Eigenkapital

Alle Geschäftsvorfälle, die als Aufwand oder Ertrag in der *Gewinn- und Verlustrechnung* erfasst werden, rufen eine erfolgswirksame Eigenkapitalveränderung hervor. Es liegt in der Natur der Sache, dass Eigenkapitalveränderungen, die nicht durch den Jahresüberschuss erklärt werden können, **erfolgsneutrale** Ursachen haben. Im weiteren Sinne gehören zu diesen erfolgsneutralen Vorgängen auch die Kapitaltransfers zwischen Unternehmen und Eigentümern. Abbildung 26 zeigt diesen Zusammenhang.

---

548 Dieses Zusammenwirken von Bilanz und *Gewinn- und Verlustrechnung* resultiert aus dem Prinzip der *doppelten Buchführung* und wird auch als Doppik oder *doppische Rechnungslegung* bezeichnet; vgl. Gräfer, H. / Sorgenfrei, C. (2002), S. 45; vgl. Kajüter, P. / Voss, A. (2000), S. 43. Hiermit schließt sich der Kreis des Zusammenwirkens der drei Rechnungslegungsinstrumente Bilanz, Erfolgsrechnung und Kapitalflussrechnung; vgl. Abbildung 1. Während die Erfolgsrechnung die Veränderung des Eigenkapitals auf der Passivseite der Bilanz erklärt, liefert die Kapitalflussrechnung die Ursachen für Veränderungen der Liquidität auf der Aktivseiter der Bilanz.

549 Dieses so genannte Kongruenzprinzip besagt, dass die Summe der Periodenerfolge gleich dem Erfolg der Totalperiode ist, in der ein Unternehmen besteht; vgl. Busse von Colbe; W. (1992), S. 127.

550 Vgl. Achleitner, A.-K. / Pejic, P. (1996), S. 2042.

Abbildung 26: Ursachen von Eigenkapitalveränderungen

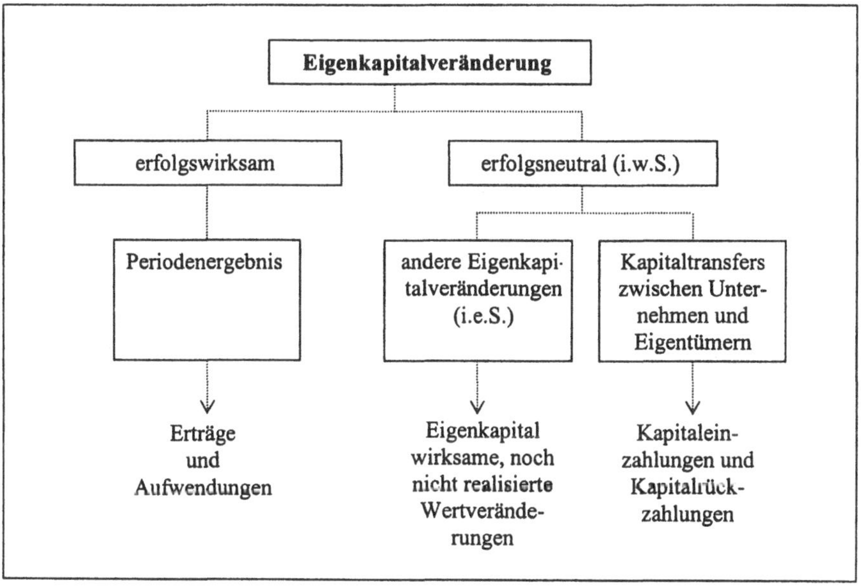

Zu den erfolgsneutralen Eigenkapitalveränderungen im engeren Sinn zählen Geschäftsvorfälle, die vom Grundsatz her erfolgswirksam erfasst werden müssten, bei denen die Standardsetter beziehungsweise Gesetzgeber aber aus verschieden Gründen die erfolgsneutrale Behandlung vorsehen. Dabei handelt es sich um zufällige, marktbedingte, jedoch nicht vom Unternehmen „verdiente" beziehungsweise „erwirtschaftete" (erfolgsneutrale), aber gleichwohl Eigenkapital wirksame Geschäftsvorfälle, wenn auch noch nicht realisiert.[551] Darüber hinaus kann es sich allerdings auch um solche Vermögenszuwächse handeln, die sehr wohl ihre Ursache im betrieblichen Bereich haben – beispielsweise Effizienzsteigerungen bei technischen Anlagen. Entscheidend ist aber, dass der Vermögenszuwachs am Markt noch nicht realisiert wurde.[552]

In der internationalen Rechnungslegung betrifft dies insbesondere Fälle der Neubewertung von Vermögenswerten und Währungsumrechnungen.[553] Ein in der deutschen Rechnungslegung besonderer, nach IFRS nicht zulässiger Fall ist

[551] Vgl. Wagenhofer, A. (2001), S. 300.

[552] Vgl. Buchholz, R. (2001), S. 128.

[553] Vgl. Achleitner, A.-K. / Kleekämper, H. (1997), S. 120.

die Verrechnungsmöglichkeit des *Geschäfts- und Firmenwertes* mit den Rücklagen.[554]

Anhand der Neubewertung von Vermögenswerten wird der grundlegende Unterschied zwischen der Rechnungslegung nach IFRS und HGB deutlich. Nach HGB dürfen Gewinne erst erfasst werden, wenn sie durch den Umsatzakt realisiert worden sind.[555] Der Zeitpunkt des Umsatzaktes bestimmt sich danach, wann eine Ware geliefert, der Anspruch auf Gegenleistung entstanden, die Gefahr auf den Käufer übergegangen und die Rechnung erstellt ist.[556] Daraus ergibt sich, dass noch nicht verkaufte Vermögensgegenstände beziehungsweise solche, für die keine Verkaufsabsicht besteht, dem Vorsichtsgedanken entsprechend maximal mit den Anschaffungs- oder Herstellungskosten angesetzt werden dürfen und im Falle von Wertsteigerungen *stille Reserven* verursachen.[557] Dieses so genannte Realisationsprinzip wird nach IFRS weniger streng ausgelegt. Zwecks Vermeidung *stiller Reserven* durch zeitnähere Bewertung dürfen bestimmte Gewinne schon vor Realisierung erfasst werden. Allerdings muss dann in den meisten Fällen im Sinne einer auch den IFRS bekannten vorsichtigen Gewinnermittlung die vorzeitige Gewinnrealisierung erfolgsneutral im Eigenkapital geschehen.[558] Erfolgswirksam werden die Gewinne erst durch Realisierung des höheren Vermögenswertes in der Zukunft.[559]

Das Informationsdefizit besteht nun darin, dass *stille Reserven* aller Art im Jahresabschluss nicht ersichtlich sind. Sei es, dass sie wie so oft nach HGB gar nicht aufgedeckt werden oder dass sie wie nach IFRS im Falle ihrer Aufdeckung nicht ohne ein zusätzliches Instrument erkennbar sind, weil sie in den bilanziell erfassten Vermögenswerten versteckt sind. Dieses Defizit soll die Eigenkapitalveränderungsrechnung reduzieren.

---

[554] Vgl. Baetge, J. (1998a), S. 348.

[555] Vgl. Gräfer, H. / Sorgenfrei, C. (2002), S. 124.

[556] Vgl. Adler / Düring / Schmalz (1995), Teilband 1, § 252, Tz. 82; vgl. Bieg, H. / Kußmaul, H. (1996), S. 42.

[557] Vgl. Baetge, J. (1996), S. 186.

[558] Das Vorsichtsprinzip ist in der Rechnungslegung nach IFRS dem Prinzip der periodengerechten Abgrenzung untergeordnet; vgl. Pellens, B. (2001), S. 446. In manchen Fällen dürfen daher auch schon Gewinne erfolgswirksam erfasst werden, wenn sie noch nicht realisiert sind – beispielsweise im Rahmen der langfristigen Auftragsfertigung. Voraussetzung ist jedoch, dass die Realisierung mit Sicherheit eintritt. Bei bestimmten Wertpapieren wird aus gleichem Grund vom Realisationsprinzip abgewichen; vgl. Kap. I 2.2.1.

[559] Vgl. hierzu auch das Beispiel in Kap. I 3.3.

Die Eigenkapitalveränderungsrechnung bildet also einerseits eine differenzierte Eigenkapitaldarstellung ab (eingezahltes Kapital, Rücklagen und deren Veränderung) und ist andererseits beziehungsweise zusätzlich ein Instrument, das es erlaubt, erfolgsneutrale Vermögensänderungen, die (noch) nicht „verdient" und „erwirtschaftet" worden sind, von den durch die unternehmerische Betätigung entstandenen Erträgen und Aufwendungen abzugrenzen.[560]

1.3 Bedeutung der Eigenkapitalveränderungsrechnung im Rahmen der internationalen Rechnungslegung

Die Informationslücke des Jahresabschlusses ohne Eigenkapitalveränderungsrechnung haben sowohl internationale Standardsetter als auch der deutsche Gesetzgeber erkannt. Ihre Bedeutung im Vergleich zu den bereits behandelten Instrumenten ist erst in jüngster Zeit aufgrund der Zunahme erfolgsneutraler Veränderungen gewachsen. Während in den USA zunächst nur eine allgemeine durch die SEC bewirkte Verpflichtung bestand, über Eigenkapitalveränderungen zu berichten, was vom FASB mit einer Empfehlung unterstützt wurde, existiert die Verpflichtung zur Aufstellung einer eigenständigen Eigenkapitalveränderungsrechnung erst seit 1997. SFAS 130 „Reporting Comprehensive Income" schreibt die Veröffentlichung dieses separaten Rechenwerkes vor.[561]

Die IFRS führten fast zeitgleich mit der Überarbeitung des IAS 1 „Presentation of Financial Statements" die obligatorische Eigenkapitalveränderungsrechnung ein.[562] Aufgrund der Möglichkeit der Neubewertung des Sachanlagevermögens dürfte sie in IFRS basierten Jahresabschlüssen eine noch wichtigere Rolle spielen als nach US-GAAP.

In Deutschland besteht seit 2002 die Verpflichtung, den Konzernabschluss um einen Eigenkapitalspiegel zu ergänzen. Hierfür wurde der § 297 Abs. 2 HGB neben der Kapitalflussrechnung und der Segmentberichterstattung um dieses Instrument ergänzt.[563] Die inhaltliche Ausgestaltung wurde jedoch genauso wie bei der Kapitalflussrechnung und Segmentberichterstattung nicht näher konkretisiert und dem DRSC übertragen. Dieses erarbeitete schon früh einen Standard

---

[560] Vgl. Baetge, J. (1998a), S. 345.

[561] Vgl. Pellens, B. (2001), S 351-353.

[562] Vgl. Wollmert, P. / Achleitner, A.-K. (2002), Tz. 23.

[563] Vgl. Bundesgesetzblatt, Jahrgang 2002, Teil I, Nr. 50 vom 25. Juli 2002. Einzusehen unter http://217.160.60.235/BGBL/bgbl1f/bgbl102s2681.pdf (Stand 10.03.2003).

zum Eigenkapitalausweis und verabschiedete bereits vor Änderung des HGB den DRS 7. Aufgrund der Bekanntgabe des Standards durch das BMJ ist der DRS 7 für alle nach HGB bilanzierenden, börsennotierten Konzernunternehmen verbindlich anzuwenden.[564]

2 Darstellung des Instrumentariums

2.1 Grundlegender Aufbau

Einerseits machen die IFRS zum Aufbau der Eigenkapitalveränderungsrechnung keine konkreten Vorschriften. Andererseits verlangen sie aber diesbezügliche Informationen, die separat im Jahresabschluss zu zeigen sind. Ergänzend kommen Informationen hinzu, die mindestens im Anhang zu veröffentlichen sind.[565] In einem gesonderten Bestandteil des Jahresabschlusses sind

- das Periodenergebnis,
- alle erfolgsneutral mit dem Eigenkapital verrechneten Aufwendungen und Erträge sowie deren Summe und
- die Auswirkungen von Änderungen in den Bilanzierungs- und Bewertungsmethoden sowie der Berichtigung grundlegender Fehler, sofern sie erfolgsneutral erfasst wurden,

zu zeigen. Zusätzlich werden Informationen über

- Kapitaltransaktionen mit Anteilseignern und Ausschüttungen an Anteilseigner,
- Gewinn- und Verlustvorträge und
- Buchwerte jeder Kategorie des gezeichneten Kapitals, des Agios und sämtlicher Rücklagen sowie deren Überleitung vom Periodenanfang zum Periodenende

verlangt.[566] Zusammengefasst können alle Informationen zur Eigenkapitalveränderung in einer gemeinsamen Rechnung – dem Eigenkapitalspiegel – ausgewiesen werden.[567]

---

564 Vgl. Pellens, B. (2001), S. 352.

565 Vgl. Baetge, J. (1998a), S. 352.

566 Vgl. IAS 1 Par. 86.

In Abbildung 27 wird ein Beispiel zu einer Eigenkapitalveränderung gezeigt. Sie unterscheidet sich zu einem von HGB bilanzierenden Unternehmen in der Weise, dass nach IFRS keine Rücklagen für eigene Anteile zu bilden sind,[568] erfolgsneutrale Verrechnungen mit dem *Geschäfts- und Firmenwert* nicht möglich sind[569] und Gewinn- beziehungsweise Verlustvorträge sowie das Periodenergebnis in die Gewinnrücklagen kategorisiert werden. Letzteres wird mit einer fehlenden Gewinnverwendungsrechnung nach IFRS begründet, wirkt sich aber nur auf die formelle Gestaltung aus.[570]

Die Markierungen zeigen die Positionen, in denen die Vorgänge erfasst werden. Die in Klammern gesetzten Markierungen sind wahlweise im Eigenkapitalspiegel oder an anderer Stelle im Anhang zu zeigen. Von diesem Vorschlag abweichend können auch die Gewinnrücklagen in einer Summe ausgewiesen werden.[571] Dadurch wird dem Analysten jedoch die differenzierte Betrachtung der Gewinnrücklagenveränderung verschlossen, wenn er nicht zusätzlich eine Gewinnverwendungsrechnung und die Bilanzbestände zu Hilfe zieht.

2.2 Erfolgsneutrale Eigenkapitalveränderungen

Der wesentliche Informationsgehalt der Eigenkapitalveränderungsrechnung liegt in der Offenlegung erfolgsneutraler Vorgänge im Eigenkapital. Sie ergeben sich vorzugsweise aus der Neubewertung von Sachanlagen und Wertpapieren sowie aus Währungsumrechnungsdifferenzen. Um diese Vorgänge möglicherweise differenziert für die Bilanzanalyse im Hinblick auf das bilanzielle und bilanzanalytische Eigenkapital nutzbar zu machen, werden im Folgenden zunächst die Wirkungen dargestellt. Die bilanzanalytische Wertung erfolgt im Kapitel III 3.2.

---

567 Vgl. IAS 1 Par. 89.

568 Eigene Anteile sind nach IFRS direkt vom Eigenkapital abzuziehen; vgl. SIC 16 Par. 4.

569 Nach IFRS ist ein derivativer *Geschäfts- und Firmenwert* zwingend als Vermögenswert anzusetzen und über seine Nutzungsdauer abzuschreiben; vgl. IAS 22 Par. 41-44.

570 Vgl. Coenenberg, A. G. (2000), S. 297.

571 Vgl. IAS 1 Anhang.

Abbildung 27: Eigenkapitalveränderungsrechnung

Vorgang / Eigenkapitalkomponenten	gezeichnetes Kapital	Kapitalrücklage	Gewinnrücklagen nach IFRS					Neubewertungsrücklage	Umrechnungsrücklage	Σ
			gesetzliche Rücklage	satzungsmäßige Rücklage	andere Gewinnrücklage	nicht ausgeschüttete Gewinne: Gew.- / Verl. Vortrag	nicht ausgeschüttete Gewinne: JÜ / BG			
Stand t_0	(X)	(X)	(X)	(X)	(X)	(X)	(X)	(X)	(X)	(X)
Korrektur grundlegender Fehler					(X)					X
Änderung Bilanzierungs- und Bewertungsmethoden					(X)					X
angepasster Stand t_0	(X)	(X)	(X)	(X)	(X)	(X)	(X)	(X)	(X)	(X)
Kapitaltransaktionen	(X)	(X)								(X)
Ausschüttungen							(X)			(X)
Gewinnverwendung			(X)	(X)	(X)	(X)	(X)		(X)	X
Neubewertung										
- Sachanlagevermögen					(X)			X		
- Wertpapiere					(X)			X		
Summe					(X)			(X)		X
Währungsumrechnung									(X)	X
Stand t_1	(X)	(X)	(X)	(X)	(X)	(X)	(X)	(X)	(X)	(X)

2.2.1 Neubewertung

In der internationalen Rechnungslegung wird zwischen zwei Bewertungskonzepten von Vermögenswerten unterschieden. Zum einen betrifft dies das Konzept der ***fortgeführten Anschaffungskosten***, wie es im Prinzip aus der Rechnungslegung nach HGB bekannt ist.[572] Für den erstmaligen Ansatz sind zunächst die Anschaffungs- beziehungsweise Herstellungskosten zu ermitteln.[573] Bei der Folgebewertung sind diese auf die Nutzungsdauer zu verteilen.[574] Folglich werden die Vermögenswerte in den Folgejahren von planmäßigen und gegebenenfalls außerplanmäßigen Abschreibungen sowie möglicherweise von Zuschreibungen begleitet, wobei im Grundsatz die Anschaffungs- und Herstellungskosten die Wertobergrenze bilden. Strengstens muss dies nach HGB praktiziert werden.[575] Nach IFRS und US-GAAP gibt es davon nur eine Ausnahme im Rahmen der Bewertung der Wertpapiere, die bis zur Endfälligkeit im Bestand des Unternehmens verbleiben. Werden Wertpapiere solcher Art unter dem Rückzahlungspreis erworben, ist die Differenz über die Restdauer zuzuschreiben.[576] Insofern sind Wertansätze über den Anschaffungskosten sogar geboten. Auf das Konzept der *fortgeführten Anschaffungskosten*[577] soll im Weiteren nicht näher eingegangen werden, da jede Wertänderung erfolgswirksam in der *Gewinn- und Verlustrechnung* zu erfassen ist. Genauso wenig sollen die weiteren Bewertungsunterschiede zwischen deutscher und internationaler Rechnungslegung, die sich durch unterschiedliche Abschreibungsmethoden, der Verpflichtung zum Vollkostenkonzept oder dem Verbot steuerlich motivierter Abschreibungen ergeben, dargestellt werden.

---

[572] Abweichungen treten nur bei Wertpapieren auf, die eine Endfälligkeit besitzen wie beispielsweise festverzinsliche Anleihen; vgl. auch Fn. 576 und Fn. 582.

[573] Vgl. Langer, K. (1999), S. 189.

[574] Vgl. Baetge, J. (1996), S. 194.

[575] Vgl. Gräfer, H. / Sorgenfrei, C. (2001), S. 131.

[576] Werden festverzinsliche Wertpapiere unter ihrem Nennwert ausgegeben, ist die Differenz zwischen Ausgabekurs und Rückzahlungswert sukzessive über die Laufzeit erfolgswirksam zu verteilen; vgl. Pellens, B. (2002), S. 188. Null-Kupon-Anleihen werden beispielsweise immer unter ihrem Rückzahlungswert ausgegeben, da der Investor nur über den höheren Rückzahlungspreis eine Verzinsung erhält; vgl. Olfert, K. (2001), S. 329.

[577] Aus dieser zum HGB besonderen Methodik der Zuschreibung über die Anschaffungskosten hinaus ergibt sich auch die Begriffsabgrenzung der Bewertungsmethoden. Nach HGB wird üblicherweise vom Anschaffungskostenprinzip gesprochen, da die Anschaffungskosten die höchste Bewertung zulassen. Nach IFRS und US-GAAP wird genauer von *fortgeführten Anschaffungskosten* gesprochen, da in bestimmten Fällen auch höhere Bewertungen zulässig sind.

Zum anderen existiert neben dem Prinzip der *fortgeführten Anschaffungskosten* alternativ das Konzept der **Neubewertung**.[578] Nach HGB ist dieses verboten, nach amerikanischem Recht ist es auf bestimmte Wertpapiere beschränkt. Nach IFRS darf neben den Wertpapieren auch das Sachanlagevermögen neubewertet werden.[579]

Im Grundsatz geht es bei der Neubewertung darum, bestimmte Vermögenswerte zeitnäher – mit dem so genannten „*Fair Value*"[580] anzusetzen, um den Wert des Vermögens zutreffender darzustellen. Die ursprünglich ermittelten Anschaffungs- und Herstellungskosten werden dabei ebenso wie im Anschaffungskostenprinzip mittels Abschreibungen über die Nutzungsdauer verteilt und von außerplanmäßigen Abschreibungen sowie Zuschreibungen begleitet. Die Feststellung der Notwendigkeit von außerplanmäßigen Abschreibungen beziehungsweise Zuschreibungen geschieht ebenfalls durch Vergleich mit dem beizulegenden (Zeit)Wert.[581] Entscheidet sich ein Unternehmen für die Neubewertungsmethode, so werden allerdings im Unterschied zum Konzept der *fortgeführten Anschaffungskosten* die Gewinnwirkungen der außerplanmäßigen Abschreibungen und Zuschreibungen anders behandelt.

Durch die Neubewertung ermittelte Zuschreibungen, die über die *fortgeführten Anschaffungskosten* hinausgehen, sind erfolgsneutral unter Berücksichtigung latenter Steuern ins Eigenkapital – in die so genannte Neubewertungsrücklage – einzustellen.[582] Die *Gewinn- und Verlustrechnung* wird folglich nicht berührt. Außerplanmäßige Abschreibungen sind wie im Konzept der *fortgeführten Anschaffungskosten* erfolgswirksam zu erfassen, es sei denn, es existiert bereits eine Neubewertungsrücklage. Dann wäre diese zunächst erfolgsneutral aufzulösen. Erst eine verbleibende Differenz stellt Aufwand dar. Zuschreibungen, die nicht über die *fortgeführten Anschaffungskosten* hinausgehen, sind ebenfalls Gewinn erhöhend zu erfassen, da sie eine zuvor erfolgswirksam erfasste außerplanmäßige Abschreibung rückgängig machen.[583] Insgesamt sind dabei die Zu-

578 Vgl. Baetge, J. / Beermann, T. (1999), S. 343.

579 Vgl. IAS 16 Par. 29.

580 Nach IFRS ist der *Fair Value* definiert als „beizulegender Zeitwert", zu dem zwischen sachverständigen, vertragswilligen und voneinander unabhängigen Geschäftspartnern ein Vermögenswert getauscht oder eine Verbindlichkeit beglichen werden könnte; vgl. IAS 39 Par. 8. In der Regel handelt es sich dabei schlicht um den Marktwert, beispielsweise bei Wertpapieren; vgl. Ernst, C. (2001), S. 246.

581 Vgl. Baetge, J. / Beermann, T. (1999), S. 344.

582 Vgl. Baetge, J. / Beermann, T. (1999), S. 344.

583 Vgl. Baetge, J. / Beermann, T. (1999), S. 346.

schreibungen im Konzept der Neubewertung nicht auf die Anschaffungs- und Herstellungskosten beschränkt. Ein Wertansatz darüber hinaus ist denkbar.[584] Abbildung 28 zeigt diese Wirkungen graphisch.

Abbildung 28: Gewinnwirkung der Neubewertung

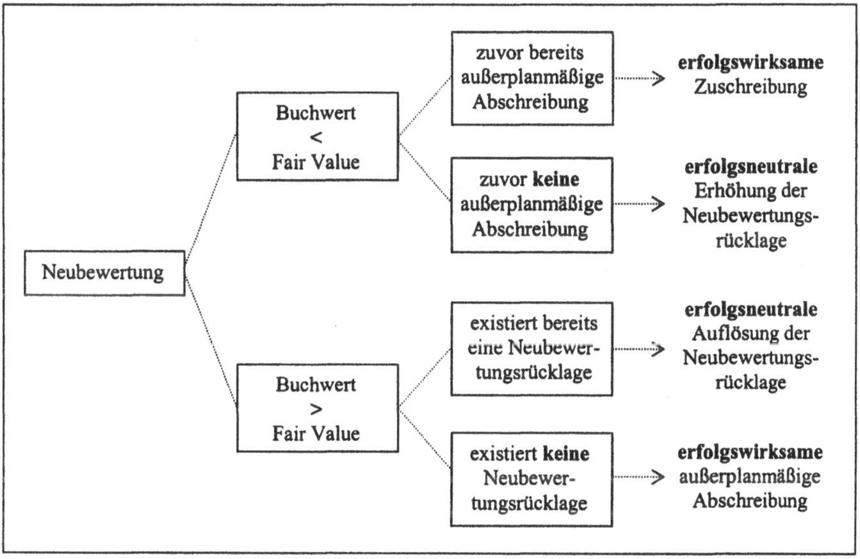

Der Sinn der Neubewertungsrücklage liegt darin, Veränderungen des (Rein)Vermögens zu zeigen, die nicht Folge der unternehmerischen Betätigung im Sinne von Aufwendungen und Erträgen sind oder auf Einlagen oder Entnahmen der Eigner beruhen, sondern sich eher „zufällig" im Zeitablauf ergeben haben wie beispielsweise Wertsteigerungen bei Immobilien. Diese sind zwar im Rechenwerk zu erfassen, aber erfolgsneutral abzubilden, weil sie einerseits eine andere Verursachung haben als die Werte der Erfolgsrechnung, die den unter-

[584] Momentan wird die Methode der Neubewertung des Sachanlagevermögens von deutschen Unternehmen nicht praktiziert, da die Bewertung des Sachanlagevermögens über die Anschaffungs- und Herstellungskosten hinaus nicht im Einklang mit den EU-Richtlinien steht. Die Anwendung der Neubewertung im Konzernabschluss hätte folglich keine befreiende Wirkung gem. § 292a HGB; vgl. auch Busse von Colbe, W. (2001), S. 199. Dieser Umstand kommt sicherlich einigen Unternehmen noch zusätzlich entgegen, da der mit der Neubewertung verbundene höhere Eigenkapitalausweis zu niedrigeren Eigen- und Gesamtkapitalrentabilitäten führt. Anders hingegen bei Wertpapieren: Der *Fair Value-Ansatz* wird durch die EU-Richtlinie gestattet, so dass es bei manchen Wertpapieren zur Neubewertung kommt; vgl. bspw. den Geschäftsbericht 2001 von Beiersdorf, S. 83.

nehmerischen Erfolg messen soll und andererseits noch nicht realisierte Erträge und Aufwendungen darstellen.[585]

Die Neubewertung gilt nach IFRS für das **Sachanlagevermögen** nicht als bevorzugte, aber als alternativ zulässige Bewertungsmethode.[586] Die **Finanzinstrumente** nach IFRS sind differenziert zu betrachten. Sie werden nach IFRS zum Zwecke der Bewertung in vier Kategorien eingeteilt:[587]

1. *zu Handelszwecken gehaltene finanzielle Vermögenswerte* (*held for tradings*) – im Wesentlichen sind dies die Wertpapiere des Umlaufvermögens (zum Beispiel Aktien) und Derivate,
2. *bis zur Endfälligkeit gehaltene Finanzinvestitionen* (*held to maturities*) – je nach Endfälligkeitstermin handelt es sich um Wertpapiere des Umlaufvermögens oder Anlagevermögens, in keinem Fall aber um Beteiligungen, da diese keine Endfälligkeit besitzen (zum Beispiel Staats- und Industrieanleihen),
3. *vom Unternehmen ausgereichte Kredite und Forderungen* (*loans and receivables*) – unabhängig vom Fälligkeitstermin (zum Beispiel gewährte Darlehen oder Forderungen aus Lieferungen und Leistungen) und
4. *zur Veräußerung verfügbare finanzielle Vermögenswerte* (*available for sales*) – Wertpapiere, die keiner oben genannten Gruppe zugeordnet werden können. Das sind solche Wertpapiere, die weder zum Handelsbestand gehören noch bis zu ihrer Fälligkeit behalten werden sollen beziehungsweise keine Fälligkeit besitzen (zum Beispiel langfristige Beteiligungen).[588]

Von den Kategorien werden die *zu Handelszwecken gehaltenen finanziellen Vermögenswerte* einschließlich der Derivate (1. Gruppe) und die *zur Veräußerung verfügbaren finanziellen Vermögenswerte* (4. Gruppe) mit dem *Fair Value*

---

[585] WAGENHOFER bezeichnet diesen Gewinn von Vermögenssubstanz als „Scheingewinne"; vgl. Wagenhofer, A. (2001), S. 300.

[586] Vgl. IAS 16 Par. 29.

[587] Die Aufteilung des finanziellen Vermögens auf die Wertkategorien geschieht lediglich zum Zwecke der unterschiedlichen Bewertung. Im Bilanzausweis wird das Finanzvermögen wieder auf das Anlage- und Umlaufvermögen – je nachdem wie es der nationale Gesetzesgeber oder Standardsetter vorsieht – aufgeteilt. Hiervon unterscheidet sich die HGB-Bilanzierung, nach der die Unterscheidung in Anlage- und Umlaufvermögen zum Zwecke der Bewertung ausreicht.

[588] Vgl. IAS 39 Par. 68.

bewertet.[589] Die Gruppen 2 und 3 werden mit den *fortgeführten Anschaffungskosten* angesetzt.[590]

Die *Fair Value-Bewertung* der Finanzinstrumente geschieht aber nicht nach dem gleichen Prinzip wie beim Sachanlagevermögen. Wertänderungen bei Wertpapieren des Umlaufvermögens (Gruppe 1) werden stets erfolgswirksam erfasst.[591] Bei Beteiligungen der Gruppe 4 haben Unternehmen das Wahlrecht, die Wertänderungen erfolgswirksam wie bei Wertpapieren des Umlaufvermögens zu erfassen[592] oder alternativ auch erfolgsneutral in der Neubewertungsrücklage darzustellen.[593] Dies ist unabhängig davon, ob es sich um eine Wertminderung oder -erhöhung handelt. Nur wenn eine Wertminderung voraussichtlich von Dauer ist, muss sie erfolgswirksam abgeschrieben werden. Eine existierende Neubewertungsrücklage ist jedoch zuvor aufzulösen.[594] Der Grund dieser zum Sachanlagevermögen unterschiedlichen Behandlung liegt darin, kurzfristige Kursschwankungen, die zu keiner Realisierung in naher Zukunft führen, aus der *Gewinn- und Verlustrechnung* herauszuhalten. Diese Vorgehensweise bezüglich der Gewinnwirkung entspricht dem im § 253 Abs. 2 Satz 3 HGB und § 279 Abs. 1 Satz 2 HGB verankerten Wahlrecht, von Abschreibungen auf das Finanzanlagevermögen bei vorübergehender Wertminderung abzusehen. Jedoch werden die Vermögensminderungen nach IFRS den tatsächlichen Verhältnissen entsprechend beim Vermögensansatz in der Bilanz berücksichtigt.

Kursgewinne führen immer zu einer Vermögensmehrung und damit zu einer Eigenkapitalerhöhung: entweder über die Ergebniserhöhung bei erfolgswirtschaftlicher Behandlung oder über die Steigerung der Neubewertungsrücklage bei erfolgsneutraler Verrechnung. Der Unternehmung bleibt es jedoch bei bestimmten Wertpapieren überlassen, diese Veränderung als Teil des Jahresergebnisses darzustellen oder außerhalb der Erfolgsrechnung lediglich in der Neubewertungsrücklage zu zeigen. Das gleiche gilt für Kursverluste, wenn es sich bei diesen Wertpapieren um vorübergehende Wertminderungen handelt.

---

[589] Vgl. IAS 39 Par. 69.

[590] Vgl. IAS 39 Par. 73. Im Bezug auf die erfolgsneutrale Bewertung stellen sie also gegenüber der üblichen Bilanzierungspraxis keine Besonderheit dar.

[591] Vgl. IAS 39 Par. 103a.

[592] Vgl. IAS 39 Par. 103b(i).

[593] Vgl. IAS 39 Par. 103b(ii).

[594] Vgl. IAS 39 Par. 117.

Abbildung 29: Bewertung von finanziellen Vermögenswerten

Bewertungskategorie	Wertansatz	Gewinnwirkung
1. *held for tradings*	*Fair Value*	**erfolgswirksam**
2. *held to maturity*	*fortgeführte Anschaffungskosten*	**erfolgswirksam**
3. *loans and receivables*	*fortgeführte Anschaffungskosten*	**erfolgswirksam**
4. *available for sales*	*Fair Value*	**erfolgswirksam** oder **erfolgsneutral** bei Wertzuwächsen und vorübergehenden Wertminderungen

2.2.2 Währungsumrechnungsdifferenzen

Währungsumrechnungsdifferenzen wurden schon als Besonderheit bei der Kapitalflussrechnung herausgestellt. Da mit ihnen teilweise erfolgsneutrale Veränderungen des Eigenkapitals verbunden sind, werden sie nun weiter differenziert als bisher bei der Kapitalflussrechnung geschehen.[595]

Die Umrechnung der in konzernfremder Währung abgewickelten Aktivitäten wird in die Bereiche Fremdwährungstransaktionen und Fremdwährungskonsolidierung aufgeteilt. Fremdwährungstransaktionen fallen im Import- und Exportgeschäft eines Unternehmens an und sind bereits bei der Aufstellung des Einzelabschlusses zu berücksichtigen. Fremdwährungskonsolidierungen betreffen die Umrechnung der ausländischen Abschlüsse der Tochtergesellschaften bei Aufstellung des Konzernabschlusses. Dabei treten zwei grundlegende Problemfelder auf: Zum einen müssen die Umrechnungskurse festgelegt werden und zum anderen muss geklärt werden, wie die gegebenenfalls verursachten Währungsumrechungsdifferenzen zu erfassen sind.[596]

[595] Vgl. Kap. I 2.4.

[596] Vgl. Achleitner, A.-K. (2000), S. 262.

Für die Umrechnung von Aktivitäten in ausländischer Währung kommen grundsätzlich der historische Kurs, der Stichtagskurs oder ein Durchschnittskurs in Betracht.[597] **Währungsumrechnungsdifferenzen** entstehen dadurch, dass für die umzurechnenden Jahresabschlussposten der Bilanz und der *Gewinn- und Verlustrechnung* sowie der Töchter zum Zweck der Erfassung im Konzernabschluss entweder unterschiedliche Kurse herangezogen werden oder – sofern die Stichtagkurse verwendet werden – sich der Kurs zwischen den Bilanzstichtagen verändert.[598] Für die Behandlung der Umrechnungsdifferenzen stellt sich dann die Frage der erfolgswirksamen oder erfolgsneutralen Behandlung.

Auswirkungen von Wechselkursänderungen sind im IAS 21 geregelt. Diese Regelungen unterscheiden sich nicht wesentlich von denen nach US-GAAP. Hingegen ist die Erfassung von Währungsumrechnungsdifferenzen nach HGB kaum geregelt. Das DRSC hat ebenfalls noch keinen Standard, wohl aber einen Entwurf herausgegeben. Dabei ist abzusehen, dass die Thematik der Währungsumrechnung in Anlehnung an die internationale Rechnungslegung geregelt wird.[599]

Fremdwährungstransaktionen sind bei ihrer erstmaligen Erfassung mit dem Stichtagskurs zum Zeitpunkt des Geschäftsvorfalles umzurechnen. Durchschnittswerte bei Umrechnung mehrerer Geschäftsvorfälle sind zulässig, sofern die Kursschwankungen nicht wesentlich sind.[600] Hinsichtlich der Folgebewertung ist zwischen monetären und nicht monetären Posten zu unterscheiden.[601]

Monetäre Posten wie Forderungen, Bankguthaben, Verbindlichkeiten oder Rückstellungen werden zum Bilanzstichtag mit dem entsprechenden Stichtagskurs umgerechnet.[602] Währungsumrechnungsdifferenzen ergeben sich durch schwankende Wechselkurse zu den Stichtagen. Sie werden erfolgswirksam erfasst, auch wenn der Wechselkurs gestiegen ist und somit Wechselkursgewinne ausgewiesen werden, die noch nicht realisiert wurden.[603] Diese Behandlung der Umrechnungsdifferenzen ist nach deutschem Bilanzrecht aufgrund des Realisationsprinzips nicht möglich, da Vermögensgegenstände maximal mit den An-

[597] Vgl. Achleitner, A.-K. (2000), S. 262.

[598] Vgl. Göth, P. (1997), S. 285.

[599] Vgl. Löw. E. / Lorenz, K. (2002), S. 2547.

[600] Vgl. Federmann, R. / IASCF (2002), S. 195.

[601] Vgl. Achleitner, A.-K. (2000), S. 262.

[602] Vgl. Federmann, R. / IASCF (2002), S. 196.

[603] Vgl. Achleitner, A.-K. (2000), S. 264.

schaffungs- und Herstellungskosten bewertet werden können.[604] Ausnahmen von der erfolgswirksamen Erfassung bestehen lediglich in Fällen, in denen sich die Forderungen oder Verbindlichkeiten gegen Beteiligungsunternehmen richten und mit ihrer Begleichung und folglich mit Realisierung der Währungsdifferenz kurzfristig nicht gerechnet werden kann. Umrechnungsdifferenzen von Fremdwährungsverbindlichkeiten, die der Absicherung einer Beteiligung in fremder Währung als Kurssicherungsinstrument dienen, werden ebenfalls erfolgsneutral verbucht, da gerade das Kurssicherungsgeschäft die Währungsdifferenz ausgleicht.[605]

In seltenen Fällen besitzen Unternehmen **nicht monetäre Vermögenswerte** wie Sachanlagen, immaterielle Vermögenswerte oder Vorräte, die in konzernfremder Währung bewertet werden. Für die Umrechnung in die Konzernwährung ist zu unterscheiden, ob die Vermögenswerte zu *fortgeführten Anschaffungskosten* bewertet wurden oder ob die Neubewertungsmethode eingesetzt wurde.[606] Vorräte können beispielsweise nur mit *fortgeführten Anschaffungskosten* bewertet werden. Sie werden auch in den Folgejahren mit den historischen Umrechnungskursen (Stichtagskurs bei Erstbewertung) umgerechnet. Neubewertete nicht monetäre Vermögenswerte – hier kommt praktisch nur das Sachanlagevermögen in Frage – werden gemäß der Neubewertungsmethode mit dem *Fair Value* angesetzt und dem *Fair Value-Gedanken* folgend mit dem Stichtagskurs zum Zeitpunkt der Neubewertung umgerechnet.[607]

Zur Behandlung der Umrechnungsdifferenzen nicht monetärer Vermögenswerte werden keine besonderen Ausführungen gemacht. Hier gilt die allgemeine Auffassung, Wertminderungen beziehungsweise Werterhöhungen erfolgswirksam zu erfassen, sofern es sich nicht um eine Neubewertung handelt. Neuberwertungsdifferenzen werden in die Neubewertungsrücklage gestellt. Gleicherweise ist dann auch mit den Währungsumrechnungsdifferenzen zu verfahren.[608] Fraglich ist nur, ob die Differenzen mit der Neubewertungsrücklage zu verrechnen sind oder ob der Teil, der die Währungsumrechnung betrifft, in eine Währungsumrechnungsrücklage einzustellen ist. Hierzu gibt es keine Regelung. Nach Meinung des Autors wäre letztere Vorgehensweise sachgerecht, um Fremdwährungseinflüsse sichtbar zu machen.

---

[604] Vgl. Wagenhofer, A. (2001), S. 289.

[605] Vgl. Achleitner, A.-K. (2000), S. 264.

[606] Vgl. Wagenhofer, A. (2001), S. 288.

[607] Vgl. Wagenhofer, A. (2001), S. 289.

[608] Vgl. PricewaterhouseCoopers (1998), S. 21-7.

Folgendes Beispiel soll diesen Zusammenhang verdeutlichen: Ein Unternehmen erwirbt im Ausland in t_0 ein Grundstück für 100.000 $ und nimmt zur Finanzierung gleichzeitig einen Kredit für 100.000 $ auf. Der Wechselkurs zum Euro betrage 1:1. In der Folgeperiode wird das Grundstück neu bewertet. Der Betrag in Dollar entspricht 110.000, der Wechselkurs ist auf 1,50:1 gestiegen.

$-Bilanz in t_0

Grundstück	$ 100.000	Verbindlichkeiten	$ 100.000

€-Bilanz in t_0

Grundstück	€ 100.000	Verbindlichkeiten	€ 100.000

$-Bilanz in t_1

Grundstück	$ 110.000	Verbindlichkeiten	$ 100.000
		NBRL	$ 10.000

€-Bilanz in t_1

Grundstück	€ 165.000	Verbindlichkeiten	€ 150.000
		erfolgswirksame Differenz:	
		JÜ	€ -50.000
		erfolgsneutrale Differenz:	
		NBRL	€ 15.000
		WUD	€ 50.000

Dieses Beispiel zeigt, dass die Erhöhung des Wechselkurses zu einem Aufwand von 50.000 € führt, da für die Begleichung der Verbindlichkeit ein höherer Betrag in Euro aufgebracht werden muss. Zugleich führt die Höherbewertung des Grundstückes zu einem erfolgsneutralen Eigenkapitalanstieg, der der Gewinnwirkung entgegensteht. Nur der Betrag aus dem Anstieg des Grundstückswerts in Dollar erhöht insgesamt das Eigenkapital um 15.000 €. Wäre das Grundstück zu *fortgeführten Anschaffungskosten* bilanziert worden, läge das Eigenkapital in der Folgeperiode niedriger, da weder eine Neubewertungsrücklage noch eine Währungsumrechnungsdifferenz erfasst worden wäre. Lediglich der Währungsverlust aus der Höherbewertung der Verbindlichkeit hätte den Jahresüberschuss reduziert.

Neben den Umrechnungsdifferenzen aus Fremdwährungstransaktionen entstehen weitere Differenzen bei der **Konsolidierung** von Jahresabschlüssen in fremder Währung. Zur Umrechnung der Jahresabschlüsse kommt sowohl nach

IFRS als auch nach US-GAAP die **Methode der *funktionalen Währung*** zum Zuge.[609] Bei diesem Konzept wird unterschieden, inwiefern die umzurechnenden Unternehmen wirtschaftlich selbstständige Teileinheiten sind oder aus Sicht der Mutter integrierte Teileinheiten darstellen.[610]

Selbstständig agierende Unternehmen sind dadurch gekennzeichnet, dass sie ihre Geschäftsaktivitäten autonom bestimmen, die Aktivitäten mit dem Mutterunternehmen nur einen geringen Anteil umfassen, sich das Unternehmen durch eigene lokale Kredite finanziert und die Ausgaben sowie Umsätze überwiegend in der lokalen Währung ausgeführt werden.[611] In diesem Fall ist die *funktionale Währung* die Fremdwährung der Tochtergesellschaft. Ergeben sich nun Wechselkursänderungen, ist das Mutterunternehmen davon nur geringfügig betroffen, da aus Sicht des Mutterunternehmens die Fremdwährungsaktivitäten der Tochter weitestgehend in sich geschlossen sind. Beispielsweise werden aufgrund von Währungskursrückgängen verursachte Erlösschmälerungen durch gleichzeitig gesunkene Aufwendungen ausgleichen. Die Cashflows des Mutterunternehmens sind lediglich betroffen, wenn ein Teil des Ergebnisses der Tochter an die Mutter abgeführt wird oder sich die Mutter von der Beteiligung trennt.[612] Diese Umstände führen dazu, dass wirtschaftlich selbstständige Teileinheiten nach der ***modifizierten Stichtagskursmethode*** umgerechnet werden. Danach werden Aufwendungen und Erträge sowie die Bilanzbestände mit Ausnahme des Eigenkapitals einheitlich mit dem Stichtagskurs umgerechnet. Für das Eigenkapital wird der historische Umrechnungskurs verwendet. Währungsumrechnungsdifferenzen werden erfolgsneutral erfasst und erst erfolgswirksam umgebucht, wenn sich die Mutter von der Beteiligung löst.[613]

Mit einer vereinfachten Bilanz soll dieser Zusammenhang noch einmal dargestellt werden. Der Wechselkurs steigt wiederum von 1:1 auf 1,50:1.

[609] Vgl. Coenenberg, A. G. (2000), S. 553 u. S. 555.

[610] Vgl. Baetge, J. (1997), S. 190.

[611] Vgl. IAS 21 Par. 25.

[612] Vgl. Achleitner, A.-K. (2000), S. 265.

[613] Vgl. Achleitner, A.-K. (2000), S. 266.

$-Bilanz in t_0

Anlagevermögen	$ 100.000	Eigenkapital	$ 110.000
Umlaufvermögen	$ 70.000	Bilanzgewinn	$ 20.000
		Verbindlichkeiten	$ 40.000

€-Bilanz in t_0

Anlagevermögen	€ 100.000	Eigenkapital	€ 110.000
Umlaufvermögen	€ 70.000	Bilanzgewinn	€ 20.000
		Verbindlichkeiten	€ 40.000

$-Bilanz in t_1

Anlagevermögen	$ 100.000	Eigenkapital	$ 110.000
Umlaufvermögen	$ 70.000	Bilanzgewinn	$ 20.000
		Verbindlichkeiten	$ 40.000

€-Bilanz in t_1

Anlagevermögen	€ 150.000	Eigenkapital	€ 110.000
Umlaufvermögen	€ 105.000	WUD	€ 55.000
		Bilanzgewinn	€ 30.000
		Verbindlichkeiten	€ 60.000

Anders als bei selbstständigen Teileinheiten stellt sich dies bei **integrierten Teileinheiten** dar. Diese Unternehmen zeichnen sich dadurch aus, dass sie ihre Aktivitäten quasi als verlängerter Arm der Mutterunternehmung ausführen.[614] Aus Sicht der Mutter stellen diese Aktivitäten Fremdwährungstransaktionen dar, so dass die *funktionale Währung* die des berichtenden Unternehmens ist.[615] Bei der Umrechnung kommt daher analog zur Umrechnung der Fremdwährungstransaktionen die **Zeitbezugsmethode** zur Geltung. Danach werden die monetären Bilanzpositionen zum Stichtagskurs und die nicht monetären Bilanzpositionen zum historischen Kurs der Erstbewertung beziehungsweise zum Kurs bei Neubewertung umgerechnet. Die Aufwendungen und Erträge werden in der Regel zum Stichtagskurs umgerechnet. Lediglich in Fällen, in denen sie direkt mit Bilanzpositionen korrespondieren – beispielsweise bei Abschreibungen – , werden sie mit dem gleichen Kurs wie die dazugehörende Bilanzposition transformiert.[616] Da sich Wechselkursänderungen direkt auf die Cashflows der Mutter

[614] Vgl. Achleitner, A.-K. (2000), S. 267.

[615] Vgl. Pellens, B. (2001), S. 491.

[616] Vgl. Achleitner, A.-K. (2000), S. 267.

auswirken, werden die Umrechnungsdifferenzen im Unterschied zu wirtschaftlich selbstständigen Teileinheiten erfolgswirksam erfasst.[617]

Im nachstehenden Beispiel handelt es sich beim Umlaufvermögen um monetäre Vermögenswerte wie Forderungen und Bankguthaben. Der Jahresüberschuss (vor Gewinnverwendung) beträgt in t_1 20.000 in Dollar bewertet und inklusive der erfolgswirksamen Währungsumrechnungsdifferenzen 35.000 in Euro bewertet.

$-Bilanz in t_0

Anlagevermögen	$ 100.000	Eigenkapital	$ 110.000
Umlaufvermögen	$ 70.000	Bilanzgewinn	$ 20.000
		Verbindlichkeiten	$ 40.000

€-Bilanz in t_0

Anlagevermögen	€ 100.000	Eigenkapital	€ 110.000
Umlaufvermögen	€ 70.000	Bilanzgewinn	€ 20.000
		Verbindlichkeiten	€ 40.000

$-Bilanz in t_1

Anlagevermögen	$ 100.000	Eigenkapital	$ 110.000
Umlaufvermögen	$ 70.000	Bilanzgewinn	$ 20.000
		Verbindlichkeiten	$ 40.000

€-Bilanz in t_1

Anlagevermögen	€ 100.000	Eigenkapital	€ 110.000
Umlaufvermögen	€ 105.000	WUD	€ 5.000
		Bilanzgewinn	€ 30.000
		Verbindlichkeit	€ 60.000

Wie den vorstehenden Ausführungen und der zusammenfassenden Abbildung 30 zu entnehmen ist, ergeben sich erfolgsneutrale Währungsumrechnungsdifferenzen in der Regel nur bei der Konsolidierung wirtschaftlich selbstständiger Teileinheiten. Erfolgsneutrale Differenzen aus Fremdwährungstransaktionen kommen bei Forderungen und Verbindlichkeiten gegenüber Beteiligungsunternehmen und Absicherungsgeschäften vor.

[617] Vgl. Achleitner, A.-K. (2000), S. 269.

Abbildung 30: Währungsumrechnungsdifferenzen

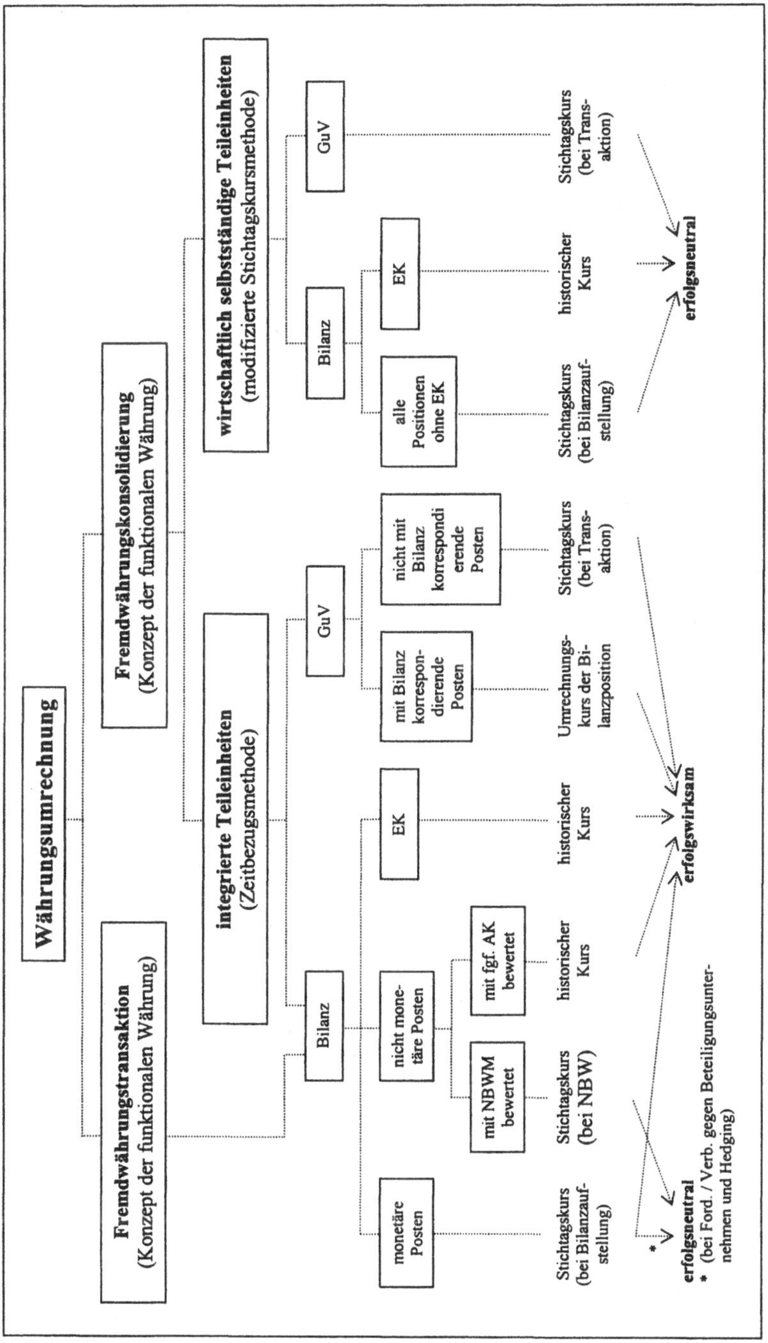

2.2.3 Weitere erfolgsneutrale Verrechnungen

Der Vollständigkeit halber sollen weitere erfolgsneutrale Eigenkapitalvorgänge kurz skizziert werden. Dem Eigenkapitalspiegel ist zu entnehmen, dass „***grundlegende Fehler***" in früheren Jahresabschlüssen vorzugsweise erfolgsneutral mit den Gewinnrücklagen verrechnet werden sollen.[618] Alternativ können solche Fehler auch im aktuellen Periodenergebnis berücksichtigt werden.[619] Diese Fehler ergeben sich beim Rechnen, bei falscher Anwendung der Bilanzierungs- und Bewertungsmethoden, bei Fehlbeurteilungen von Sachverhalten oder aufgrund von Betrugsfällen.[620] Diejenigen Fehler, die aufgrund ihres Umfangs einen früheren Jahresabschluss nicht mehr verlässlich darstellen, werden als „*grundlegende Fehler*" bezeichnet.[621] Fehler, die nicht grundlegenden Charakter haben, werden erfolgswirksam verrechnet.[622] Die erfolgsneutrale Vorgehensweise für *grundlegende Fehler* scheint sachgerecht, da sie das aktuelle Periodenergebnis erheblich verzerren können. Aufgrund ihrer Seltenheit haben sie aber für die weitere Untersuchung keine Bedeutung.

Eine weitere erfolgsneutrale Verrechnung eröffnet der *Geschäfts- und Firmenwert* bei der **Interessenzusammenführungsmethode**. Da bei dieser Methode die Interessen der beteiligten Unternehmen zusammengelegt werden, erfolgt die Konsolidierung der Vermögenswerte und Schulden lediglich durch Zusammenrechnung. Die gegenseitigen Beteiligungen werden mit dem Eigenkapital aufgerechnet und ein verbleibender Unterschiedsbetrag gegen die Gewinnrücklagen gekürzt.[623] Der Sinn der erfolgsneutralen Verrechnung liegt darin begründet, den Erfolg aufgrund der Interessenzusammenführung unberührt zu lassen. Im Eigenkapitalspiegel wird dieser Zusammenhang nicht direkt ersichtlich. Die Informationen sind nur im Anhang einzusehen.[624] Deshalb würde sich eine erfolgsneutrale Verrechnungsspalte im Falle der Interessenzusammenführungsmethode empfehlen. Eine weitere Betrachtung dieses Vorgangs soll außen vor bleiben, da die Interessenzusammenführungsmethode einen Spezialfall der Konsolidierung darstellt.

---

[618] Vgl. Abbildung 27; vgl. IAS 8 Par. 34.

[619] Vgl. IAS 8 Par. 38.

[620] Vgl. IAS 8 Par. 31.

[621] Vgl. IAS 8 Par. 32.

[622] Vgl. IAS 8 Par. 31.

[623] Vgl. Schildbach, T. (1998), S. 186.

[624] Vgl. IAS 22 Par. 94.

Latente Steueraufwendungen **und** ***Steuererträge*** werden grundsätzlich erfolgswirksam erfasst.[625] Resultieren sie jedoch aus Bewertungsvorgängen, die selbst erfolgsneutral behandelt wurden, werden die *latenten Steuern* ebenfalls direkt mit dem Eigenkapital verrechnet.[626] Dieses führt jedoch nicht zu einer eigenen erfolgsneutralen Position innerhalb des Eigenkapitals, sondern zu einer direkten Verrechnung mit dem erfolgsneutralen Vorgang. Beispielsweise führt die Neubewertung des Sachanlagevermögens zu einer um *latente Steuern* gekürzten Neubewertungsrücklage.[627]

3 Bilanzanalytische Möglichkeiten und Erkenntnisse

3.1 Generelle Analyseüberlegungen zur Eigenkapitalveränderungsrechnung

Der Informationsgewinn des Eigenkapitalspiegels liegt in der Offenlegung der Ursachen für Vermögensänderungen, die durch die Eigenkapitalveränderungen gemessen werden. Wie bereits geschildert werden Eigenkapitalveränderungen durch Kapitaltransfers mit den Anteilseignern, Gewinnthesaurierung, Verluste und erfolgsneutrale Veränderungen hervorgerufen.[628] Bezüglich der Kapitaltransfers und der Gewinnthesaurierung beziehungsweise des Verlustausgleichs liefert die Eigenkapitalveränderungsrechnung keine neuen Informationen gegenüber der herkömmlichen Darstellung im Jahresabschluss. Jedoch werden die Informationen zu einer verbesserten Übersicht aufbereitet.[629] Der Analyst erhält einen zusammengefassten Einblick in das Ausmaß der Eigenfinanzierung und seiner Zusammensetzung in Teile der Außen- und Innenfinanzierung.

[625] Vgl. IAS 12 Par. 58.

[626] Vgl. IAS 12 Par. 61.

[627] Vgl. Baetge, J. / Beermann, T. (1999), S. 344.

[628] Vgl. Kap. I 1.2.

[629] Vgl. Strieder, T. (2002), S. 181.

Abbildung 31: Zusammenhang von Finanzierungsmöglichkeiten und Eigenkapitalspiegel

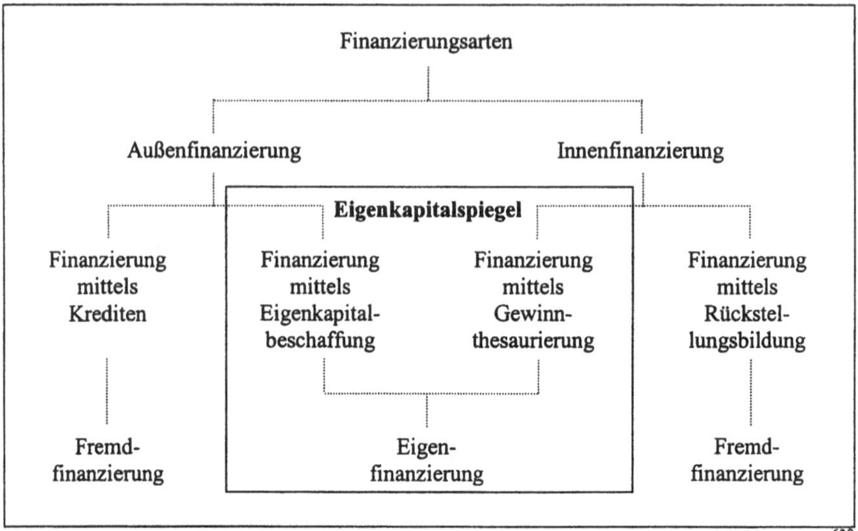

Quelle: In Anlehnung an Wöhe, G. / Bilstein, J. (2002), S. 19[630]

3.2 Beurteilung erfolgsneutraler Veränderungen im Rahmen bilanzanalytischer Untersuchungen

Wie bereits zu Beginn erläutert wird in der Bilanzanalyse das Eigenkapital nach seiner Werthaltigkeit im Liquidationsfall für die Finanzanalyse und nach seinem Investitionsvolumen seitens der Eigentümer für die Erfolgsanalyse differenziert betrachtet.[631]

Das bilanzanalytische Eigenkapital unterscheidet sich vom bilanzierten Eigenkapital durch Hinzurechnungen – insbesondere *stille Reserven* – und Kürzungen aller nicht werthaltigen Eigenkapitalkomponenten im Liquidationsfall.[632] Das

[630] Finanzierungen durch Vermögensumschichtungen – beispielsweise Verkauf von Produkten oder nicht betriebsnotwendigem Vermögen – sind hier nicht aufgeführt, da sie der Eigen- beziehungsweise Fremdfinanzierung nicht eindeutig zugeordnet werden können. Des Weiteren handelt es sich auch nicht um Finanzierungsformen, die die Kapitalherkunft verändern und somit für die Eigenkapitalveränderungsrechnung von Bedeutung sind; vgl. im Einzelnen Wöhe, G. / Bilstein, J. (2002), S. 19.

[631] Vgl. Kap. I 1.1.

[632] Vgl. Gräfer, H. (2001c), S. 440.

bilanzierte Eigenkapital zuzüglich Hinzurechnungen stellt das Investitionsvolumen[633] der Anteilseigner dar.

Abbildung 32: Bilanziertes und bilanzanalytisches Eigenkapital

Vermögen
- Schulden
= **bilanziertes Eigenkapital**
+Hinzurechnungen, inklusive *stiller Reserven*
=**investiertes Eigenkapital**
- Kürzungen
=**bilanzanalytisches Eigenkapital**

Stille Reserven sind Teil des Investitionsvolumens der Eigenkapitalgeber, da sie auch aufgedeckt und an die Eigentümer ausgeschüttet werden könnten. In HGB basierten Jahresabschlüssen führen häufig steuerlich motivierte Abschreibungen zu *stillen Reserven*, da die Abschreibungen keinen Werteverzehr darstellen. Solche Abschreibungen sind in IFRS basierten Jahresabschlüssen nicht zulässig. Die bewusste Legung *stiller Reserven* soll sogar vermieden werden, so dass die Neubewertungsmethode ein Instrument zur bilanziellen Aufdeckung eines Teils der *stillen Reserven* ist. Sie wird jedoch nach IFRS nur als alternative Bewertungsmethode genannt, um nicht mit anderen Rechnungslegungssystemen wie dem HGB oder den US-GAAP in Konflikt zu geraten.[634]

Kürzungen nicht werthaltiger Eigenkapitalkomponenten betreffen beispielsweise aktivierte *Geschäfts- und Firmenwerte*, zur Ausschüttung vorgesehene Beträge oder das aktivierte Disagio. *Stille Lasten* aus Überbewertungen des Vermögens oder Unterbewertungen der Schulden kommen in der Regel nicht vor, da nach allen Rechnungslegungssystemen ein Niederstwertprinzip auf der Aktivseite beziehungsweise Höchstwertprinzip auf der Passivseite gilt. Nach HGB kämen unterlassene Pensionsrückstellungen oder Ingangsetzungsaufwendungen in Frage.[635]

[633] Investitionsvolumen steht in diesem Zusammenhang für das ursprünglich von den Anteilseignern zur Verfügung gestellte Kapital unabhängig vom aktuellen und schwankenden Anteilswert. Im Folgenden wird hier nicht weiter differenziert.

[634] Vgl. IAS 16 Par. 29.

[635] Vgl. eine umfassende Aufstellung bei Schwarzecker, J. (1992), S. 74.

Die Aufdeckung der *stillen Reserven* und *Lasten* inklusive der steuerlichen Auswirkungen ist eine wesentliche Aufgabe in der Erfolgs- und Finanzanalyse. Häufig scheitern Analysten an diesem Vorhaben, wenn aus dem Jahresabschluss keine Informationen über tatsächliche und zeitnahe Werte ersichtlich sind.[636] Erfolgsneutrale Eigenkapitalveränderungen aus der Neubewertung des Sachanlagevermögens und der *Fair Value-Bewertung* der Finanzinstrumente sowie der Währungsumrechnungsdifferenzen werden im Folgenden im Hinblick auf die erfolgs- und finanzwirtschaftliche Analyse untersucht, da diese Aufdeckung der *stillen Reserven* beziehungsweise *Lasten* dem Analysten durch die Eigenkapitalveränderungsrechnung erspart bleiben.

Die **Neubewertung des Sachanlagevermögens** führt im Falle eines Wertzuwachses zur Aufdeckung *stiller Reserven*, die Eigenkapital erhöhend durch die Neubewertungsrücklage erfasst werden. Hierdurch entfallen zwei Probleme für den Analysten: 1. die Schätzung der diesbezüglichen *stillen Reserven* und 2. die Schätzung der künftigen steuerlichen Belastung durch die Realisierung der *stillen Reserven*. Für letztere werden bereits bei Bildung der Rücklage *latente Steuern* angesetzt.[637] Wertverluste führen entweder zur Auflösung einer bereits bestehenden Neubewertungsrücklage oder zu außerplanmäßigen Abschreibungen und kürzen somit direkt oder indirekt das Eigenkapital.[638] Insofern wird nach IFRS durch die Neubewertung das Eigenkapital sowohl unter erfolgswirtschaftlichen als auch finanzwirtschaftlichen Aspekten realistischer wiedergegeben.

Entsprechend verhält es sich bei der **Neubewertung von Beteiligungen und Wertpapieren** der Bewertungskategorie 4 von Finanzinstrumenten. Stille Reserven werden in jedem Fall durch die *Fair Value-Bewertung* aufgedeckt. Dabei ist die Art der Erfassung – erfolgsneutral oder erfolgswirksam – unerheblich.

Währungsumrechnungsdifferenzen werden entweder erfolgswirksam oder erfolgsneutral erfasst. Davon unabhängig beeinflussen sie wie die Neubewertung die Höhe des Eigenkapitals direkt oder indirekt und ersparen dem Analysten dadurch die nachträgliche Korrektur. Der Vorteil gegenüber der Rechnungslegung nach HGB ist der, dass die Umrechnung nach einem einheitlichen Schema ohne nennenswerte Wahlrechte geschieht, während nach HGB keine eindeutige Regelung existiert und somit praktisch jede Umrechnungsmethode angewendet werden darf, solange sie nicht gegen die allgemeine Generalnorm, *die*

[636] Vgl. Baetge, J. (1998), S. 215.

[637] Vgl. Baetge, J. / Beermann, T. (1999), S. 344.

[638] Vgl. Kap. I 2.2.1.

tatsächlichen Verhältnisse der Vermögens-, Finanz- und Ertragslage abzubilden, verstößt.[639]

Fraglich ist nun, inwiefern Zähler und Nenner bei Eigenkapital bezogenen Kennzahlen kongruent bleiben, wenn im Eigenkapital die gesamten Korrekturbeträge erfasst werden, hingegen bei Verwendung einer Ergebnisgröße naturgemäß lediglich der erfolgswirksame Teil berücksichtigt wird. Dies wird im folgenden Kapitel untersucht.

3.3 Kennzahlengestütze Analyse

Die Neubewertung des Sachanlagevermögens und der Wertpapiere führt dazu, dass die Eigenkapitalrentabilitäten wegen des nunmehr größeren Kapitaleinsatzes in Relation zum Ergebnis in IFRS basierten Jahresabschlüssen unter denen HGB-basierter Jahresabschlüsse liegen.[640] Hinzu kommt, dass die Realisierung der *stillen Reserven* nach HGB schleichend über die Nutzungsdauer der ihnen zugehörigen Vermögensgegenstände infolge niedrigerer Abschreibungsbeträge geschieht und somit das Periodenergebnis im Zähler in den Folgejahren erhöht. Nach IFRS wird die Neubewertungsrücklage über die anderen Gewinnrücklagen aufgelöst beziehungsweise zum Bilanzgewinn addiert, sofern die Ergebnisse ausgeschüttet werden sollen und sie keiner Ausschüttungssperre mehr unterliegen. Handelt es sich um abschreibungspflichtige Vermögenswerte, werden durch die Neubewertung sogar höhere Abschreibungen in den Folgejahren verrechnet. Folglich liegen die Periodenergebnisse nach IFRS durch die Neubewertung *ceteris paribus* niedriger als nach HGB.[641]

Analytisch wird dem bei HGB-Abschlüssen teilweise entgegengewirkt. Sofern die *stillen Reserven* erkennbar sind, werden sie wie bereits erläutert zum Eigenkapital hinzugerechnet, so dass die Eigenkapitalrentabilität sinkt. Da die Hinzurechnung in der Regel daran scheitert, dass die *stillen Reserven* meistens nicht bekannt sind, bietet die Neubewertung nach IFRS in diesem Zusammenhang genauere Kennzahlen.[642] Verzerrt werden sie allerdings durch den Umstand, dass diejenigen Reservekomponenten, die in die Neubewertungsrücklage einge-

[639] Vgl. Baetge, J. (1997), S. 170; vgl. auch Kap. I 1.3.

[640] Vgl. Ballwieser, W. / Hachmeister, D. (2000), S. 588.

[641] Vgl. Baetge, J. / Beermann, T. (1999), S. 348.

[642] Vgl. Kap. I 3.2.

stellt werden, trotz Realisierung nicht gewinnwirksam werden.[643] Nach Meinung des Verfassers sollte bei Berechnung der Eigenkapitalrentabilität die Auflösung der Neubewertungsrücklage zum Periodenergebnis hinzuaddiert werden. Dieses scheint sachgerecht, da die Eigenkapitalbasis um die gesamten *stillen Reserven* erhöht wird und die Realisierung der *stillen Reserven* den dazugehörigen Erfolg darstellt. Das HGB liefert für die Eigenkapitalrentabilität folglich die bessere Erfolgsgröße, während die IFRS die bessere Verursachungsgröße liefern.

Die nachstehenden Beispiele sollen dieses noch einmal verdeutlichen. Das erste Beispiel stellt den einfacheren Fall dar, da keine Abschreibungen vorkommen und die Realisierung der Neubewertungsrücklage erst am Ende der Laufzeit geschieht.

Das Beispiel zeigt die Wertentwicklung eines neubewerteten Grundstücks nach HGB und IFRS. Nachdem das Grundstück neubewertet wurde, liegen im IFRS-Abschluss die Eigenkapitalrentabilitäten der Jahre 3-6 unter denen im HGB-Abschluss. Analytisch werden sie nach HGB ausgeglichen, sofern die *stillen Reserven* bekannt sind. In der letzten Periode wird das Grundstück verkauft. Das führt nach HGB zur Aufdeckung der gesamten *stillen Reserve* und folglich zu einem enormen Rentabilitätszuwachs. Nach IFRS fällt dieser nicht so hoch aus, da ein Teil bereits in die Rücklage gestellt und der Gewinnwirkung entzogen wurde. Aus bereits genannten Gründen sollte die Auflösung der Neubewertungsrücklage, sofern sie realisiert und nicht vernichtet wurde, die Ergebnisgröße bei der Eigenkapitalrentabilität erhöhen. Dieses ist beispielsweise in Periode 5 geschehen. Die Neubewertungsrücklage wurde allein aufgrund der Neubewertung reduziert. In der Praxis sind aus der Eigenkapitalveränderungsrechnung die Beträge genau zu entnehmen, die durch Realisierung in die Gewinnrücklagen beziehungsweise zum Bilanzgewinn gebucht werden.[644]

[643] Zwar wird die *stille Reserve* beispielsweise über steigende Umsätze erfolgswirksam realisiert, gleichzeitig stehen ihr aber auch höhere Abschreibungsbeträge gegenüber, die die Erfolgswirkung neutralisieren. Im Endeffekt erfolgt die Realisierung der *stillen Reserven* daher nur erfolgsneutral über die Auflösung der Neubewertungsrücklage in die Gewinnrücklagen.

[644] Vgl. Abbildung 27.

Grundstück: Anschaffungskosten 120.000 €
Neubewertung in Periode 03: 140.000 €, in 05: 130.000 €, in 07: 150.000
Verkauf in Periode 07
keine Berücksichtigung latenter Steuern
Gewinne werden jeweils in der Folgeperiode ausgeschüttet

Periode	1	2	3	4	5	6	7
IFRS							
Sachanlagen	120.000	120.000	140.000	140.000	130.000	130.000	0
Bankguthaben	10.000	10.000	10.000	10.000	10.000	10.000	160.000
Eigenkapital	120.000	120.000	120.000	120.000	120.000	120.000	120.000
NBRL	0	0	20.000	20.000	10.000	10.000	0
Bilanzgewinn	10.000	10.000	10.000	10.000	10.000	10.000	40.000
Jahresüberschuss	10.000	10.000	10.000	10.000	10.000	10.000	30.000
HGB							
Sachanlagen	120.000	120.000	120.000	120.000	120.000	120.000	0
Bankguthaben	10.000	10.000	10.000	10.000	10.000	10.000	160.000
Eigenkapital	120.000	120.000	120.000	120.000	120.000	120.000	120.000
Bilanzgewinn	10.000	10.000	10.000	10.000	10.000	10.000	40.000
Jahresüberschuss	10.000	10.000	10.000	10.000	10.000	10.000	40.000
r_{EK} **HGB** x^1	7,7 %	7,7 %	7,7 %	7,7 %	7,7 %	7,7 %	25,0 %
r_{EK} **HGB analyt.** x^2	7,7 %	7,7 %	6,7 %	6,7 %	7,1 %	7,1 %	25,0 %
r_{EK} **IFRS** x^3	7,7 %	7,7 %	6,7 %	6,7 %	7,1 %	7,1 %	18,8 %
r_{EK} **IFRS analyt.** x^4	7,7 %	7,7 %	6,7 %	6,7 %	7,1 %	7,1 %	25,0 %

x^1 = JÜ : (EK + BG)
x^2 = JÜ : (EK + BG + stille Reserven in Sachanlagen)
x^3 = JÜ : (EK + BG + NBRL)
x^4 = (JÜ + Auflösung der NBRL) : (EK + BG + NBRL)

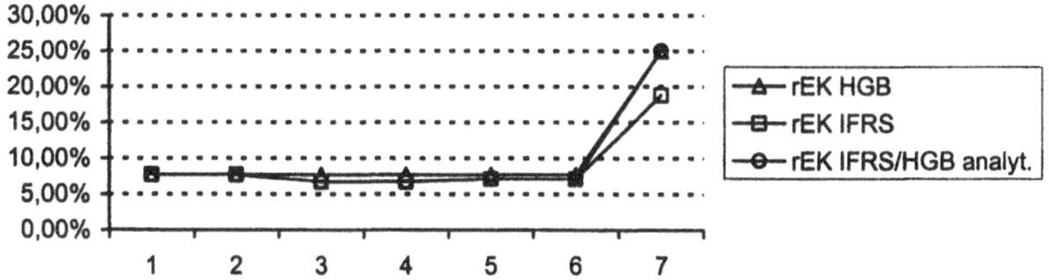

Komplizierter stellt sich der Fall dar, wenn Abschreibungen vorhanden sind und die Neubewertungsrücklage ratierlich über die Laufzeit realisiert wird.

Maschine: Anschaffungskosten 120.000 €, Abschreibung 6 Jahre linear
Neubewertung in Periode 03: 100.000 €, in 05: 45.000 €, in 07: 10.000 €
Verkauf in Periode 07
keine Berücksichtigung latenter Steuern
Gewinne werden jeweils in der Folgeperiode ausgeschüttet

Periode	**1**	**2**	**3**	**4**	**5**	**6**	**7**
IFRS							
Sachanlagen	120.000	100.000	100.000	75.000	45.000	22.500	0
Bankguthaben	10.000	30.000	50.000	75.000	95.000	112.500	142.500
Eigenkapital	120.000	120.000	120.000	120.000	120.000	120.000	120.000
NBRL	0	0	20.000	15.000	5.000	2.500	0
Bilanzgewinn	10.000	10.000	10.000	15.000	15.000	12.500	22.500
Jahresüberschuss	10.000	10.000	10.000	10.000	10.000	10.000	20.000

HGB							
Sachanlagen	120.000	100.000	80.000	60.000	40.000	20.000	0
Bankguthaben	10.000	30.000	50.000	75.000	95.000	112.500	142.500
Eigenkapital	120.000	120.000	120.000	120.000	120.000	120.000	120.000
Bilanzgewinn	10.000	10.000	10.000	15.000	15.000	12.500	22.500
Jahresüberschuss	10.000	10.000	10.000	15.000	15.000	12.500	22.500

r_{EK} **HGB** x^1	7,7 %	7,7 %	7,7 %	11,1 %	11,1 %	9,4 %	15,8 %
r_{EK} **HGB analyt.** x^2	7,7 %	7,7 %	6,6 %	10,0 %	10,7 %	9,3 %	15,8 %
r_{EK} **IFRS** x^3	7,7 %	7,7 %	6,6 %	6,6 %	7,1 %	7,4 %	14,0 %
r_{EK} **IFRS analyt.** x^4	7,7 %	7,7 %	6,6 %	10,0 %	10,7 %	9,3 %	15,8 %

x^1 = JÜ : (EK + BG)
x^2 = JÜ : (EK + BG + stille Reserven in Sachanlagen)
x^3 = JÜ : (EK + BG + NBRL)
x^4 = (JÜ + Auflösung der NBRL) : (EK + BG + NBRL)

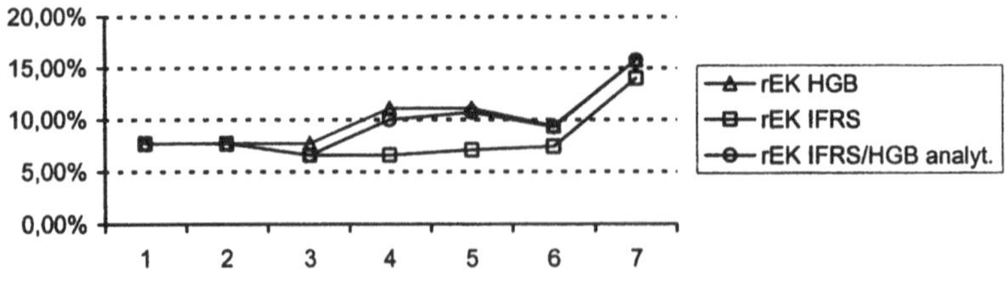

Dieses Beispiel zeigt, wie die Eigenkapitalrentabilitäten in HGB- und IFRS-Abschlüssen im Zeitablauf auseinander fallen können. Die Neubewertung der Maschine in Periode 3 deckt eine *stille Reserve* auf, die über die Restlaufzeit sukzessive realisiert wird. Wiederum wird durch diesen Vorgang das nach IFRS ermittelte Eigenkapital erhöht, so dass die Eigenkapitalrentabilität sinkt. In den Folgeperioden führt die Höherbewertung gleichzeitig zu höheren Abschreibungsbeträgen, die das Periodenergebnis mindern und die Eigenkapitalrentabilität zusätzlich belasten.

Dieser Vorgang ist eine Eigenart der Neubewertung und Rechnungslegung nach IFRS. Es werden mehr Abschreibungsbeträge (Aufwendungen) in der *Gewinn- und Verlustrechnung* verrechnet als Anschaffungskosten für einen Vermögenswert entstanden sind. Da auch in diesem Fall die *stillen Reserven* nicht erfolgswirksam werden, sollte deren Auflösung durch die Neubewertungsrücklage bei der Ermittlung der Eigenkapitalrentabilität berücksichtigt werden. Daraus würden sich auch im Sinne vergleichbarer Ergebnisse identische Eigenkapitalrentabilitäten in beiden Rechnungslegungssystemen ergeben.

Für Wertpapiere, die erfolgsneutral neubewertet werden, gelten die gleichen Überlegungen. Für sie trifft der einfachere Fall ohne planmäßige Abschreibungen zu. Die Neubewertung von Sachanlagen und Wertpapieren wird an Bedeutung gewinnen, wenn ab 2005 deutsche börsennotierte Konzernunternehmen nach IFRS bilanzieren müssen. Inwiefern das Instrument der Neubewertung dann auch als Instrument der bilanzpolitischen Gestaltung gebraucht wird, bleibt abzuwarten. Vermutlich werden Unternehmen in schlechteren Jahren nicht dazu neigen, das Vermögen erfolgsneutral neu zu bewerten, da es die Eigenkapitalrentabilität zusätzlich verschlechtert.[645]

Zu den Währungsumrechnungsdifferenzen sind keine weiteren Erläuterungen notwendig. Sie werden wie bereits erläutert sachgerecht nach erfolgswirksamen und erfolgsneutralen Vorgängen getrennt. In jedem Fall steuern sie die Eigenkapitalhöhe. Hinsichtlich der Erfolgsgröße werden – anders als bei der Neubewertung – erfolgsneutrale Umrechnungsdifferenzen erfolgswirksam aufgelöst, sobald sie realisiert werden. Insofern erübrigt sich eine Korrektur.

---

[645] Genauso wenig wird schätzungsweise die Neubewertung genutzt, wenn die Honorierung der Führungskräfte nach Maßgabe solcher Erfolgskennzahlen erfolgt.

4 Zusammenfassung und Beurteilung verbleibender Informationsdefizite

Zu Beginn wurden die Bedeutung des Eigenkapitals und die Notwendigkeit seiner Veränderung im Zeitablauf geschildert. Aufgrund des Residualkonzeptes hängt die Höhe des Eigenkapitals von der Bewertung des Vermögens und der Schulden ab. In der Bilanzanalyse wird zwischen dem bilanziellen und dem bilanzanalytischen Eigenkapital unterschieden. Ihnen ist jedoch gemein, dass beiden Größen nicht bilanzierte Eigenkapitalkomponenten – *stille Reserven* – hinzugerechnet werden.

Gerade die *stillen Reserven* bereiten Bilanzanalysten Probleme bei der Aufbereitung des Zahlenmaterials, da sie meistens nicht bekannt sind. Die Neubewertungsmethode nach IFRS ist ein Instrument, diese *stillen Reserven* zu vermeiden. Sichtbar werden sie für den Jahresabschlussleser jedoch erst durch die Eigenkapitalveränderungsrechnung. Indem die Differenz zwischen Buchwert und *fortgeführten Anschaffungskosten* bei Werterhöhungen in eine Neubewertungsrücklage eingestellt wird, kann der Analyst die Effekte aus meist zufälligen Wertschwankungen sachgerecht vom erwirtschafteten Periodenerfolg abgrenzen. Darüber hinaus erhält er eine verlässlichere Basis zum bilanziellen beziehungsweise bilanzanalytischen Eigenkapital.

Bei der Analyse der Eigenkapitalveränderungsrechnung bietet es sich an, wiederum nach einem strukturierten Schema vorzugehen. Im Rahmen der allgemeinen Analyseüberlegungen sollten die Veränderungsgrößen innerhalb des Eigenkapitals betrachtet werden. Dabei ist zu differenzieren, ob das Unternehmen im Rahmen der Eigenfinanzierung eher den Innen- oder Außenbereich anstrengt.

Bevor Eigenkapital basierte Kennzahlen beziehungsweise Kennzahlen, die das Eigenkapital in die Kapitalbasis mit einschließen, berechnet werden, ist auszumachen, inwiefern von der Neubewertung Gebrauch gemacht wurde und wie groß das Ausmaß der Neubewertung ist. Für die Berechung beispielsweise der Eigenkapitalrentabilität sollte anschließend im Zähler der Kennzahl der realisierte Teil der Neubewertungsrücklage addiert werden, da dieser in der Bilanz lediglich erfolgsneutral in die Gewinnrücklagen gebucht wird. Im Nenner brauchen keine weiteren Überlegungen angestellt werden, da die Erfolgswirkung der *stillen Reserven* unabhängig von der Eigenkapitalhöhe ist.

Abbildung 33: Analyseschema für die Eigenkapitalveränderungsrechnung

1) Allgemeine Analyseüberlegungen

- Beanspruchung des Außen- und Innenfinanzierungsbereiches

2) Spezielle Analyseüberlegungen und Berechnung von

- Ausmaß der Neubewertung
- Korrektur des Periodenergebnisses für erfolgswirtschaftlich Eigenkapital basierte Kennzahlen

→ Eigenkapitalrentabilität

→ Gesamtkapitalrentabilität

Die Neubewertungsmethode darf derzeit von keinem deutschen börsennotierten Unternehmen angewendet werden, da sie die Befreiungsregel des § 292a HGB außer Kraft setzen würde. Deshalb konnten leider keine aktuellen Beispiele aus der Praxis vorgeführt werden, so dass theoretische Beispiele der Darstellung genügen mussten. Es bleibt abzuwarten, in welchem Ausmaß Unternehmen die Neubewertungsmethode ab 2005 einsetzen werden. Bilanzpolitisch halten sich die Möglichkeiten der Neubewertungsmethode jedoch in Grenzen. Im Sinne von Ergebnis verbessernden Maßnahmen bietet die Neubewertung kein Einflusspotenzial auf das Periodenergebnis. Das Gegenteil ist sogar der Fall. Die erfolgsneutrale Realisierung der Neubewertungsbeträge und höhere Abschreibungen in den Folgejahren lassen erwarten, dass eher Unternehmen von der Neubewertung Gebrauch machen, die sich die geringeren Ergebnisse im Jahresabschluss „leisten" können. Unternehmen, die allerdings einen zu kleinen Eigenkapitalanteil ausweisen, sind vermutlich daran interessiert, den Investoren die *stillen Reserven* zu zeigen, um mit einer größeren Haftungsbasis für weiteres Kapital werben zu können.

Hinsichtlich bestehender Informationsdefizite werden keine weiteren Gedanken verfolgt. Die Informationen bezüglich der Neubewertung scheinen zumindest vorgabegemäß ausreichend. Inwiefern sie von der Praxis befolgt werden, bleibt abzuwarten.

V Der *Gewinn je Aktie* nach IFRS

1 Informationsdefizite ohne Ausweis des *Gewinns je Aktie* im klassischen Jahresabschluss

1.1 Der Anteil des Aktionärs am Periodenergebnis

Im Rahmen der Jahresabschlussanalyse werden Zeitreihen- und Unternehmensvergleiche vorgenommen, um ein verlässlicheres Urteil über die zukünftige Unternehmenssituation treffen zu können als es ohne diese Methoden möglich wäre.[646] Zu diesem Zweck werden störende Faktoren wie periodenfremde und ungewöhnliche Einflüsse, die in vergangenen Perioden auftraten, in der Regel aber weder beim betrachteten noch bei Vergleichsunternehmen vorkommen, eliminiert.[647] Bereinigte Ergebnisse – etwa das Betriebsergebnis, das *operative Ergebnis* oder das *Earnings before Interest and Taxes* – wurden zusammen mit der Segmentberichterstattung erörtert.[648]

Ein Nachteil der korrigierten Ergebnisse ist, dass trotz der Bereinigungen absolute Werte nicht ohne weiteres mit anderen Unternehmen vergleichbar sind.[649] Beispielsweise haben die Unternehmensgröße oder die Höhe des Kapitaleinsatzes wesentlichen Einfluss auf die Höhe des Periodenergebnisses. Deshalb liefert die Relativierung von absoluten Werten weitere Erkenntnisse.[650] Einige sich auf diese Weise ergebende Kennzahlen wurden in den Kapiteln zuvor angesprochen.

Vielen traditionellen und den bis hierher angesprochenen Kennzahlen ist gemein, dass sie Sachverhalte messen, die sich auf das gesamte Unternehmen beziehen. Rentabilitätskennzahlen werden beispielsweise auf das Gesamt- oder Eigenkapital bezogen. Im Zuge der *Shareholder Value-Orientierung* sind solche Kennzahlen aber allein nicht mehr ausreichend. Der zunehmend im Mittelpunkt stehende Investor ist an der Maximierung des Unternehmensgewinns interessiert.[651] Die Eigenkapitalrentabilität misst zwar die Verzinsung des von den Ei-

---

646 Vgl. bspw. Nobes, C. / Parker, R. (2000), S. 432.

647 Vgl. Baetge, J. (1998), S. 343.

648 Vgl. Kap. I 3.3.2.1.

649 Vgl. Coenenberg, A. G. (2000), S. 893.

650 Vgl. Boemle, M. (1997), S. 21.

651 Vgl. Perridon, L. / Steiner, M. (2002), S. 15.

gentümern bereitgestellten Kapitals, entscheidend ist aber auch, in welcher Höhe er am Unternehmensgewinn beteiligt wird.[652] Dabei sind die Ausschüttungen nur die direkte Gewinnbeteiligung. Auch thesaurierte Gewinne sind zu berücksichtigen, da sie langfristig einen Anstieg des Anteilswertes begründen und somit den Investor indirekt am Gewinn beteiligen.[653]

Der Gewinn, der jedem Investor für seinen einzelnen Anteil zusteht, drückt sich im ***Gewinn je Aktie*** aus. Der *Gewinn je Aktie* ist eine Kennzahl, mit der der Periodenerfolg einer Aktiengesellschaft auf die Anzahl ihrer Anteile verteilt wird.

Kennzahl 20: *Gewinn je Aktie*

$$\textit{Gewinn je Aktie} = \frac{\text{Gewinn}}{\text{Anzahl der Aktien}}$$

Damit reiht sich der *Gewinn je Aktie* in die Kategorie der Relativitätskennzahlen ein. In Abgrenzung zu anderen Kennzahlen der Bilanzanalyse ermöglicht sie den Zeitreihen- und Unternehmensvergleich aber verstärkt aus der Perspektive der Investoren.[654] Sie zeigt, welche Auswirkungen die Unternehmensentwicklung auf den Gewinn des Investors beziehungsweise auf seine Gewinnbeteiligung hat, während die Rentabilitäten nur die Gewinnerwirtschaftung in Bezug auf das entsprechend im Unternehmen eingesetzte Kapital messen.[655]

Der Gedankengang des *Gewinns je Aktie* ist nicht neu. Seit längerem wird die Kennzahl sowohl national als auch international von Jahresabschlusserstellern und Analysten genutzt.[656] Es ist jedoch anzunehmen, dass die Bedeutung dieser Kennzahl mit zunehmender Internationalisierung der Rechnungslegung und Inanspruchnahme gängiger Finanzierungstitel auf internationalen Kapitalmärkten wächst. Dies sei bereits hier schon und später im Detail erläutert.

---

[652] Vgl. Nonnenmacher, R. / Ozimek, R. (2001), S. 663.

[653] Vgl. Haase, H. (1988), S. 78.

[654] Vgl. Förschle, G. (1997), S. 502.

[655] Vgl. Gräfer, H. (2001), S. 91.

[656] Vgl. Blasch, D. M. / Kelliher, J. / Read, W. J. (1996), S. 43; vgl. Müller, K. (1994), S. 445.

Die schlichte Division des Periodengewinns mit der Anzahl der Aktien liefert nur einen begrenzten, bereits erläuterten Informationsgewinn. Besondere Vorschriften zur Standardisierung dieser Kennzahl wären nicht nötig, da der *Gewinn je Aktie* in dieser Form von den Analysten selbst berechnet werden könnte. Ein verpflichtender Ausweis im Jahresabschluss hätte daher kaum Bedeutung.[657] Entscheidend ist jedoch die Anzahl der Aktien, auf die der Gewinn zu verteilen ist.[658]

Vergrößert sich die Anzahl der Aktien, so ist der Gewinn auch auf eine höhere Anzahl Aktien zu verteilen.[659] Verändert sich die Anzahl der Aktien klassischerweise über eine ordentliche Kapitalerhöhung oder aus Gesellschaftsmitteln, kann der *Gewinn je Aktie* weiterhin auch extern berechnet werden.[660] Auf den Kapitalmärkten existieren jedoch unterschiedliche Finanzierungsformen, über die sich Unternehmen Eigenkapital beschaffen können. Die Ausgabe von Optionsanleihen oder Wandelobligationen führt beispielsweise zu einer Eigenkapitalerhöhung, wenn die Option ausgeübt beziehungsweise die Obligation in Eigenkapital gewandelt wird.[661] Da die Umwandlung erst in der Zukunft liegt und von den Bedingungen der Finanzierungstitel abhängt, besteht für den *Gewinn je Aktie* **potenziell** die Möglichkeit, dass sich dieser in der Zukunft verändert.[662]

Neben diesen so genannten Verwässerungseffekten können sich Unternehmen mit verschieden ausgestatteten Eigenkapitaltiteln finanzieren. Aktien können beispielsweise mit unterschiedlichen Rechten versehen sein, eine Vorzugsdividende verbriefen oder in Form von Genussrechten eine Vorabverzinsung gewäh-

---

657 Dieses gilt nicht für das in Deutschland praktizierte Verfahren nach DVFA/SG. Hierbei geht es um die Veröffentlichung eines bereinigten Ergebnisses, das der Analyst ohne weitere Informationen nicht eigenständig berechnen kann; vgl. Küting, K. / Bender, J. (1992), S. 16.

658 Vgl. Coenenberg, A. G. (2000), S. 496.

659 Vgl. Mertens, U. (1995), S. 13.

660 Bei einer ordentlichen Kapitalerhöhung beziehungsweise einer aus Gesellschaftsmitteln verändert sich in der Regel die Anzahl der Stammaktien, die weiterhin mittels des Nennkapitals und des Nennwertes je Aktie berechnet werden kann.

661 Optionsanleihen gewähren dem Gläubiger neben der in der Anleihe verbrieften Geldforderung ein Recht zum Erwerb von Aktien des Anleiheschuldners zu einem bestimmten Preis. Wandelobligationen sind Schuldverschreibungen, die dem Gläubiger ein Umtausch- und ein Bezugsrecht auf (junge) Aktien einräumen; vgl. Winnefeld, R. (2002), S. 1121.

662 Vgl. Mertens, U. (1995), S. 13.

ren, die aber keine weiteren Residualansprüche am Unternehmensgewinn zulassen.[663]

Extern sind Verwässerungseffekte und unterschiedliche Ansprüche am Unternehmensgewinn nicht erkennbar. Diese Informationslücke greift der *Gewinn je Aktie* nach IAS 33 auf. Er befasst sich vornehmlich mit der Berechnung der Aktienanzahl für unterschiedliche Gewinnansprüche sowie der Bestimmung von Verwässerungseffekten durch potenzielle Aktien und sieht den Ausweis des unverwässerten und verwässerten *Gewinns je Aktie* innerhalb der *Gewinn- und Verlustrechnung* vor.[664]

In Deutschland hat die Eigenkapitalfinanzierung mit unterschiedlichen Eigenkapitaltiteln oder Mischfinanzierungsformen im internationalen Vergleich bisher wenig Bedeutung. Dies liegt unter anderem daran, dass Unternehmen in Deutschland immer noch überwiegend mit Fremdkapital, insbesondere mit Bankkrediten finanziert sind. Es ist aber anzunehmen, dass die Eigenkapitalfinanzierung und die von Kreditinstituten unabhängige Fremdkapitalfinanzierung, insbesondere Mischfinanzierungsformen auch in Deutschland an Bedeutung gewinnen werden.[665] Die Internationalisierung der Unternehmen führt zu erhöhtem Kapitalbedarf, der von Gläubigern nicht mehr ausreichend gedeckt wird. Hinzu kommen die Neuregelungen von Basel II,[666] nach denen die Kreditinstitute die Kreditvergabe nach verschärften Bedingungen mit Eigenkapital unterlegen müssen.[667] Dies wird dazu führen, dass die Kosten der Fremdkapitalfinanzierung zukünftig von der Bonität des Unternehmens abhängen wird und Unternehmen vermutlich die Eigenkapitalfinanzierung erhöhen beziehungsweise von

[663] Vgl. Gräfer, H. /Beike, R. / Scheld, G. (2001), S. 123 u. 226.

[664] Vgl. IAS 33 Par. 47.

[665] Im Jahr 2000 entfiel in Deutschland durchschnittlich 60% der Fremdfinanzierung auf Bankkredite. Entsprechend wurden 40% durch Anleiheemissionen gedeckt. 1998 lag das Verhältnis noch bei 25:75. Hier ist ein deutlicher Trend weg von der klassischen Bankkreditfinanzierung zu verzeichnen; vgl. Fischer, L. (2001), S. 254.

[666] Der Basler Ausschuss ist ein unabhängiges Gremium bestehend aus Vertretern der Zentralbanken und Bankenaufsichten bedeutender Industrienationen. Sie entwickeln Empfehlungen für Rahmenbedingungen zu Beaufsichtigung des Bankensektors. Nach der ersten Empfehlung 1988 (Basel I) folgte 2001 der zweite Standardentwurf (Basel II); vgl. Perridon, L. / Steiner, M. (2002), S. 394.

[667] Vgl. Thiemann, B. (2001), S. 9; vgl. Marten, K.-U. u. a. (2002), S. 2007.

Kreditinstituten unabhängige Fremdkapitalfinanzierungen in Anspruch nehmen werden.[668]

Der *Gewinn je Aktie* ist nur ein Teil der Information, die Investoren für aktuelle oder frühere Investitionsentscheidungen benötigen. Zur Abwägung mit Alternativanlagen ist die Berücksichtigung des Preises, der für die Beteiligung am Unternehmensgewinn bezahlt werden muss, notwendig. Die Erweiterung des *Gewinns je Aktie* um den Aktienpreis führt insbesondere zum Kurs-/ Gewinnverhältnis, das im analytischen Teil näher untersucht wird.[669]

1.2 Die Zielsetzung des *Gewinns je Aktie*

Die Zielsetzung des IAS 33 liegt darin, den Jahresabschlusserstellern einen Leitfaden für die Ermittlung und Präsentation des *Gewinns je Aktie* an die Hand zu geben, der den Analysten

- den Vergleich der Ertragskraft zwischen Unternehmen für die gleiche Abrechnungsperiode und
- den Vergleich der Ertragskraft zwischen unterschiedlichen Abrechnungsperioden des gleichen Unternehmens

erleichtert.[670]

Der Vergleich der Ertragskraft wird jedoch nicht durch eine Gewinngröße herbeigeführt, die frei von außerordentlichen und unternehmensspezifischen Besonderheiten sein soll und Korrekturen etwa von Bewertungsvorgängen und Sondereinflüssen am Periodenergebnis notwendig macht. Die IFRS erheben den Anspruch, dass das nach ihren Vorschriften ausgewiesene Ergebnis für Vergleichszwecke ausreichend ist.[671] Wichtiger zur Herstellung der Vergleichbarkeit ist die Berücksichtigung unterschiedlicher Eigenkapitalfinanzierungsarten, die Verwässerungseffekte hervorrufen und von Unternehmen unterschiedlich in Anspruch genommen werden. Damit unterscheidet sich der *Gewinn je Aktie*

[668] Vgl. Perridon, L. / Steiner, M. (2002), S. 395.

[669] Vgl. dazu die späteren Ausführungen in Kap. IV 3.2.1.

[670] Vgl. IAS 33 Zielsetzung; vgl. auch Förschle, G. (1997), S. 502.

[671] So heißt es in der Zielsetzung des IAS 33, dass trotz unterschiedlicher Bilanzierungs- und Bewertungsmethoden ein auf einheitlicher Basis festgelegter Zähler die Finanzberichterstattung verbessert.

nach IFRS konzeptionell von dem in Deutschland gebräuchlichen *Gewinn je Aktie* nach DVFA/SG, nach deren Vorstellung überwiegend am Zähler Korrekturen vorgenommen werden, um die Vergleichbarkeit anhand eines „Normalergebnisses" herzustellen.[672]

Die US-GAAP nehmen eine Zwischenposition ein. In ihrem gemeinsamen Projekt mit dem IASB haben sie sich für eine Simplifizierung des *Gewinns je Aktie* ausgesprochen und gleichen somit der Auffassung des IASB.[673] Allerdings werden mehrere *Gewinne je Aktie* im Jahresabschluss verlangt. Ein Ergebnis vor außerordentlichen Einflüssen soll den intertemporalen und zwischenbetrieblichen Vergleich zuverlässiger machen.[674]

1.3 Bedeutung des *Gewinns je Aktie* im Rahmen der internationalen Rechnungslegung

Zusammen mit dem Kurs-/Gewinnverhältnis wird der *Gewinn je Aktie* bereits seit langem von Finanzanalysten als Instrument der Aktienbewertung eingesetzt. Dadurch haben diese Kennzahlen einen besonders hohen Stellenwert erreicht.[675] Erste Anstöße zur Berechnung eines standardisierten *Gewinns je Aktie* kamen wie auch schon bei den Instrumenten Kapitalflussrechnung und Segmentberichterstattung aus den USA. 1958 wurde der Accounting Research Bulletin (ARB) 49 *„Earnings per Share"* veröffentlicht. Seitdem gab es zahlreiche Überarbeitungen. Mit der Auflösung des für die ARB zuständigen Committees on Accounting Procedures (CAP) und der Neugründung des Accounting Principle Boards (APB) wurde die APB Opinion 15 *„Earnings per Share"* herausgegeben. Diese wurde durch den SFAS 55 „Determining Whether a Convertible Security is a Common Stock Equivalent" und den SFAS 85 „Yield Test for Determining Whether a Convertible Security is a Common Stock Equivalent" ergänzt.[676]

In Deutschland ist die Veröffentlichung eines *Gewinns je Aktie* gesetzlich nicht vorgeschrieben. Seine Bedeutung wurde aber sehr wohl von der DVFA erkannt, so dass sie erstmals 1968 ein Berechnungsschema für den *Gewinn nach DVFA*

[672] Vgl. Löw, E. / Roggenbuck, H. E. (1998), S. 665.

[673] Vgl. Meeting, D. T. / Law, D. B. / Luecke, R. W. (1997), S. 61; früher schon bei Pacter, P. / Petrone, K. R. (1994), S. 455.

[674] Vgl. Coenenberg, A. G. (2000), S. 497.

[675] Vgl. Dudley, L. W. (1985), S. 102.

[676] Vgl. Mertens, U. (1995), S. 33.

herausgab.[677] Daneben veröffentlichte der Arbeitskreis der Schmalenbachgesellschaft eine ähnliche Empfehlung.[678] Diesen zwei Papieren folgte 1991 erstmals die gemeinsame Empfehlung der DVFA/SG.[679] Seither kommt es auch in Deutschland zu permanenten Überarbeitungen des Arbeitsschemas, nicht zuletzt vor dem Hintergrund der Anpassung an internationale Vorschriften.[680]

Die unterschiedlichen Regelungen und ihre permanenten Überarbeitungen führten dazu, dass der internationale Unternehmensvergleich auf Basis des *Gewinns je Aktie* erschwert wurde. Deshalb befasste sich das IASB mit dem Entwurf eines eigenen Standards zum *Gewinn je Aktie*. Da auch die Regelungen nach US-GAAP erheblicher Kritik ausgesetzt waren, entschieden sich die beiden Standardsetter für ein gemeinsames Projekt. Ihre Ergebnisse liegen seit 1997 mit dem IAS 33 *„Earnings per Share"* und dem SFAS 128 *„Earnings per Share"* vor.[681] Inhaltlich unterscheiden sich die Standards kaum. Lediglich nach US-GAAP ist wie bereits erwähnt auch ein *Gewinn je Aktie* vor außerordentlichen Vorgängen zu zeigen, der nach IFRS unterbleiben kann.[682] Entscheidend für diese Entwicklung war, dass die bisherigen Berechnungen für den *Gewinn je Aktie* als zu kompliziert angesehen wurden und sich das Schrifttum für eine Simplifizierung der Kennzahl aussprach.[683] Im Folgenden soll der *Gewinn je Aktie* nach neuerem Schema dargestellt werden.

677 Vgl. Glieder, H. (1999), S. 176.

678 Vgl. Arbeitskreis „Externe Unternehmensrechnung" der Schmalenbachgesellschaft (1988).

679 Vgl. Busse von Colbe, W. u.a. (2000).

680 Vgl. Gemeinsame Arbeitsgruppe der DVFA und Schmalenbachgesellschaft (1998), S. 2537.

681 Vgl. Förschle, G. (1997), S. 503.

682 Vgl. Förschle, G. (1997), S. 514.

683 Vgl. bspw. Mertens. U. (1995), S. 162; vgl. Dudley, L. W. (1985), S. 102.

2 Darstellung des Instrumentariums

2.1 Grundlagen

2.1.1 Zusammensetzung der Kennzahl

Wie bereits mit der Kennzahl 20 dargestellt, setzt sich der *Gewinn je Aktie* aus dem Periodengewinn nach Steuern im Zähler und der Anzahl an Stammaktien im Nenner zusammen.[684]

Das Periodenergebnis ist auf sämtliche im Umlauf befindliche **Stammaktien** zu beziehen. Stammaktien nach IFRS sind Finanzinstrumente, die allen anderen Finanzierungsformen bezüglich der Verzinsung und Teilhabung am Liquidationserlös nachgeordnet sind.[685] Somit ist bei der Bestimmung der Stammaktien zu beurteilen, welche Wertpapiere einen Residualanspruch am Unternehmensvermögen verbriefen.

Vorzugsaktien spielen dabei eine bedeutende Rolle. Für sie ist zu klären, ob sie lediglich eine Vorzugsdividende verbriefen und weitere Residualansprüche ausschließen oder ob sie nur das Stimmrecht ausklammern, den Inhaber aber weiter in voller Höhe am Unternehmensgewinn beteiligen. Vorzugsaktien, die nur eine Vorzugsdividende verbriefen, fließen nicht in die Anzahl der Stammaktien ein.[686] Folglich ist der Gewinn nach Vorzugsdividenden zu verwenden.[687] Handelt es sich jedoch um Vorzugsaktien, die lediglich das Stimmrecht ausklammern, aber auch einen Residualanspruch verbriefen, erfüllen sie die Definition einer Stammaktie, da sie allen anderen Finanzierungsinstrumenten nachgeordnet sind.[688] In diesem Fall ist für jede Aktienkategorie ein separater *Gewinne je Aktie* auszuweisen.[689]

Während einer Periode kann sich die Anzahl der Stammaktien erhöhen, ohne dass dem Unternehmen dadurch neue Ressourcen zufließen, die die Gewinnsitu-

---

[684] Vgl. Kap. I 1.1.

[685] Vgl. IAS 33 Par. 6.

[686] Vgl. IAS 33 Par. 7.

[687] Vgl. IAS 33 Par. 11.

[688] Vgl. Förschle, G. (1997), S. 507.

[689] Vgl. IAS 33 Par. 47.

ation zukünftig beeinflussen würden. Für Kapitalerhöhungen aus Gesellschaftsmitteln und der Ausgabe von Gratisaktien, die solche Fälle betreffen, sind Anpassungen am *Gewinn je Aktie* vergangener Geschäftsjahre vorzunehmen, um die Periodenvergleichbarkeit aufrecht zu erhalten.[690] Darüber hinaus kann sich die Aktienanzahl aber auch verändern, wenn Inhaber von Finanzierungstiteln, die den Umtausch in Aktien verbriefen, ihr Recht ausüben. Auch in diesem Fall bleibt ceteris paribus die Erfolgssituation des Unternehmens unverändert. Der Gewinn muss jedoch auf eine höhere Aktienanzahl verteilt werden.[691] In diesen Fällen müssen die daraus zu erwartenden Einflüsse herausgerechnet werden. Dazu unterscheidet IAS 33 den *unverwässerten* und *verwässerten Gewinn je Aktie*.[692]

2.1.2 Unterscheidung des unverwässerten und verwässerten *Gewinns je Aktie*

Die Ausübung von Wandelschuldverschreibungen oder Aktienoptionen ist grundsätzlich an bestimmte Bedingungen geknüpft.[693] Sind diese Bedingungen nicht erfüllt, verfallen die Rechte ungenutzt.[694] Investoren bilden sich mit dem *Gewinn je Aktie* ein Urteil über die Gewinnbeteiligung ihres Investments. Werden nun beispielsweise die Umtauschrechte einer Wandelanleihe ausgeübt, sinken dadurch die auf die Stammaktionäre entfallenden Gewinne. Die Möglichkeit der Veränderung der Aktienanzahl auf diese Weise und die daraus resultierende Reduzierung des Gewinnanspruchs wird als **Verwässerungseffekt** bezeichnet.[695] Um die Verwässerung in der Anlageentscheidung berücksichtigen zu können, gehen Investoren – und um ihren Informationsansprüchen zu genügen auch die Regelsetzer der IFRS – von einem worst-case-Szenario aus. In diesem Szenario wird der Periodengewinn auf die maximal mögliche Anzahl von Stammaktien verteilt. Somit sind im Nenner alle potenziellen Stammaktien ein-

[690] Vgl. IAS 33 Par. 20.

[691] Vgl. Förschle, G. (1997), S. 505.

[692] Vgl. IAS 33 Par. 10 u. 24.

[693] Die relevanten Konditionen für den Umtausch beziehungsweise Erwerb sind die Umtausch- beziehungsweise Optionsfrist, die Zuzahlung beziehungsweise der Optionspreis. In Abhängigkeit vom aktuellen Kursniveau entscheidet sich der Inhaber dann für die Ausübung oder lässt die Frist verstreichen; vgl. Däumler, K.-D. (2002), S. 130 u. 132.

[694] Vgl. Fischer, L. (2001), S. 266.

[695] Vgl. Nonnenmacher, R. / Ozimek, R. (2001), S. 664.

bezogen, die sich durch Ausübung der Umtauschrechte ergeben und nachteilig für die Stammaktionäre auswirken.[696]

Die Ausübung der Umtauschrechte führt jedoch dazu, dass die mit dem Finanzierungstitel verbundenen Zinsaufwendungen entfallen. Folglich ist der Zähler um diese Aufwendungen inklusive der steuerlichen Auswirkungen zu erhöhen, damit Zähler und Nenner weiterhin kongruent bleiben.[697]

Abbildung 34 zeigt die Überleitung vom unverwässerten auf den verwässerten *Gewinn je Aktie*.

Abbildung 34: Unverwässerter und verwässerter *Gewinn je Aktie*

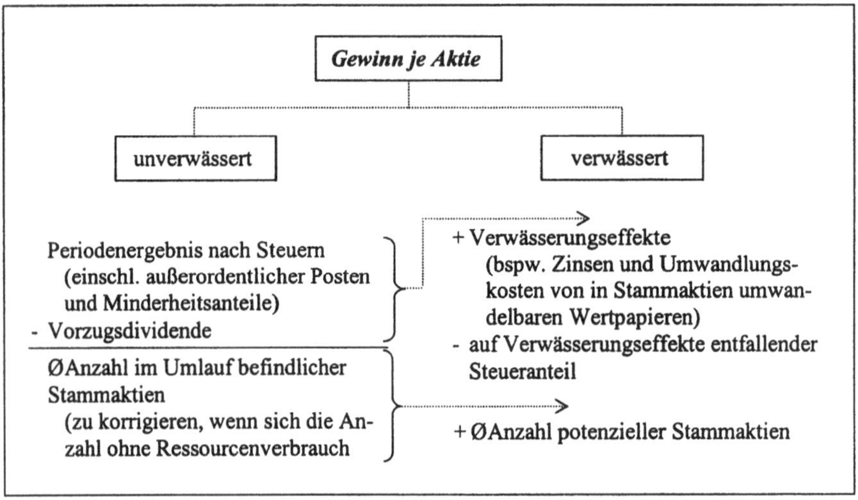

2.2 Bestimmung des Gewinns und der Aktienanzahl für den unverwässerten *Gewinn je Aktie*

Die **Gewinngröße** ist definiert als Periodenergebnis nach Steuern. Diese Definition gewährleistet, dass das Ergebnis zur Berechnung verwendet wird, das den Aktionären zusteht, obwohl Steuern den zwischenbetrieblichen und temporären

[696] Vgl. Förschle, G. (1997), S. 510.

[697] Vgl. Förschle, G. (1997), S. 511.

Vergleich stören, wenn unterschiedliche steuerliche Bedingungen herrschen. Die Verwendung des Ergebnisses nach außerordentlichen Posten geschieht aus demselben Grund. Diese Behandlungsweise ist im Schrifttum nicht unumstritten. Sie wird aber aus bereits erwähnten Gründen vom IASB abgelehnt und weiterhin unterstrichen, da bisher keine international einheitliche Definition eines außerordentlichen Ergebnisses existiert.[698]

Existieren unterschiedliche Kategorien von Stammaktien – beispielsweise Aktien mit unterschiedlicher Dividendenausstattung –, ist das Periodenergebnis auf jede Gruppe aufzuteilen und in separate *Gewinne je Aktie* überzuleiten.[699] Folgendes Beispiel soll der Anschauung dienen:

Aktiengattung	**Stückzahl**	**Dividendenbeschluss**	**Rücklageneinstellung € 900.000,-** **davon entfallen auf A und B**	***Gewinn je Aktie***
A	100.000	€ 5,-	€ 3,-[1)]	€ 8,-
B	200.000	€ 8,-	€ 6,-[2)]	€ 14,-

[1)]100.000 : (100.000 + 200.000) · € 900.000,- : 100.000 = € 3,-

[2)]200.000 : (100.000 + 200.000) · € 900.000,- : 200.000 = € 6,-

Für die Berechnung der **Aktienanzahl** sind sämtliche im Umlauf befindliche Stammaktien zu bestimmen. Hat sich die Anzahl der Aktien während der Periode verändert, ist zu unterscheiden, ob mit der Veränderung der Aktienanzahl gleichzeitig ein Ressourcenfluss[700] verbunden war oder nicht.[701]

Im Falle eines **Ressourcenzuflusses** – beispielsweise in Folge einer ordentlichen Kapitalerhöhung – ist die durchschnittliche Aktienanzahl während der Periode zu bestimmen. Anpassungen für Vorperioden sind nicht vorzunehmen, da

[698] Vgl. Pellens, B. / Gassen, J. (2002), Tz. 17.

[699] Vgl. IAS 33 Par. 47.

[700] Der IAS 33 verwendet hier den Begriff Ressourcenfluss, um deutlich zu machen, dass es sich bei der Kapitalerhöhung beziehungsweise Kapitalherabsetzung nicht notwendigerweise um liquiditätswirksame Kapitalveränderungen handeln muss sondern auch Sacheinlagen beziehungsweise Sachentnahmen eingeschlossen sind.

[701] Vgl. IAS 33 Par. 20.

mit dem Kapitalzufluss auch ein höheres Ergebnis erzielt werden kann und sich der *Gewinn je Aktie* unter ceteris paribus Bedingungen dadurch nicht verändert.[702]

Ordentliche Kapitalerhöhung zum 2. Quartalsbeginn		
Aktienanzahl vor Kapitalerhöhung	**Anzahl junger Aktien**	**durchschnittliche Aktienanzahl während der Periode**
300.000	100.000	375.000[1)]
[1)]300.000 + ¾ 100.000 = 375.000		

Anpassungen sind hingegen notwendig, wenn sich die Aktienanzahl **ohne Ressourcenfluss** verändert. Wird beispielsweise eine Kapitalerhöhung aus Gesellschaftsmitteln durchgeführt, ist für Vergleichszwecke der *Gewinn je Aktie* aus Vorperioden auf die neue Aktienanzahl zu beziehen. Konsequenterweise wird für die laufende Periode unterstellt, dass die Kapitalerhöhung bereits zu Beginn des Geschäftsjahres stattgefunden hat.[703] Folgendes Beispiel dient der Anschauung:

Periode	**Perioden-ergebnis**	**Δ Periodenergebnis in %**	**Stückzahl**	***Gewinn je Aktie* in t_{-1}**	**angepasste Stückzahl**	***Gewinn je Aktie* in t_0**	**Δ *Gewinn je Aktie* in %**
-1	900.000	---	300.000	€ 3,-	360.000	€ 2,50	---
0	1.400.000	55,6%	360.000	---	360.000	€ 3,89	55,6%

Das Beispiel verdeutlicht, dass der prozentuale Anstieg des Periodenergebnisses und der des *Gewinns je Aktie* identisch sind. Somit wird der Periodenvergleich gewährleistet, da sich die Ertragskraft aufgrund der Kapitalerhöhung nicht verändert hat.

Komplizierter stellt sich das Verfahren dar, wenn mit der Kapitalerhöhung nur **teilweise ein Ressourcenzufluss** verbunden ist. Dieses ist beispielsweise der Fall, wenn *junge Aktien* zu einem Ausgabekurs herausgegeben werden, der unter dem Marktwert der Aktien liegt oder wenn mit dem Erwerb *junger Aktien* Gra-

[702] Vgl. Pellens, B. / Gassen, J. (2002), Tz. 18.

[703] Vgl. Pellens, B. / Gassen, J. (2002), Tz. 22.

tisaktien ausgegeben werden.[704] In dieser Situation ist ein Anpassungsfaktor für die Aktienanzahl der Vorperioden zu bestimmen, da die Ausgabe von Gratisaktien, die eine Anpassung des *Gewinns je Aktie* der Vorperiode bewirken, nur auf einen Teil der Erhöhung der Aktienanzahl zutrifft.[705] Der Anpassungsfaktor berechnet sich durch Division des beizulegenden Wertes der Aktie vor und nach Bezugsrechtsausübung.[706] Folgendes Beispiel dient der Anschauung:

Bezugsrechtsverhältnis: 5:1

Ausgabekurs 100,-

beizulegender Wert der Aktie vor Bezugsrechtsausübung: 150,-

Bezugstermin: 2. Quartalsbeginn

Periode	Perioden-ergebnis	Δ Periodenergebnis in %	Stückzahl	*Gewinn je Aktie* in t_{-1}	angepasste Stückzahl	*Gewinn je Aktie* in t_0	Δ *Gewinn je Aktie* in %
-1	900.000,-	---	300.000	3,-	317.700[2)]	2,83	---
0	1.400.000,-	55,6%	360.000[1)]	---	349.425[3)]	4,01	41,7%

[1)]300.000 : 5 + 300.000 = 360.000

[2)](300.000 · 150 + 60.000 · 100) : 360.000 = 141,67 (beizulegender Wert nach Bezugsrechtsausübung)

150 : 141,67 = 1,059 (Anpassungsfaktor)

1,059 · 300.000 = 317.700

[3)] ¼ 317.700 + ¾ 360.000 = 349.425

In diesem Beispiel ist die prozentuale Veränderung des *Gewinns je Aktie* nicht mit der Veränderung des Periodenergebnisses identisch, da der Gewinn in t_0 auf eine größere Aktienanzahl verteilt werden muss, die in t_{-1} nicht vollständig berücksichtigt wurde.

---

[704] Vgl. Förschle, G. (1997), S. 508.

[705] Vgl. Engel, M. (1998), S. 253.

[706] Vgl. Pellens, B. / Gassen, J. (2002), Tz. 23.

2.3 Bestimmung des Gewinns und der Aktienanzahl für den verwässerten *Gewinn je Aktie*

Wie bereits erwähnt, wird der künftige Vermögensanspruch der bisherigen Aktionäre verwässert, wenn Inhaber von Finanzierungsmischformen – wie beispielsweise Wandelschuldverschreibungen – ihre Rechte ausüben. Da es zur Ausübung nur einer einseitigen Willenserklärung der Inhaber bedarf, haben die Altaktionäre keinen Einfluss auf die zukünftige Gewinnbeteiligung.[707] Aus diesem Grund wird vom IAS 33 die Offenlegung des maximalen Verwässerungseffektes auf den *Gewinn je Aktie* verlangt, damit Investoren dies bei der Anlageentscheidung mit berücksichtigen können.[708]

Einerseits werden Verwässerungseffekte durch die sich erhöhende Aktienanzahl ausgelöst. Andererseits wirken jedoch die eingesparten Finanzierungskosten, die die **Gewinngröße** erhöhen, der Verwässerung entgegen.[709] Für den Fall, dass die Gegenwirkung zu einem negativen Verwässerungseffekt führen würde, hat der Ausweis des verwässerten *Gewinns je Aktie* zu unterbleiben.[710]

Für das Szenario II im folgen Beispiel wird kein verwässerter *Gewinns je Aktie* ausgewiesen, da der Verwässerungseffekt einen Anstieg der Kennzahl hervorruft und für die Anteilseigner unter worst-case-Aspekten kaum Relevanz hat.

---

[707] Vgl. Pellens, B. / Gassen, J. (2002), Tz. 24.

[708] Vgl. IAS 33 Par. 41.

[709] Vgl. Coenenberg, A. G. (2000), S. 495.

[710] Vgl. IAS 33 Par. 40.

Perioden-ergebnis	**Aktien-anzahl**	**unverwässerter *Gewinn je Aktie***	**Anzahl der Wandel-anleihen**	**Nennwert der Wandelanleihe**	**Umtausch-verhältnis**	**Unternehmenssteuer-satz**
900.000,-	300.000	3,-	100.000	100,-	1:1	40%
Szenario I: Zinssatz der Wandelanleihe 4%						
Szenario II: Zinssatz der Wandelanleihe 8%						
Szenario	**Zinsaufwand für die Wandelanleihe**	**Steuer-effekt**	**Zinsersparnis nach Steuern**	**verwässerter Gewinn**	**verwässerte Aktien-anzahl**	**verwässerter *Gewinn je Aktie***
I	400.000,-	160.000,-	240.000,-	1.140.000,-	400.000	2,85
II	800.000,-	320.000,-	480.000,-	1.380.000,-	400.000	3,45

Verwässerungseffekte treten wie gezeigt ein, wenn Inhaber so genannter Finanzierungsmischformen die Chance haben, **Aktien** unter ihrem beizulegenden Wert zu kaufen oder sogar gratis zu erwerben. Dies führt dazu, dass nur ein Teil des Aktienerwerbs entgeltlich ist. Für die Berechnung des Verwässerungseffektes wird unterstellt, dass Unternehmen aus dem (entgeltlichen) Erlös der Bezugsrechtsausübung, einen Teil der auszugebenden Aktien beschaffen und zum beizulegenden Wert ausgeben könnten.[711] Der restliche Teil ist unentgeltlich und wirkt verwässernd auf die Aktienanzahl. Für ihn wird angenommen, dass eine Kapitalerhöhung aus Gesellschaftsmitteln erfolgen müsste, die die Verwässerung bewirkt.[712] Folgendes Beispiel dient der Erläuterung:

[711] Vgl. Pellens, B. (2001), S. 349.

[712] Hierbei handelt es sich um die so genannte *treasury stock method*; vgl. Reinhart, A. (1998), S. 356.

Perioden-ergebnis	**Aktien-anzahl**	**unverwässerter *Gewinn je Aktie***	**Anzahl der Bezugs-rechte**	**Umtausch-verhältnis**	**Zuzahlung**	**beizulegender Wert der Aktie**
900.000,-	300.000	3,-	100.000	1:1	100,-	150,-

Erlös aus der Bezugsrechtsausübung:	100.000 · 100,- = 10.000.000,-
Anzahl der Aktien, die zum beizulegenden Wert zurückgekauft werden könnten:	10.000.000,- : 150,- = 66.666,7
Anzahl der Aktien, die durch eine Kapitalerhöhung aus Gesellschaftsmitteln ausgegeben werden müssten:	100.000 – 66.666,7 = 33.333,3

verwässerte Aktienanzahl	**verwässerter *Gewinn je Aktie***
333.333,3	2,70

Der verwässerte *Gewinn je Aktie* beschreibt das worst-case-Szenario der Verwässerungseffekte. In Fällen, in denen ein Unternehmen unterschiedliche Finanzierungsformen mit Verwässerungseffekten nutzt, können sich diese Effekte gegenseitig aufheben. Um dieses zu verhindern, hat das Unternehmen die Verwässerungseffekte separat zu bestimmen und in ihrer **Reihenfolge der höchsten Verwässerung** in die Berechnung mit einzubeziehen.[713] Sobald ein Effekt Ergebnis erhöhend wirkt, sind dieser und alle weiteren Effekte auszulassen.[714] Folgendes Beispiel dient dem Verständnis:

[713] Vgl. IAS 33 Par. 41.

[714] Hierbei handelt es sich um die so genannte *if-converted method*; vgl. Reinhart, A. (1998), S. 357.

Periodenergebnis	**Aktienanzahl**	**unverwässerter *Gewinn je Aktie***	**beizulegender Wert der Aktie**	**Unternehmens-steuersatz**
900.000,-	300.000	3,-	150,-	40%

1. Bezugsrechte: Anzahl: 100.000, Bezugsrechtsverhältnis: 1:1, Zuzahlung: 100,-
2. Wandelanleihe: Anzahl: 100.000, Nennwert: 100,-, Zinssatz: 4%, Zuzahlung: 22,50
3. Wandelanleihe: Anzahl: 100.000, Nennwert: 100,-, Zinssatz: 3%, Zuzahlung: 0,-

Verwässerungs-effekte	**steuerbereinigte Zinsersparnis**	**potentielle Aktien**	**Gewinn je poten-zieller Aktie**	**Reihenfolge der Verwässerung**
1	0,-	33.333,3[1)]	0,-	1.
2	240.000,-	85.000[2)]	2,82	3.
3	180.000,-	100.000[3)]	1,80	2.

[1)] 100.000 - (100,- · 100.000 : 150,-) = 33.333,3

[2)] 100.000 - (22,50 · 100.000 : 150,-) = 85.000

[3)] 100.000 - (0,- · 100.000 : 150,-) = 100.000

unverwässerter *Gewinn je Aktie*	**verwässerter *Gewinn je Aktie* nach 1. Verwäs-serungseffekt**	**verwässerter *Gewinn je Aktie* nach 2. Verwäs-serungseffekt**	**verwässerter *Gewinn je Aktie* nach 3. Verwäs-serungseffekt**	**verwässerter *Gewinn je Aktie***
3,-	2,7[4)]	2,49[5)]	2,55[6)]	**2,49**

[4)] 900.000,- : (300.000 + 33.333) = 2,7

[5)] (900.000,- + 180.000,-) : (333.333 + 100.000) = 2,49

[6)] (1.080.000,- + 240.000,-) : (433.333 + 85.000) = 2,55

In diesem Beispiel wird deutlich, dass alle Finanzierungsformen einzeln betrachtet den *Gewinn je Aktie* verwässern, da alle Gewinne je potenzieller Aktie unter dem unverwässerten *Gewinn je Aktie* liegen. Da dieser bereits nach der zweiten Verwässerung unter dem Gewinn je potenzieller Aktie aus dem zweiten Verwässerungseffekt liegt, würde die Berücksichtigung des letzten Effektes der Verwässerung entgegen wirken. Folglich darf dieser Effekt nicht mehr berücksichtigt werden.

3 Bilanzanalytische Möglichkeiten und Erkenntnisse

3.1 Generelle Analyseüberlegungen zum *Gewinn je Aktie*

Wie bereits anfangs festgestellt, erfreut sich die Kennzahl *Gewinn je Aktie* bei Finanzanalysten und Investoren wachsender Beliebtheit, da sie unmittelbar den Gewinnanteil pro Aktie ausdrückt.[715] Aufgrund der Bedeutung des *Gewinns je Aktie* unter den Investoren und Analysten verwenden auch Unternehmen zunehmend diese Kennzahl. Sie wird häufig zur Prognose der zukünftigen Ertragslage anstelle des absoluten Gewinns eingesetzt.[716]

Bezüglich der Prognose der zukünftigen Ertragslage bietet der verwässerte *Gewinn je Aktie* nach IFRS entscheidende Informationsgewinne. Die Berücksichtigung unterschiedlicher Eigenkapitalqualitäten und Verwässerungseffekte signalisiert dem Investor die potenzielle Gefahr einer Gewinnminderung in der Zukunft, sollte es zu einer Erhöhung der Stammaktien kommen, auf die der Gewinn zu verteilen ist. Solche Effekte müssen auch bei Unternehmensvergleichen berücksichtigt werden, da diese Art von Finanzierungsform in unterschiedlichem Umfang genutzt wird.

Unter deutschen Industrieunternehmen, die nach IFRS bilanzieren, werden verwässernde Finanzierungsformen noch selten gebraucht. In Geschäftsberichten wird daher häufig auf die Berechnung des verwässerten *Gewinns je Aktie* mit dem Hinweis, dass keine Finanzinstrumente ausstehen, die in Aktien umgetauscht werden können, verzichtet. Geschieht dies dennoch, sind die Auswirkungen nur sehr gering.

---

[715] Vgl. Kap. I 1.1.

[716] Vgl. Pellens, B. / Gassen, J. (2002), Tz. 1.

Adidas-Salomon, Bayer, Beiersdorf Deutsche Post, Lufthansa, MAN und Metro weisen auf nicht verwässernde Finanzierungsinstrumente hin.[717] Sogar Allianz und Commerzbank nutzen keine Eigenkapitalverwässernden Finanzinstrumente, obwohl diese Unternehmen immerhin aufgrund ihrer Zugehörigkeit zum Finanzsektor mit dieser Art von Finanzierungsformen vertraut sein sollten.[718]

BMW und Henkel nutzen zwar keine verwässernden Finanzinstrumente, jedoch weisen sie für unterschiedliche Aktienkategorien getrennte *Gewinne je Aktie* aus.[719]

Allein Altana, Schering und Volkswagen nutzen verwässernde Finanzierungsformen.[720] Ihre geringen Auswirkungen auf den unverwässerten *Gewinn je Aktie* kann jedoch in der Tabelle abgelesen werden.

Angaben in € Unternehmen	Altana		BMW		Henkel		Schering		Volkswagen	
Periode	2000	2001	2000	2001	2000	2001	2000	2001	2000	2001
Gewinn je Stammaktie	1,30	2,49	1,80	2,78	3,20	3,45	1,70	2,11	6,35	7,66
Gewinn je Vorzugsaktie			1,82	2,80	3,25	3,50			6,43	7,75
verwässerter Gewinn je Stammaktie	1,30	2,47					1,68	2,10	6,29	7,61
verwässerter Gewinn je Vorzugsaktie									6,37	7,69

Eines der Ziele des *Gewinns je Aktie* liegt darin, die Ertragskraft mit anderen Unternehmen vergleichbar zu machen.[721] Genau an dieser Stelle wird häufig das Problem dieser Kennzahl gesehen. Insbesondere Unternehmensvergleiche sind auf Basis des *Gewinns je Aktie* mit Schwierigkeiten behaftet.[722] Schon die ausgewählten Unternehmen im Beispiel zuvor zeigen, wie unterschiedlich die Werte ausfallen können.

[717] Vgl. Adidas-Salomon Geschäftsbericht 2001, S. 89; vgl. Bayer Finanzbericht 2001, S. 27; vgl. Beiersdorf Geschäftsbericht 2001, S. 75; vgl. Deutsche Post Geschäftsbericht 2001, S. 120; vgl. Lufthansa Geschäftsbericht 2001, S. 95; vgl. MAN Geschäftsbericht 2001, S. 95; vgl. Metro Geschäftsbericht 2001, S. 73.

[718] Vgl. Allianz Group Geschäftsbericht 2001, S. 73; vgl. Commerzbank Geschäftsbericht 2001, S. 66.

[719] Vgl. BMW Group Geschäftsbericht 2001, S. 70; vgl. Henkel Geschäftsbericht 2001, S. 38.

[720] Vgl. Altana Geschäftsbericht 2001, S. 83; vgl. Schering Geschäftsbericht 2001, S. 96; vgl. Volkswagen Geschäftsbericht 2001, S. 106-107.

[721] Vgl. IAS 33 Zielsetzung.

[722] Vgl. das Beispiel bei Schader, H. (1997), S. 155.

Isoliert betrachtet macht die Analyse des *Gewinns je Aktie* folglich wenig Sinn, da das Verhältnis zwischen absolutem Gewinn und der Anzahl der Aktien, auf die der Gewinn zu verteilen ist, keine Verzinsung des eingesetzten Kapitals darstellt.[723] Vergleiche mit anderen Unternehmen sind nur eingeschränkt aussagekräftig. Normative Vorstellungen über die Höhe des *Gewinns je Aktie* sind kaum ableitbar, da Unternehmen ihr Eigenkapital auf eine unterschiedliche Anzahl Aktien verteilen können, ohne dass davon die absolute Höhe der Eigenkapitalausstattung betroffen ist. Aus diesem Grund bietet es sich an, den *Gewinn je Aktie* um die Betrachtung des Preises, der für die „Gewinnbeteiligung" zu zahlen ist, zu erweitern. Hierdurch lässt sich eine Reihe von weiteren Analyseüberlegungen anstellen, die im Folgenden diskutiert werden.

3.2 Kennzahlengestützte Analyse

Der *Gewinn je Aktie* lässt sich in den mit Abbildung 35 beschriebenen Systemzusammenhang bringen.[724] An verschiedenen Stellen wird er um den Aktienkurs ergänzt. Dadurch entstehen drei wesentliche Analysebereiche:

1. Aktienrentabilität und Preiswürdigkeitseinschätzungen auf Basis des Kurs-/Gewinnverhältnisses,
2. Unternehmensrentabilität und Schätzungen von *stillen Reserven* auf Basis des Market-to-Book-Ratios und
3. Dividendenanalysen auf Basis der Dividendenrendite.

[723] Vgl. Coenenberg, A. G. (2000), S. 1009.

[724] Ähnlich, aber nicht so ausführlich bei Coenenberg, A. G. / Reinhart, A. (1999), S. 575.

Abbildung 35: Der *Gewinn je Aktie* im Kennzahlenumfeld

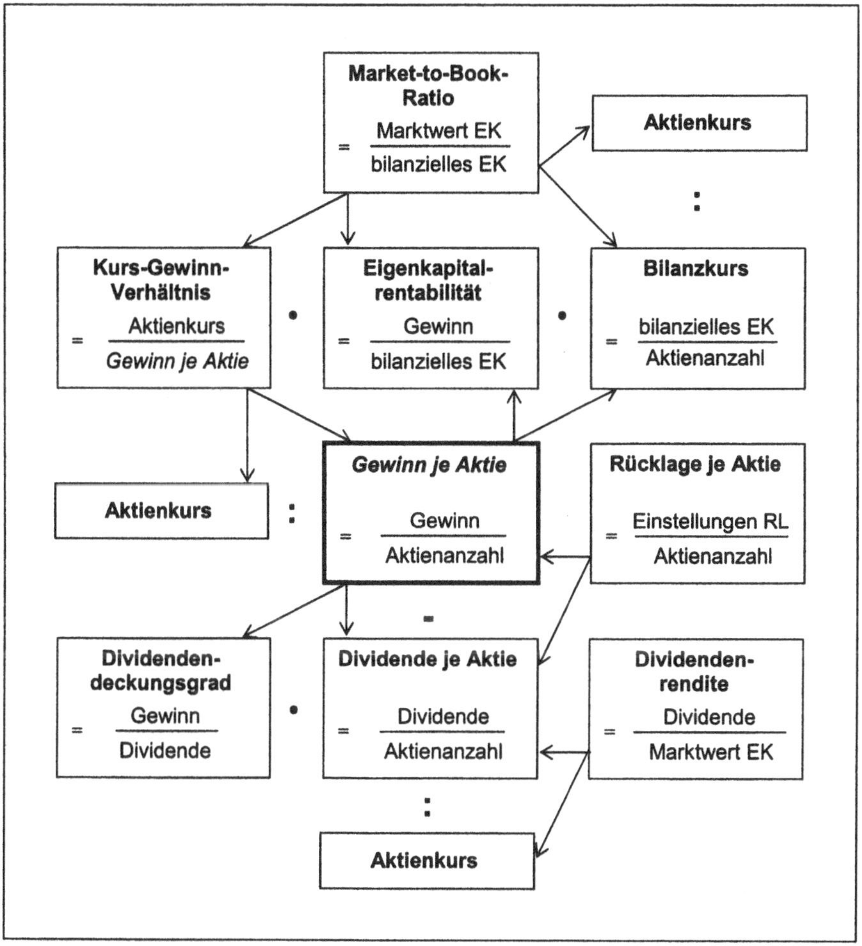

3.2.1 Aktienrentabilität und Preiswürdigkeitseinschätzungen: Kurs-/ Gewinnverhältnis

Wie der Abbildung 35 zu entnehmen ist, berechnet sich das **Kurs-/ Gewinnverhältnis** durch Division von *Preis je Aktie* und *Gewinn je Aktie*. Folglich drückt diese Kennzahl aus, wie viele Jahre es unter gleich bleibenden Bedingungen[725] dauern würde, bis sich der Kauf einer Aktie durch den Gewinn amortisiert

[725] Auf die gleich bleibenden Bedingungen wird am Ende des Kapitels eingegangen.

hat.[726] Damit ist das Kurs-/Gewinnverhältnis der Kehrwert der Eigenkapitalrentabilität bezogen auf den Marktwert des Eigenkapitals.[727]

Aus dem Reziprokwert der Kapitalmarktverzinsung können so normative Vorstellungen über die Höhe des Kurs-/Gewinnverhältnisses gewonnen werden.[728] Beträgt die Verzinsung beispielsweise zwischen 5% und 15%, sollten sich die Kursverhältnisse zwischen 6,67 und 20 bewegen.[729] Werte außerhalb des Intervalls zeigen eine Über- beziehungsweise Unterbewertung an.[730]

Unter den Analysten wird das Kurs-/Gewinnverhältnis dazu genutzt, die Preiswürdigkeit einer Aktie zu beurteilen. Je niedriger das Verhältnis, also je kürzer die Zeit der Amortisation, desto günstiger ist die Aktie. Je höher das Verhältnis, desto teurer wird die Aktie vom Markt bewertet. Anders ausgedrückt: Trotz eines geringen Gewinns, der pro Aktie erzielt wird, sind Investoren dennoch bereit, einen hohen Preis aufgrund positiver Zukunftserwartungen für die Aktie zu zahlen. Folglich liegt das Kurs-/Gewinnverhältnis tendenziell höher.[731]

Mit der Erweiterung des *Gewinns je Aktie* um den Aktienkurs wird aus Sicht des Investors nicht mehr allein der auf einen Anteil entfallende Gewinn betrachtet, sondern darüber hinaus auch, wie hoch die Investition für die Gewinnbeteiligung ist beziehungsweise war. Folgendes Beispiel dient der Erläuterung:

---

[726] Vgl. Eidel, U. (1999), S. 82.

[727] Vgl. Coenenberg, A. G. (2000), S. 1011.

[728] Vgl. Cheridito, Y. / Hadewicz, T. (2001), S. 323.

[729] 1 / 0,05 = 20; 1 / 0,15 = 6,67.

[730] Das tatsächliche Kurs-/Gewinnverhältnis ist sehr branchenabhängig. Im Jahr 2000 betrug es beispielsweise im Maschinenbau 12,1 und bei Kraftfahrzeugen 13,5. Deutlich höher lag die chemische Industrie mit 25,9. Die durchschnittlichen Kurs-/Gewinnverhältnisse der New Economy lagen für den Recht- und Filmverleih bei 54,7, der Telekommunikation bei 85,9 und der Internetsoftware sogar bei 276,7. Letztere deuten auf deutliche Überbewertungen in Zeiten des Börsenbooms hin. Mit dem Börsenrückgang in 2001 und 2002 liegen die Kurs-/Gewinnverhältnisse zwar wieder deutlich niedriger, viele Unternehmen scheinen aber immer noch überbewertet zu sein; vgl. Kipp, H. (2000), S. 18. Zur Fehleinschätzung von Anlageentscheidungen auf Basis von Kurs-/Gewinnverhältnissen vgl. Trunz, R. / Loderer, C. (1993), S. 202.

[731] Vgl. Casey, C. / Loistl, O. (2001), S. 628.

	Unternehmen A	**Unternehmen B**
gezeichnetes Kapital	1.000.000,-	1.500.000,-
Nennwert je Aktie	5,-	5,-
Aktienanzahl	200.000	300.000
Jahresüberschuss	400.000,-	400.000,-
Gewinn je Aktie	**2,-**	**1,33**
Aktienkurs	30,-	15,-
Kurs-/Gewinnverhältnis	**15,00**	**11,25**

In diesem Bespiel ist der *Gewinn je Aktie* des Unternehmens B niedriger als der des Unternehmens A. Ursache dafür ist, dass der Gewinn, den beide Unternehmen in gleicher Höhe erzielen, bei Unternehmen B auf eine größere Aktienanzahl zu verteilen ist. Die Vorteilhaftigkeit einer Investition in Unternehmen A oder B darf allerdings nicht allein anhand des *Gewinns je Aktie* ermittelt werden. Schließlich ist zu berücksichtigen, wie viel für den Anspruch auf Gewinn zu bezahlen ist. Um den Gewinnanspruch auf 2,- € zu erhalten, sind bei Unternehmen A 30,- € zu bezahlen, bei Unternehmen B für einen Gewinn von 1,33 € nur die Hälfte. Folglich liegt das Kurs-/Gewinnverhältnis bei Unternehmen B niedriger, so dass eine Investition in Unternehmen B unter sonst gleichen Bedingungen vorzuziehen wäre.

In der Annahme der „sonst gleichen Bedingungen“ liegt das Problem des Kurs-/ Gewinnverhältnisses. Der Wert wird auf Basis des gegenwärtigen Aktienkurses berechnet. Der Aktienkurs eines Unternehmens drückt die zukünftigen Gewinnerwartungen der Aktionäre aus.[732] Werden für ein Unternehmen steigende Gewinne prognostiziert, findet sich diese Tendenz im steigenden Aktienkurs wieder. Folglich steigt auch das Kurs-/Gewinnverhältnis, da der *Gewinn je Aktie* der gegenwärtigen Periode als Konstante in die Berechnung einfließt. Erst wenn der Gewinnanstieg tatsächlich realisiert ist, sinkt das Kurs-/Gewinnverhältnis wieder auf das ursprüngliche Niveau zurück.[733]

[732] Vgl. Günther, T. (1997), S. 222.

[733] Vgl. dazu das graphisches Bespiel bei Coenenberg, A. G. (2000), S. 1012.

Auf der einen Seite kann das Kurs-/Gewinnverhältnis zwar direkt im Vergleich mit anderen Unternehmen – wie im obigen Beispiel gezeigt – oder für ein Unternehmen individuell als Indikator für überteuerte beziehungsweise preiswerte Aktien gesehen werden. Auf der anderen Seite müssen aber Faktoren, die die zukünftige Gewinnsituation des Unternehmens beeinflussen, berücksichtigt werden. Erwartetes Gewinnwachstum oder diversifizierbare Risiken, die keine Risikoprämie verlangen, rechtfertigen unter Umständen die Bezahlung eines höheren Aktienkurses.[734]

<table>
<tr><th></th><th colspan="2">Unternehmen A</th><th colspan="2">Unternehmen B</th></tr>
<tr><td>langfristiger Kapitalmarktzins</td><td colspan="4">8%</td></tr>
<tr><td>theoretisches Kurs-/Gewinnverhältnis</td><td colspan="4">12,5</td></tr>
<tr><td>tatsächliches Kurs-/Gewinnverhältnis</td><td colspan="2">15,-</td><td colspan="2">11,25</td></tr>
<tr><td>Gewinn je Aktie</td><td colspan="2">2,-</td><td colspan="2">1,33</td></tr>
<tr><td>theoretischer Kurs</td><td colspan="2">25,-</td><td colspan="2">16,63</td></tr>
<tr><td>tatsächlicher Kurs</td><td colspan="2">30,-</td><td colspan="2">15,-</td></tr>
<tr><td rowspan="3">Gewinnprognose je Aktie</td><td>< 2,40</td><td colspan="2">→ Aktie überbewertet ←</td><td>< 1,20</td></tr>
<tr><td>= 2,40</td><td colspan="2">→ Aktie fair bewertet ←</td><td>= 1,20</td></tr>
<tr><td>> 2,40</td><td colspan="2">→ Aktie unterbewertet ←</td><td>> 1,20</td></tr>
</table>

Die Fortführung des Beispiels zeigt: Liegt die langfristige Kapitalmarktverzinsung bei durchschnittlich 8%, wäre maximal ein Kurs-/Gewinnverhältnis von 12,5 gerechtfertigt. Dies entspricht dem Kehrwert von 8%. Dieses Kurs-/ Gewinnverhältnis würde sich bei Unternehmen A mit einem *Gewinn je Aktie* von 2,- € und einem Kurs von 25,- € sowie bei Unternehmen B mit einem *Gewinn je Aktie* von 1,33 € und einem Kurs von 16,63 € ergeben. Ein höherer Preis, der ein höheres Kurs-/Gewinnverhältnis bewirkt, wäre nur durch zukünftiges Gewinnwachstum gerechtfertigt. In Unternehmen A müsste der *Gewinn je Aktie* folglich auf 2,40 € ansteigen, um den Preis von 30,- € für eine Aktie zu rechtfertigen. Ansonsten wäre das Unternehmen überbewertet. In Unternehmen B hingegen ist der Preis von 15,- € dann angemessen, wenn ein Gewinnrückgang auf 1,20 € pro

[734] Vgl. Eidel, U. (1999), S. 92.

Aktie zu erwarten ist. Deutet nichts auf einen Gewinnrückgang hin, ist die Aktie unterbewertet.

Mit unterschiedlichen Unternehmen sind zweifelsohne individuelle Gewinnaussichten verbunden. Diese Prognosen können kurzfristig den direkten Unternehmensvergleich mit Kurs-/Gewinnverhältnissen stören. Zu diesem Zweck werden so genannte Kurs-/Gewinn-**Wachstums**-Verhältnisse oder **wachstumsadjustierte** Kurs-/Gewinnverhältnisse angeboten. Diese Kennzahlen sollen im Einzelnen nicht weiter vorgestellt werden, da sie eher in Branchen mit ausgeprägter Wachstumsdynamik von Bedeutung sind.[735] Ihr Grundanliegen besteht jedoch darin, das Kurs-/Gewinnverhältnis auf die Wachstumsrate zu normieren, so dass Vergleiche unabhängig vom zukünftigen Gewinnwachstum möglich sind.[736] Langfristig betrachtet lassen sich aber Preiswürdigkeitsaussagen sowohl für Aktien von Wachstumsmärkten als auch für Papiere stagnierender Märkte aus dem Gewinnmodell ableiten: Eine Aktie ist unter gegebenen Bedingungen am vollkommenen Kapitalmarkt[737] dann fair bewertet, wenn der Reziprokwert des Kurs-/Gewinnverhältnisses der Kapitalmarktverzinsung entspricht.[738]

3.2.2 Unternehmensrentabilität und Schätzungen *stiller Reserven*: Market-to-Book-Ratio

Im Kapitel zuvor wurde auf Interpretationsprobleme des *Gewinns je Aktie* im Vergleich zu anderen Unternehmen hingewiesen. Neben diesen Mängeln können durch den *Gewinn je Aktie* aber auch Fehlinterpretationen geschlussfolgert werden, wenn die Kennzahl isoliert betrachtet auf die Ertragskraft des Unternehmens übertragen wird.

---

[735] Vgl. Streich, U. (2001), S. 454.

[736] Vgl. im Einzelnen dazu Streich, U. (2001); vgl. Coenenberg, A. (2000), S. 1011.

[737] Die Bedingungen eines vollkommenen Kapitalmarktes bestehen darin, dass keine Transaktionskosten entstehen, jeder Kapitalgeber und jeder Kapitalnehmer zu jedem Zinssatz am Kapitalmarkt agieren kann und hinsichtlich der Planung homogene Informationen und Erwartungen existieren; vgl. Franke, G. / Hax, H. (1995), 153.

[738] Vgl. Casey, C. / Loistl, O. (2001), S. 628.

	Unternehmen A	**Unternehmen B**
gezeichnetes Kapital	1.000.000,-	1.500.000,-
Rücklagen	3.000.000,-	1.000.000,-
Eigenkapital	**4.000.000,-**	**2.500.000,-**
Nennwert je Aktie	5,-	5,-
Aktienanzahl	200.000	300.000
Jahresüberschuss	400.000,-	400.000,-
Gewinn je Aktie	**2,-**	**1,33**
Eigenkapitalrentabilität	**10%**	**16%**

Das begonnene Beispiel wird dazu fortgesetzt. Es zeigt, dass trotz eines niedrigeren *Gewinns je Aktie* bei Unternehmen B die Eigenkapitalrentabilität im Vergleich zu Unternehmen A höher liegt. Insofern würde ein Urteil zur Erfolgslage des Unternehmens auf Basis des *Gewinns je Aktie* zur Fehleinschätzung führen. Entscheidend für die **Rentabilität des Unternehmens** ist der Kapitaleinsatz und nicht die Anzahl der Anteile, auf die der Gewinn zu verteilen ist. Dies sei näher erläutert:

Im Rahmen der Rentabilitätsanalysen geht es im Grundsatz darum, die Verzinsung des eingesetzten Kapitals zu messen.[739] Zur Beurteilung der Erfolgssituation des Unternehmens liefert die Eigenkapitalrentabilität die bessere Entscheidungsgrundlage.[740] Sie misst die Verzinsung des im Unternehmen von den Eigentümern investierten Kapitals, welches durch das bilanzierte Eigenkapital erfasst wird.[741] Ist hingegen die Rentabilität einer Aktie zu analysieren, liefert das auf dem *Gewinn je Aktie* aufbauende Kurs-/Gewinnverhältnis die Entscheidungsgrundlage. Hierbei wird die Verzinsung des in einer Aktie investierten

[739] Vgl. Gräfer, H. (2001), S. 91.

[740] Zur Beurteilung der Erfolgssituation des Unternehmens unabhängig von der Kapitalstruktur ist die Gesamtkapitalrentabilität zu verwenden; vgl. Gräfer, H. (2001), S. 94. Sie ist jedoch nicht im Zusammenhang mit dem Kurs-/Gewinnverhältnis zu betrachten.

[741] Vgl. Gräfer, H. (2001), S. 92.

Kapitals als Reziprokwert gemessen.[742] In diesem Fall ist das investierte Kapital der Marktwert des Eigenkapitals beziehungsweise der Preis für eine Aktie.[743]

Bilanzanalysten verwenden häufig den Aktienkurs, um die ***stillen Reserven*** in einem Unternehmen zu schätzen.[744] *Stille Reserven* sind Vermögenswerte, die nicht in der Bilanz abgebildet sind, da sie sich aus der Unterbewertung der Aktiva ergeben.[745] Da den *stillen Reserven* aufgrund des Prinzips der Bilanzsummenidentität keine Kapitalherkunftsgröße gegenüber steht, stellen sie Eigenkapital dar, das nicht in der Bilanz ausgewiesen wird. Insofern sind die Begriffe *stille Reserven* und *stille Rücklagen* synonym.[746]

Die Differenz von Marktwert des Eigenkapitals und bilanziell erfasstem Eigenkapital ist die Höhe der *stillen Reserven*, wie sie vom Markt eingeschätzt werden.[747] Dieser Wert ist jedoch mit äußerster Vorsicht zu hinterfragen. Hierbei wird unterstellt, dass unternehmensexterne Personen in der Lage sind, die *stillen Reserven* korrekt einschätzen zu können. Die täglichen Börsenkursschwankungen zeigen, dass dies nicht der Fall sein kann. Dennoch kann die Marktbewertung als Indikator für zukünftiges Gewinnwachstum interpretiert werden.[748] Es handelt sich dabei jedoch um eine sehr spekulative Einschätzung.

Das Produkt aus Kurs-/Gewinnverhältnis und Eigenkapitalrentabilität ergibt die Market-to-Book-Ratio. Dieses Verhältnis von Marktwert des Eigenkapitals und bilanziell erfasstem Eigenkapital drückt aus, mit welchem Faktor die zukünftigen Gewinnerwartungen über dem bilanzierten Eigenkapital liegen.[749] Hierzu sei noch einmal das Beispiel aufgegriffen:

---

[742] Vgl. Schult, E. (1991), S. 107.

[743] Vgl. auch Förschle, G. (1997), S. 515.

[744] Vgl. Groll, K.-H. (2000), S. 73.

[745] Vgl. Lachnit, L. (2000), S. 774.

[746] Vgl. Coenenberg, A. G. (2000), S. 308.

[747] Vgl. Coenenberg, A. G. (2000), S. 960.

[748] Vgl. Baetge, J. (1998), S. 218.

[749] Vgl. Baetge, J. (1998), S. 218.

	Unternehmen A	**Unternehmen B**
Eigenkapital	**4.000.000,-**	**2.500.000,-**
Aktienanzahl	200.000	300.000
Aktienkurs	30,-	15,-
Marktwert Eigenkapital	6.000.000,-	4.500.000,-
Market-to-Book-Ratio	**1,5**	**1,8**

In diesem Beispiel wird das Unternehmen A mit dem Faktor 1,5 und das Unternehmen B mit dem Faktor 1,8 höher bewertet als Substanz nach Abzug von Schulden tatsächlich bilanziert wird. Folglich rechnet der Kapitalmarkt mit zukünftigen Gewinnanstiegen von 50% bei Unternehmen A beziehungsweise 80% bei Unternehmen B. Hierbei ist zu beachten, dass es sich lediglich um die Einschätzung der Börse handelt. Gewinnprognosen sind hier lediglich aus dem Aktienkurs abgeleitet, so dass Preiswürdigkeitsempfehlungen, mithin Über- oder Unterbewertungen anhand der Market-to-Book-Ratio nicht festgestellt werden können. Dies würde einen Zirkelschluss bedeuten.

3.2.3 Analyse des Ausschüttungsverhaltens: Dividendenrendite

Unterschieden werden muss zwischen dem *Gewinn je Aktie* und der *Dividende je Aktie*. Nicht nur der Gewinn ist von Interesse, sondern auch der Teil vom Gewinn, der direkt an die Aktionäre ausgeschüttet wird. Die Differenz wird in die Rücklagen eingestellt. Dieser Teil steht zwar auch den Aktionären zu, sein Nutzen ist aber mit erheblicher Unsicherheit behaftet, da mit dieser Form der Kapitalbereitstellung erst zukünftig Gewinne erwirtschaftet werden sollen.

Dennoch weisen Unternehmen, die tendenziell weniger ausschütten und dafür mehr in die Rücklagen einstellen, höhere *Gewinne je Aktie* aus, da die thesaurierten Beträge im Unternehmen für zukünftiges Gewinnwachstum investiert werden können. Unternehmen, die das gleiche Investitionsvolumen einsetzen wollen, aber keine thesaurierten Gewinne einsetzen können, müssen sich das Kapital von außen beschaffen. Im Falle der Eigenkapitalfinanzierung durch Ausgabe neuer Aktien würde sich der *Gewinn je Aktie vermindern.*[750]

[750] Vgl. Schader, H. (1997), S. 153.

Die *Dividende je Aktie* ist genauso wenig wie der *Gewinn je Aktie* eine Renditekennzahl. Erst die Berücksichtigung des Kapitaleinsatzes führt zur Dividendenrendite. Da nur ausgeschüttete Beträge in die Berechnung einfließen, ist die Kennzahl für Vergleiche mit Alternativrenditen wenig geeignet. Im Zeitvergleich lässt sich jedoch erkennen, ob Gewinnveränderungen auch mit Veränderungen der Gewinnbeteiligung einhergehen.

Diesen Zusammenhang stellt der Dividendendeckungsgrad her. Grundsätzlich sollte dieser >1 sein, indem die Dividenden während einer Periode selbst erwirtschaftet werden können und Rücklagen zur Finanzierung der Dividenden noch nicht herangezogen werden müssen.[751] Im Zeitablauf deutet ein steigender Dividendendeckungsgrad darauf hin, dass Unternehmen die Aktionäre an steigenden Gewinnen nicht mit gleichem Anstieg der Dividenden partizipieren lassen. In solchen Fällen ist zu hinterfragen, ob das Unternehmen zunehmend Rücklagen zwecks Innenfinanzierung bildet, oder ob das Unternehmen möglicherweise Schwierigkeiten bei der Bezahlung der Dividenden hat. In der Regel kann jedoch von einem hohen Dividendendeckungsgrad auf zukünftig höhere Dividendenzahlungen geschlossen werden.[752]

4 Zusammenfassung und Vorschläge zur Beseitigung verbleibender Informationsdefizite

Der *Gewinn je Aktie* ermöglicht die Beurteilung der Gewinnerzielung aus Sicht des Investors, da er die Gewinnerwirtschaftung pro Stammaktie zeigt. Einen Informationsgewinn durch Veröffentlichung des *Gewinns je Aktie* im Jahresabschluss erhält der Analyst dadurch, dass möglicherweise mehrere Kategorien von Stammaktien bestehen, die unterschiedliche Gewinnbeteiligungen am Unternehmen verbriefen. Hinzu kommen unter Umständen Finanzierungsformen, die Umtauschrechte in Aktien enthalten. Liegen diese Gegebenheiten vor, können Analysten das Periodenergebnis nicht eigenständig auf die unterschiedlichen Eigenkapitalqualitäten beziehen, da die Anzahl der verschiedenen Stammaktien und die Auswirkungen von Verwässerungseffekten nicht ermittelbar sind. Hierzu werden separate Informationen vom Unternehmen benötigt.

Bisher werden Finanzierungsformen, die Verwässerungseffekte auf den *Gewinn je Aktie* hervorrufen, von Unternehmen in Deutschland wenig eingesetzt. Es wurde erläutert, dass der Einsatz solcher Instrumente zunehmen wird und der

[751] Vgl. Coenenberg, A. G. / Reinhart, A. (1999), S. 578.

[752] Vgl. Coenenberg, A. G. (2000), S. 1014.

verwässerte *Gewinn je Aktie* damit in der Bilanzanalyse verstärkt berücksichtigt werden sollte. Mit dem unverwässerten Gewinn *je Aktie* erfährt der Investor nur seine gegenwärtige Gewinnbeteiligung. Sollten jedoch Inhaber von Finanzierungsmischformen ihre Umtausch- beziehungsweise Bezugsrechte in der Zukunft ausüben, vermindert sich die Gewinnbeteiligung. Insofern ist für Investitionsentscheidungen der *Gewinn je Aktie* unter Berücksichtigung von Verwässerungseffekten vorzuziehen.

Im Rahmen der kennzahlengestützten Analyse wurde gezeigt, dass die isolierte Betrachtung des *Gewinns je Aktie* unzureichend ist. Hierfür wurden drei Analysebereiche aufgezeigt. Wesentliche Einflussgröße einer Investitionsentscheidung ist bekannter weise das Investitionsvolumen, das sich pro Anteil im Aktienkurs ausdrückt. Dazu wurde das Kurs-/Gewinnverhältnis in einen Systemzusammenhang gebracht, der die Unter- beziehungsweise Überbewertung eines Unternehmens erlaubt. Mithilfe der Market-to-Book-Ratio wird der gesamte Marktwert des Eigenkapitals berücksichtigt, um die Bewertung der stillen Reserven durch die Börse zu erfahren. Die Dividendenrendite zeigt, wie sich Gewinnerwirtschaftung und direkte Gewinnbeteiligung des Investors zueinander verhalten.

Abbildung 36 schematisiert die Analyse des Gewinns je Aktie.

Abbildung 36 Analyseschema für den *Gewinn je Aktie*

1) Allgemeine Analyseüberlegungen

- *Gewinn je Aktie* für unterschiedliche Aktienkategorien

2) Spezielle Analyseüberlegungen und Berechnung von

- Verwässerungseffekte
- kennzahlengestützte Analyse
    - → Kurs-/Gewinnverhältnis für Preiswürdigkeitseinschätzungen
    - → Market-to-Book-Ratio für Schätzung stiller Reserven
    - → Dividendenrendite für direkte Gewinnbeteiligung

Unter diesen Überlegungen bietet der *Gewinn je Aktie* eine geeignete Basis, die Ertragskraft des Unternehmens sowohl im Zeitvergleich als auch im Vergleich zu anderen Unternehmen „besser" zu verstehen, wie es in der Zielsetzung des IAS 33 formuliert wird. Hierbei sind jedoch auch Einschränkungen zum Zeit- und Unternehmensvergleich zu beachten.

Ein wesentliches Anliegen des Zeitvergleiches ist es, mit dem vergangenen Verlauf die zukünftige Entwicklung zu prognostizieren. Hier erfährt der *Gewinn je Aktie* deutliche Einschränkungen, da er keine Ursache-/Wirkungsbeziehung zwischen Zähler und Nenner herstellt, sondern lediglich den Gewinn auf die Anteile verteilt. Dennoch wird der *Gewinn je Aktie* häufig von Managern und der Wirtschaftspresse prognostiziert. Sie werden täglich in der Wirtschaftspresse zusammen mit den Kursnotierungen veröffentlicht. Dabei handelt es sich aber nicht um eine zuverlässigere Prognose als es mit dem absoluten Gewinn möglich wäre. In der Tat basieren die Gewinnprognosen auf Schätzungen des absoluten Gewinns. Der *Gewinn je Aktie* lässt sich jedoch „investorfreundlicher" kommunizieren als das absolute Ergebnis, da Investoren direkt an ihrer eigenen Gewinnmaximierung und nur indirekt an der Unternehmensgewinnmaximierung interessiert sind.

Nichtsdestotrotz können zuvor aufgestellte Prognosen als Maß der Zielerreichung angesehen werden. Dieses gilt jedoch gleichermaßen für absolut geschätzte Periodenergebnisse. Deren Schwankungen und Gestaltungsmöglichkeiten wirken sich genauso auf den *Gewinn je Aktie* aus.

Um Unternehmensvergleiche zu ermöglichen, müssen die herangezogenen Vergleichswerte normalisiert werden. Die Berücksichtigung von Verwässerungseffekten im Nenner hat neben der Darstellung des worst-case-Szenarios das Ziel, Unternehmen mit unterschiedlichen Finanzierungsformen und Eigenkapitalqualitäten vergleichbar zu machen. Im Zähler hingegen verzichten die IFRS auf unternehmensindividuelle Anpassungen des Gewinns im Sinne eines „Normalergebnisses", da sie sich in Zusammenarbeit mit den US-GAAP als zu kompliziert herausgestellt haben. Konzeptionell ganz anders ist die Berechnung des *Gewinns je Aktie* nach DVFA/SG, dass in der Regel in Deutschland verwendet wird, wenn Unternehmen keinen *Gewinn je Aktie* nach IFRS beziehungsweise US-GAAP veröffentlichen.

Hier liegt die Vorstellung zugrunde, dass Unternehmensergebnisse durch Bewertungsunterschiede und Sondereinflüsse nicht miteinander vergleichbar wären beziehungsweise die Vergleichbarkeit mindestens jedoch durch die Eliminierungen gesteigert werden könnte.[753] Zu diesem Zweck hat in Deutschland die

[753] Vgl. Reinhard, H. (1988), S. 100.

DVFA/SG seit mehreren Jahren Vorschläge aufgezeigt, notwendige Korrekturen zu standardisieren.[754]

Die Frage, inwiefern der *Gewinn je Aktie* nach IFRS mit dem nach DVFA/SG vergleichbar ist, erübrigt sich jedoch aus zwei Gründen: Erstens müssen börsennotierte Unternehmen bekannter weise ab 2005 – mit einer Übergangsfrist ab 2007 – ihren Jahresabschluss nach IFRS veröffentlichen, so dass diese Unternehmen nach gleichen Standards bilanzieren und den *Gewinn je Aktie* nach einem einheitlichen Konzept ermitteln. Zweitens ist zu beobachten, dass die Überarbeitungen der DVFA/SG zum *Gewinn je Aktie* zunehmend Anpassungen an internationale Vorschriften berücksichtigen, um die Akzeptanz der Berechnungsmethode bei den Finanzanalysten nicht zu gefährden.[755]

Mit der Absicht, einen *Gewinn je Aktie* frei von Bewertungsunterschieden zu erhalten, bietet sich die Überlegung an, den *Cashflow je Aktie* zu ermitteln. Sein Vorteil liegt darin, dass unterschiedliche Abschreibungsmodalitäten und insbesondere die Behandlung des *Geschäfts- und Firmenwertes* keinen Einfluss auf den Cashflow haben.[756] Im Vergleich zum *Gewinn je Aktie* nach DVFA/SG mag dieses vielleicht ein Vorteil sein. Bezogen auf den *Gewinn je Aktie* nach IFRS lässt sich jedoch feststellen, dass solche Bewertungsunterschiede kaum existieren.[757]

Darüber hinaus ist die Interpretation der Kennzahl fraglich. Die Antwort auf die Frage, wie viel Zahlungsmittel pro Aktie generiert werden, gibt Auskunft darüber, ob aktuell für die Bedienung der Aktionärsansprüche verfügbarer Cashflow generiert wird.[758] Mit der Dividendenbelastung wurde dieser Zusammen-

---

[754] Vgl. Busse von Colbe, W. u.a. (2000), Tz. 1. Die Tatsache, dass der Gewinn nach DVA/SG anstatt dem handelsrechtlichen Gewinn verwendet wird, führt sogar dazu, dass die handelsrechtliche Rechnungslegung als untauglich für Informationen an Aktionäre gesehen wird; vgl. Harris, T. S. / Lang, M. / Möller, P. (1995), S. 997; vgl. Martin, P. (1988), S. 91. Sehr kritisch zur Verlässlichkeit des geschätzten Ergebnisses nach DVFA/SG überhaupt vgl. Hüfner, B. / Möller, H. P. (1997), S. 14.

[755] Vgl. Busse von Colbe, W. u.a. (2000), Tz. 3.

[756] Coenenberg, A. (2000), S. 1010.

[757] Nach IFRS existieren kaum noch ausdrückliche Bilanzierungs- und Bewertungswahlrechte. Lediglich Ermessensspielräume ergeben sich den bilanzierenden Unternehmen, deren Berücksichtigung in einem standardisierten Berechnungsschema für den *Gewinn je Aktie* nicht möglich ist.

[758] Coenenberg, A. (2000), S. 1010.

hang allerdings schon hergestellt, so dass der Informationsgewinn mit dem *Cashflow je Aktie* eher gering ist.[759] Nur bei größeren Verwässerungseffekten ist zusätzlich zu erkennen, ob durch die mögliche Zunahme der Stammaktien ausreichend Liquidität zur Bedienung der Dividenden generiert wird. Dazu bietet es sich an, den *Cashflow aus betrieblicher Geschäftstätigkeit* aus der Kapitalflussrechnung vor Dividenden, aber nach Investitionen ins Verhältnis zu den potentiellen Stammaktien zu setzen.

Dabei ist jedoch zu beachten, dass der *Cashflow je Aktie* genauso wie der *Cashflow* selbst nur eine Indikatorfunktion hat. Er selbst sagt nichts über die verfügbare Liquidität aus, da der *Cashflow* bereits verwendet wurde.[760] Aus diesem Grund ist nach US-GAAP der Ausweis eines *Cashflows je Aktie* im Geschäftsbericht sogar untersagt. Diese Kennzahl würde den Eindruck erwecken, dass durch die Zahlungsmittelgenerierung die Ausschüttungen auch tatsächlich gesichert wären.[761]

---

[759] Vgl. Kap. I 0.

[760] Vgl. Kap. I 1.2.

[761] Vgl. Pellens, B. (2001), S. 347.

VI Zusammenfassung der Ergebnisse und Schlussbetrachtung

Die **Zielsetzung der vorliegenden Arbeit** war, dass zusätzliche Informationspotenzial der Kapitalflussrechnung, Segmentberichterstattung und Eigenkapitalveränderungsrechnung sowie des *Gewinns je Aktie* aufzudecken und für die Bilanzanalyse nutzbar zu machen. Aufgrund des Bedeutungszuwachses der internationalen Standards für die deutsche Rechnungslegung geschah die Betrachtung vorzugsweise unter Berücksichtigung der IFRS. Obwohl mit dem Ziel der Angleichung der deutschen an die internationale Rechnungslegung alle Instrumente mit Ausnahme des *Gewinns je Aktie* inzwischen auch nach HGB vorgeschrieben sind, ist ihr Analysepotenzial bisher wenig bearbeitet worden. Darüber hinaus ist zu erwarten, dass insbesondere die Bedeutung der Eigenkapitalveränderungsrechnung und des *Gewinns je Aktie* in der Analyse IFRS basierter Jahresabschlüsse zunehmen wird, wenn ab 2005 alle börsennotierten deutschen Unternehmen den Konzernabschluss nach IFRS aufstellen müssen und erfolgsneutrale Geschäftsvorfälle sowie Verwässerungseffekte zunehmen werden.

Hauptanliegen der **Kapitalflussrechnung** ist, Informationen darüber zu geben, inwiefern Unternehmen in der Lage sind, Zahlungsmittel aus eigener Kraft zu generieren und inwieweit dieses Potenzial ausreicht, Investitionen, Schuldentilgung und Ausschüttungen zu tätigen. Aus dieser Zielsetzung wurde die Vorgehensweise bei der Untersuchung der Analysemöglichkeiten abgeleitet. Dazu wurden verschiedene Kennzahlen – die Cashflow-Eigenkapital- und -Gesamtkapitalrentabilität sowie die Cashflow-Umsatzrate, der *dynamische Verschuldungsgrad*, die Tilgungs- und Zinsbelastung sowie die *Cash Burn Rate*, die Dividendenbelastung, der Innenfinanzierungsgrad in Verbindung mit der Wachstumsrate und der Operations-Index – für die jeweiligen Analysebereiche vorgestellt. Größtenteils handelt es sich hierbei um Kennzahlen, die bereits aus der traditionellen Cashflow-Analyse bekannt, aber hinsichtlich ihrer Definition auf Basis der Kapitalflussrechnung noch nicht genauer definiert waren.

Dazu wurden zunächst Beispiele angeführt, die die unterschiedliche Ausgestaltung der Kapitalflussrechnung verdeutlicht haben, obwohl im Grunde zu erwarten war, dass ein auf Zahlungsströmen basierendes Rechnungslegungsinstrument nicht bilanzpolitisch gestaltet werden kann. Die Beispiele bewiesen das Gegenteil. Im Ergebnis wird vorgeschlagen, alle Zahlungen, die Zinsen und Dividenden sowie Ertragsteuern betreffen, dem *Cashflow aus betrieblicher Tätigkeit* zuzuordnen. Nach dieser Umgruppierung können entsprechend Cashflows definiert werden, um den Kausalzusammenhang zwischen Zähler und Nenner der jeweiligen Kennzahlen zu garantieren. Im Wesentlichen betrifft dies drei Cashflow-Größen: den ohne weiteres aus der Kapitalflussrechnung zu übernehmenden *Cashflow aus betrieblicher Geschäftstätigkeit*, diesen korrigiert um die Veränderung des Nettoumlaufvermögens und den Betriebs-Cashflow.

Es ist ein Trugschluss, anzunehmen, dass die Kapitalflussrechnung aufzeigen könne, welche Zahlungsmitteleingänge in welcher Höhe wieder direkt für Auszahlungen geflossen wären. Sie zeigt lediglich die Zahlungsströme, die insgesamt in der betrachteten Periode geflossen sind und eine Veränderung des Fonds liquider Mittel bewirkt haben. Diese Information ist nach Meinung des Verfassers auch nicht wichtig, denn letztendlich reicht die Botschaft, ob die Zahlungsmittel in der Summe ausgereicht haben und wo sie ihre Entstehungsursache hatten. Eben dieser letzte Aspekt veranlasst zu der Forderung, Wahlrechte innerhalb der Kapitalflussrechnung zu beseitigen. Insbesondere betrifft dies das Wahlrecht zur Darstellung des Cashflows aus betrieblicher Tätigkeit nach der indirekten Methode. Dieser Ermittlungsweg kann nichts über die Entstehungsursachen der Zahlungsmittel aussagen und trägt somit nicht optimal zur Zielsetzung der Kapitalflussrechnung bei.

Die **Segmentberichterstattung** soll insbesondere über diversifizierte Unternehmen Informationen bezüglich der Geschäftsfelder und der geographischen Regionen liefern, in denen das Unternehmen tätig ist, um seine Ertragskraft und Risiken, schlicht die gesamte Unternehmenslage sachgerechter beurteilen zu können. Nachdem grundsätzlich klargestellt wurde, dass zu einer umfassenden Unternehmensanalyse auch die Untersuchung der strategischen Standortbestimmung und Ausrichtung des Unternehmens gehört, wurde gezeigt, wie die Strategieanalyse durch die Segmentberichterstattung ermöglicht beziehungsweise ergänzt wird. Um die Ertragslage und Risiken eines Unternehmens zu beurteilen, bedarf es unter anderem einer Risiken-/Chancenanalyse, wie sie anhand des Fünf-Kräfte-Modells von PORTER gezeigt wurde und einer Stärken-/Schwächen-Analyse, wie sie mit der strategischen Unternehmensanalyse vorgeführt wurde. Die Segmentdaten und verbalen Erläuterungen ermöglichen mindestens teilweise die Erstellung so genannter Risiken-/Chancen- und Stärken-/Schwächen-Profile. Darauf aufbauend können wie gezeigt segmentspezifische Kennzahlen wie die Segmentrentabilität, die Segmentumsatzrendite, Segmentergebnis- und Segmentumsatz- sowie Segmentvermögensanteile und die Segmentinvestitionsquote, die Segmentumschlagshäufigkeit und -wachstumsrate in Verbindung mit dem Segmentinnenfinanzierungsgrad gebildet werden. Die wichtigsten Strategien, die Unternehmen anwenden, werden mithilfe dieser Kennzahlen aufgedeckt.

Als größtes Defizit bezüglich der Segmentberichterstattung wurde die praktische Umsetzung im Jahresabschluss erkannt. Zwar gibt der IAS 14 klare Vorgaben hinsichtlich der Informationsbreite, doch scheinen diese Informationen derzeit nur mangelhaft von den Unternehmen abgebildet zu werden. Häufig fehlen Angaben zu sonstigen Segmenterträgen. Gerne wird das Segmentvermögen regelwidrig als Nettogröße ausgewiesen. Hinzu kommt der Ermessenspielraum, den Unternehmen bei der Zuordnung der Unternehmensdaten zu den Segmenten haben. Hier sind erhöhte Anforderungen an die Wirtschaftsprüfer zu setzen. Hinsichtlich der Weiterentwicklung des IAS 14 wird vorgeschlagen, auf primäre und sekundäre Berichtsformate zu verzichten, eine klarere Abbildung des Segmentvermögens zu fordern und den Cashflow segmentspezifisch als Pflichtangabe vorzuschreiben.

Die Veränderung des Eigenkapitals in einer gesonderten Rechnung darzustellen, ist besonders wichtig, wenn die Ursachen für Veränderungen nicht allein aus der *Gewinn- und Verlustrechnung* hervorgehen. Das ist dann der Fall, wenn Geschäftsvorfälle erfolgsneutral mit dem Eigenkapital verrechnet werden. Aus diesem Grund ist zu erwarten, dass die **Eigenkapitalveränderungsrechnung** im IFRS-Abschluss ab dem Jahr 2005 an Bedeutung gewinnen wird. Zwar sind nach IFRS schon heute erfolgsneutrale Eigenkapitalverrechnungen erlaubt, jedoch teilweise nicht im Einklang mit den EU-Richtlinien, so dass in Deutschland beispielsweise die Neubewertung des Sachanlagevermögens noch nicht praktiziert wird.

Es wurde gezeigt, dass die Eigenkapitalveränderungsrechnung bei der Aufdeckung *stiller Reserven* hilfreich sein kann und folglich zu genaueren Rentabilitäten führt, sofern *stille Reserven* in die Berechnung beispielsweise der Eigenkapital- und Gesamtkapitalrentabilität einfließen. Gerade bei Immobilien, Grundstücken und langfristigen Beteiligungen sind häufig für Externe nicht erkennbare *stille Reserven* verborgen, wenn maximal zu Anschaffungskosten bilanziert wird. Hier verspricht einerseits die Neubewertung nach IFRS ein hohes Maß an Informationsbereitstellung über Vermögenswerte und andererseits die Eigenkapitalveränderungsrechnung das geeignete Instrument zur Berücksichtigung von Veränderungen über die fortgeführten Anschaffungskosten hinaus.

Im Zuge der Anpassung der IFRS an die US-GAAP und ihrer Anerkennung durch die SEC wird hin und wieder die Aufgabe der Neubewertung für Sachanlagen diskutiert. Nach Meinung des Verfassers ist dieser möglichen Entwicklung aufgrund des gezeigten Informationspotenzials keinesfalls zuzustimmen. Eher sollte dann eine Überleitungsrechnung von den IFRS auf die US-GAAP weitergeführt werden.

Den abschließenden Themenkreis bildete die Kennzahl ***Gewinn je Aktie***. Sie ist bisher nicht verpflichtender Bestandteil der deutschen Rechnungslegung. Der Informationsgewinn ist momentan auch noch in Frage zu stellen. Solange keine Verwässerungseffekte aufgrund potenzieller Stammaktien vorliegen, liefert das Periodenergebnis auf die Stammaktionäre verteilt kaum neue Informationen. Erst wenn Verwässerungseffekte berücksichtigt werden, wird der *Gewinn je Aktie* seiner Zielsetzung, den Vergleich der Ertragskraft vergangener Jahre und mit anderen Unternehmen zu ermöglichen, gerecht. Insbesondere die Berechnungsmethode unter dem worst-case-Szenario trägt dazu bei.

Schließlich wurde das Analysepotenzial des *Gewinns je Aktie* vervollständigt, indem er um den Aktienkurs erweitert wurde. Das auf den *Gewinn je Aktie* aufbauende Kurs-/Gewinnverhältnis, die Market-to-Book-Ratio und die Dividendenrendite zeigen Möglichkeiten auf, den Erfolg des Unternehmens aus der Perspektive der Aktionäre zu messen.

Wie eingangs erläutert werden alle vorgestellten Rechnungslegungsinstrumente an Bedeutung gewinnen, nicht zuletzt vor dem Hintergrund der Verbreitung der IFRS, insbesondere ab 2005. Mit der vorliegenden Arbeit wurden Vorschläge unterbreitet, wie das Informationspotential optimal ausgeschöpft werden kann und welche Anpassungsmaßnahmen bei den Standards noch erforderlich sind. Nun bleibt es den Analysten und Standardsettern überlassen, sich dieser Vorschläge anzunehmen.

Literaturverzeichnis

Achleitner, A.-K. / Behr, G. (2000): International Accounting Standards, 2. Auflage, Verlag Vahlen, München.

Achleitner, A.-K. / Kleekämper, H. (1997): „Presentation of Financial Statements" – Das Reformprojekt des IASC und seine Auswirkungen, in: Die Wirtschaftsprüfung, S. 117-126.

Achleitner, A.-K. / Pejic, P. (1996): Des Abschlusses neue Kleider – Standardentwurf des International Accounting Standards Committee (IASC) zur „Presentation of Financial Statements" –, in: Der Betrieb, S. 2037-2043.

Achleitner, A.-K. / Wichels, D. (1999): Analyse der IAS-Abschlüsse von Unternehmen am Neuen Markt, in: Controller Magazin, S. 477-484.

Adler / Düring / Schmalz (1995): Rechnungslegung und Prüfung der Unternehmen – Kommentar zum HGB, AktG, GmbHG, PublG nach den Vorschriften des Bilanzrichtlinien-Gesetzes, 6. Auflage, Schäffer Poeschel Verlag, Stuttgart.

Albach, H. (2001): „Finanzierungsregeln" und Kapitalstruktur der Unternehmung, in: Breuer, R.-E. (Hrsg.): Handbuch Finanzierung, 3. Auflage, S. 533-555.

Alexander, D. / Nobes, C. (2001): Financial Accounting, Pearson Education Limited, Edinburgh / Harlow / Essex.

Altenburger, O. A. u.a. (2001): Vorschläge zur Weiterentwicklung des internen und des externen Rechnungswesens, in: Betriebswirtschaftliche Forschung und Praxis, S. 67-76.

Alvarez, M. / Wotschofsky, S. / Miethig, M. (2001): Leasingverhältnisse nach IAS 17 – Zurechnung, Bilanzierung, Konsolidierung –, in: Die Wirtschaftsprüfung, S. 933-947.

Amen, M. (1995): Die Kapitalflußrechnung als Rechnung zur Finanzlage – Eine kritische Betrachtung der Stellungnahme HFA 1/1995: „Die Kapitalflußrechnung als Ergänzung des Jahres- und Konzernabschlusses", in: Die Wirtschaftsprüfung, S. 498-509.

Amen, M. (1998): Erstellung von Kapitalflußrechnungen, 2. Auflage, Oldenbourg Verlag, München / Wien.

Ammann, H. (2000): Probleme bei der Analyse von nach handelsrechtlichen Vorschriften oder internationalen Standards erstellten Konzernabschlüssen, in: Lachnit, L. / Freidank, C.-C. (Hrsg.): Investororientierte Unternehmenspolitik, Gabler Verlag, Wiesbaden, S. 607-636.

Ammann, H. / Wulf, I. (2000): Leasingbilanzierung gemäß HGB, US-GAAP sowie IAS – Auswirkungen auf die Jahresabschlusserstellung und -analyse –, in: Steuern und Bilanzen, S. 909-917.

Ansoff, H. I. (1979): Strategic Management, The Macmillan Press, Hong Kong.

Apel, R. (2002): Segmentberichterstattung nach IAS 14 und DRS 3, in: Buchführung Bilanz Kostenrechnung, S. 109-112.

Arbeitskreis „Externe Unternehmensrechnung" der Schmalenbach-Gesellschaft (1996): Empfehlung zur Vereinheitlichung von Kennzahlen in Geschäftsberichten, in: Der Betrieb, S. 1989-1994..

Arbeitskreis „Externe Unternehmensrechnung" der Schmalenbach-Gesellschaft (1998): Ergebnis je Aktie, in: Schmalenbachs Zeitschrift für betriebswirtschaftliche Forschung, S. 138-148.

Auer, K. v. (1997): International harmonisierte Rechnungslegungsstandards aus Sicht der Aktionäre, in: Neue betriebswirtschaftliche Forschung, Band 209, Gabler Verlag, Wiesbaden.

Auer, K. V. (1999): Internationale Rechnungslegungsstandards – ein Plädoyer für Transparenz und Vergleichbarkeit, in: Kreditwesen, S. 373-379.

Baetge, J. (1996): Bilanzen, 4. Auflage, IDW- Verlag, Düsseldorf.

Baetge, J. (1997): Konzernbilanzen, 3. Auflage, IDW- Verlag, Düsseldorf.

Baetge, J. (1998): Bilanzanalyse, IDW- Verlag, Düsseldorf.

Baetge, J. (1998a): Der Eigenkapitalspiegel als Bestandteil des Konzernabschlusses nach HGB und IAS, in: Matschke, M. / Schildbach, T.. (Hrsg.): Unternehmensberatung und Wirtschaftsprüfung, Schaeffer-Poeschel Verlag, Stuttgart.

Baetge, J. (2002): Die Früherkennung von Unternehmenskrisen anhand von Abschlusskennzahlen – Rückblick und Standortbestimmung –, in: Der Betrieb, S. 2281-2287.

Baetge, J. / Beermann, T. (1999): Die Neubewertung des Sachanlagevermögens nach International Accounting Standards (IAS), in: Steuern und Bilanzen, S. 341-348.

Baetge, J. / Beermann, T. (2000): Vergleichende Bilanzanalyse von Abschlüssen nach IAS/US-GAAP und HGB, in: Betriebs-Berater, S. 2088-2094.

Baetge, J. / Kahling, D. (1999): Konzernkapitalflussrechnung, in: Buchführung Bilanz Kostenrechnung, S. 1109-1120.

Baetge, J. / Kirsch, H. J. / Thiele, St. (2000): Konzernbilanzen, 5. Auflage, IDW-Verlag, Düsseldorf.

Ballwieser, W. (2000): Wertorientierte Unternehmensführung: Grundlagen, in: Schmalenbachs Zeitschrift für betriebswirtschaftliche Forschung, S. 160-166.

Ballwieser, W. (2002): Rechnungslegung im Umbruch, in: Der Schweizer Treuhänder, S. 295-304.

Ballwieser, W. (2002a): Der Kalkulationszinsfuß in der Unternehmensbewertung: Komponenten und Ermittlungsprobleme, in: Die Wirtschaftsprüfung, S. 736-743.

Ballwieser, W. / Hachmeister, D. (2000): Möglichkeiten und Grenzen einer international ausgerichteten Abschlußanalyse, in: Lachnit, L. / Freidank, C.-C. (Hrsg.): Investororientierte Unternehmenspolitik, Gabler Verlag, Wiesbaden, S. 573-606.

Baukmann, D. / Mandler, U. (1998): International Accounting Standards, 2. Auflage, Oldenbourg Verlag, München / Wien.

Baumann, K.-H. (1987): Die Segment-Berichterstattung im Rahmen der externen Finanzpublizität, in: Havermann, H. (Hrsg.): Bilanz- und Konzernrecht, IDW-Verlag, Düsseldorf.

Baumgartner, S. / Papousek, C. (1997): Die Kapitalflußrechnung als (verpflichtender) Bestandteil des Jahresabschlusses, in: Jahrbuch für Controlling und Rechnungswesen, S. 319-342.

Beermann, T. (2001): Annäherung von IAS- an HGB-Abschlüsse für die Bilanzanalyse : Die Aufbereitung der Daten aus IAS-Abschlüssen von Unternehmen mit Sitz in Deutschland zur besseren Vergleichbarkeit mit HGB-Abschlüssen, Dt. Sparkassen-Verlag, Stuttgart.

Behr, G. (2002): Neuerungen und Trends in der Rechnungslegung, in: Der Schweizer Treuhänder, S. 535-540.

Behr, G. (2002a): Genügend Transparenz in der Rechnungslegung?, in: Der Schweizer Treuhänder, S. 456-460.

Beike, R. / Wengel, T. (1995): Die Kapitalflußrechnung, in: Das Wirtschaftsstudium, S. 775-779.

Beine, F. (1995): Scheinkonflikte mit dem True and Fair View, in: Die Wirtschaftsprüfung, S. 467-475.

Bellavite-Hövermann, Y. / Löw, E. (1998): Kapitalflußrechnungen von Banken, in: Wysocki, K. v. (Hrsg.): Kapitalflußrechnung, Schäffer-Poeschel Verlag, Stuttgart, S. 99-158.

Benecke, B. (2000): Internationale Rechnungslegung und Management Approach – Bilanzierung derivativer Finanzinstrumente und Segmentberichterstattung, Gabler Verlag und Deutscher Universitätsverlag, Wiesbaden.

Bernards, O. (1994): Segmentberichterstattung diversifizierter Unternehmen – Theoretische und empirische Analyse, Verlag Josef Eul, Bergisch Gladbach, Köln.

Bernards, O. (1995): Segmentberichterstattung in den Geschäftsberichten deutscher Unternehmen – theoretische und empirische Ergebnisse, in: Deutsches Steuerrecht, S. 1363-1368.

Bertschinger, P. (2001): IAS versus US GAAP, in Der Schweizer Treuhänder, S. 775-782.

Bieg, H. (1998): Die Cash-Flow-Analyse als stromgrößenorientierte Finanzanalyse (Teil I), in: Der Steuerberater, S. 432-439.

Bieg, H. (1998a): Die Cash-Flow-Analyse als stromgrößenorientierte Finanzanalyse (Teil II), in: Der Steuerberater, S. 472-478.

Bieg, H. (1999): Die Cash-Flow-Analyse als stromgrößenorientierte Finanzanalyse (Teil III), in: Der Steuerberater, S. 22-29.

Bieg, H. (2000): Die Kapitalflußrechnung nach dem neuen Deutschen Rechnungslegungsstandard Nr. 2 (DRS 2), in: Steuern und Betrieb, S. 137-143.

Bieg, H. (2000a): Die Kapitalflussrechnung als stromgrößenorientierte Finanzanalyse (Teil I), in: Der Steuerberater, S. 96-103.

Bieg, H. (2000c): Die Kapitalflussrechnung als stromgrößenorientierte Finanzanalyse (Teil III), in: Der Steuerberater, S. 185-195.

Bieg, H. (200b): Die Kapitalflussrechnung als stromgrößenorientierte Finanzanalyse (Teil II), in: Der Steuerberater, S. 139-148.

Bieg, H. / Kussmaul, H. (1996): Externes Rechnungswesen, Oldenbourg Verlag, München / Wien.

Bieg, H. / Regnery, P. (1993): Bemerkungen zur Grundkonzeption einer aussagefähigen Konzern-Kapitalflußrechnung, in: Betriebs Berater, Beilage 6, S. 1-19.

Blasch, D. M. / Kelliher, J. / Read, W. J. (1996): The FASB and the IASC Redeiberate EPS, in: Journal of Accountancy, S. 43-47.

Böcking, H.-J. (1999): Segmentberichterstattung – Ein Baustein zur Kontrolle und Transparenz im Unternehmensbereich!, in: Doerner, D. (Hrsg.): Reform des Aktienrechts, der Rechnungslegung und Prüfung: KonTraG – KapAEG – EuroEG – StueckAG, Handelsblattreihe, Schäffer-Poeschel Verlag.

Böcking, H.-J. / Benecke, B. (1998): Neue Vorschriften zur Segmentberichterstattung nach IAS und US-GAAP unter dem Aspekt des Business Reporting, in: Die Wirtschaftsprüfung, S. 92-107.

Böcking, H.-J. / Benecke, B. (1999): Der Entwurf des DRSC zur Segmentberichterstattung „E-DRS 3" – Eine Orientierung an dem Standard SFAS 131 des FASB und/oder an dem Standard IAS 14 *revised* des IASC?, in: Die Wirtschaftsprüfung, S. 839-845.

Böcking, H.-J. / Dietz, S. / Kiefer, M. (2001): Discontinuing Operations – Ein Vergleich der Behandlung einzustellender Geschäftsbereiche im Jahresabschluss nach IAS und US-GAAP, in: Die Wirtschaftsprüfung, S. 373-387.

Boemle, M. (1981): Theorie und Praxis der Kapitalflussrechnung, in: Die Unternehmung, S. 18-40.

Boemle, M. (1997): Der Jahresabschluss als Instrument der Rechenschaft, in: Der Schweizer Treuhänder, S. 19-24.

Boemle, M. (2000): Finanzielle Berichterstattung über Mitarbeiter-Beteiligungs- und Management-Incentive-Programme schweizerischer Unternehmungen im Rahmen des Value Reporting, in: Die Unternehmung, S. 57-71.

Boemle, M. (2001): Macht ein „Normalisierter Gewinn" Sinn?, in: Der Schweizer Treuhänder, S. 1197.

Boemle, M. / Frank, H. (2001): Geldflussrechnungen unter der Lupe, in: Der Schweizer Treuhänder, S. 303-310.

Bonse, A. / Linnhoff, U. / Pellens, B. (2000): Jahresabschluß und Jahresabschlußanalyse, in: Busse von Colbe, W. u.a. (Hrsg.): Betriebswirtschaft für Führungskräfte, USW-Schriften für Führungskräfte, Band 30, Schäffer-Poeschel Verlag, S. 243-295.

Born, K. (1999): Rechnungslegung international, 2. Auflage, Schäffer-Poeschel Verlag, Stuttgart.

Born, K. (2001): Bilanzanalyse international, 2. Auflage, Schäffer-Poeschel Verlag, Stuttgart.

Botosan, C. A. (1997): Disclosure Level and the Cost of Equity Capital, in: The Accounting Review, S. 323-349.

Bruns, H.-G. (1999): Harmonisierung des externen und internen Rechnungswesens auf Basis internationaler Bilanzierungsvorschriften, in: Küting, K. / Langenbucher, G. (Hrsg.): Internationale Rechnungslegung, S. 585-603.

Bruns, H.-G. (2002): International vergleichbare und qualitativ hochwertige deutsche Jahresabschlüsse durch Anwendung der IAS/IFRS, in: Schmalenbachs Zeitschrift für betriebswirtschaftliche Forschung, S. 173-180.

Buchheim, R. (2002): IAS Improvements Project – Weiterentwicklung der IAS/IFRS erfordert aktive Mitarbeit auch in Deutschland, in: Betriebs-Berater, S. 1475-1479.

Buchholz, R. (2001): Internationale Rechnungslegung, Erich Schmidt Verlag, Bielefeld.

Buchholz, R. / Weis, R. (2002): Maßgeblichkeitsprinzip ade? Zur inhaltlichen Vereinbarkeit der Gewinnermittlung nach IAS und EStG (Teil I), in: Deutsches Steuerrecht, S. 512-517.

Buchholz, R. / Weis, R. (2002a): Maßgeblichkeitsprinzip ade? Zur inhaltlichen Vereinbarkeit der Gewinnermittlung nach IAS und EStG (Teil II), in: Deutsches Steuerrecht, S. 559-564.

Buchner, R. (1981): Grundzüge der Finanzanalyse, Verlag Franz Vahlen, München.

Burger, A. (1995): Jahresabschlußanalyse, Oldenbourg Verlag, München/Wien.

Burger, A. / Buchhart, A. (2001): Der Cash Flow in einer integrierten Unternehmensrechnung, in: Die Wirtschaftsprüfung, S. 801-809.

Burger, A. / Schellberg, B. (1996): Zur Abhängigkeit der Kapitalflußrechnung und des Cash Flow vom Finanzmittelfonds, in: Die Wirtschaftsprüfung, S. 179-185.

Busse von Colbe, W. (1992): Gefährdung des Kongruenzprinzips durch erfolgsneutrale Verrechnung von Aufwendungen im Konzernabschluß, in: Moxter, A. (Hrsg.): Entwicklungen bei der Bilanzierung und Prüfung von Kapitalgesellschaften, IDW-Verlag, Düsseldorf.

Busse von Colbe, W. (2001): Anpassung der EG-Bilanzrichtlinien an die IAS, in: Zeitschrift für Kapitalmarktorientierte Rechnungslegung, S. 199-205.

Busse von Colbe, W. (2002): Entwicklungsperspektiven der Rechnungslegung in Deutschland – Die deutsche Rechnungslegung vor einem Paradigmenwechsel, in: Schmalenbachs Zeitschrift für betriebswirtschaftliche Forschung, S. 159-172.

Busse von Colbe, W. u. a. (2000): Ergebnis nach DVFA/SG, 3. Auflage, Schäffer-Poeschel Verlag, Stuttgart.

Casey, C. / Loistl, O.. (2001): Erfolgs- und Finanzanalyse, in: Breuer, R.-E. (Hrsg.): Handbuch Finanzierung, 3. Auflage, S. 609-648.

Cheridito, Y. / Hadewicz, T. (2001): Marktorientierte Unternehmensbewertung, in: Der Schweizer Treuhänder, S. 321-330.

Choi, F. D. S. / Frost, C. A. / Meek, G. K. (1999): International Accounting, 3. Auflage, Prentice-Hall, New Jersey.

Clarke, C. M. (1996): Comparative Analysis of IAS 7, Cash Flow Statements, an U.S. GAAP including FASB Statement No. 95, Statement of Cash Flows, in: Financial Accounting Standards Board (Hrsg.): The IASC-U.S. Comparison Project: A Report on the Similarities and Differences between IASC Standards and U:S: GAAP, Connecticut, S. 143-154.

Claussen, C. P. (1999): Kapitalflussrechnung und Segmentberichterstattung, in: Zeitschrift für Gesellschaftsrecht, S. 499-532.

Coenenberg, A. G. (2000): Jahresabschluß und Jahresabschlußanalyse, 17. Auflage, Verlag Moderne Industrie, Landsberg/Lech.

Coenenberg, A. G. (2000a): Segment- und Wertberichterstattung in der Jahresabschlussanalyse – das Beispiel Siemens, in: Betriebs-Berater, S. 1827-1834.

Coenenberg, A. G. (2001): Kapitalflussrechnung als Instrument der Bilanzanalyse – 1. Teil des Beitrages „Kapitalflussrechnung und Segmentberichterstattung als Instrumente der Bilanzanalyse“, in: Der Schweizer Treuhänder, S. 311-320.

Coenenberg, A. G. (2001a): Segmentberichterstattung als Instrument der Bilanzanalyse – 2. Teil des Beitrages „Kapitalflussrechnung und Segmentberichterstattung als Instrumente der Bilanzanalyse“, in: Der Schweizer Treuhänder, S. 593-606.

Coenenberg, A. G. / Mattner, G. R. (2001): Rentabilitätsanalyse von Segmenten, in: Wagner, U. (Hrsg.): Zum Erkenntnisstand der Betriebswirtschaftslehre am Beginn des 21. Jahrhunderts, Betriebswirtschaftliche Schriften, Band 153, Duncker & Humblot Verlag, Berlin.

Coenenberg, A. G. / Reinhart, A. (1999): Erfolgswirtschaftliche Jahresabschlussanalyse bei Bilanzierung nach International Accounting Standards (IAS), in: Küting, K. / Langenbucher, G. (Hrsg.): Internationale Rechnungslegung, S. 561-584.

Coenenberg, M. (2000): Internationalisierung der Rechnungslegung und ihre Auswirkung auf die Analyse der Vermögens- und Finanzlage von Kapitalgesellschaften, in: Coenenberg, A. G. u.a. (Hrsg.): Beiträge zum Rechnungs-, Finanz- und Revisionswesen, Band 47, Peter Lang Verlag, Frankfurt am Main u.a.O..

Crasselt, N. / Pellens, B. / Schremper, R. (2000): Konvergenz wertorientierter Erfolgskennzahlen (I), in: Wissenschaft und Studium, S. 72-78.

Crasselt, N. / Pellens, B. / Schremper, R. (2000a): Konvergenz wertorientierter Erfolgskennzahlen (II), in: Wissenschaft und Studium, S. 205-208.

Currle, M. / Lutz, B. (2000): Segmentberichterstattung – Konzepte, Rechtsgrundlagen und Anforderungen an die Praxis, in: Bilanz und Buchhaltung, S. 259-267.

Dangel, P. / Hofstetter, U. / Otto, P. (2001): Analyse von Jahresabschlüssen nach US-GAAP und IAS, Schäffer-Poeschel Verlag, Stuttgart.

Däumler, K.-D. (2002): Betriebliche Finanzwirtschaft, 8. Auflage, NWB-Verlag, Herne / Berlin.

Dauner, W. / Dauner-Lieb, B. (1996): Prospektive Kapitalflußrechnung – ein Schlüssel zu Bilanzanalyse und simulativer Unternehmensführung (Teil I), in: Deutsches Steuerrecht, S. 1541-1544

Dauner, W. / Dauner-Lieb, B. (1996a): Prospektive Kapitalflußrechnung – ein Schlüssel zu Bilanzanalyse und simulativer Unternehmensführung (Teil II), in: Deutsches Steuerrecht, S. 1578-1584.

Deutsches Rechnungslegungs Standards Committee (2002): Deutsche Rechnungslegungs Standards (DRS), Schäffer-Poeschel Verlag, Stuttgart.

Dudley, L. W. (1985): A critical look at EPS, in: Journal of Accountancy, S. 102-111.

Eccles, R. G. u.a. (2002): Die ValueReporting Revolution – Neue Wege in der kapitalmarktorientierten Unternehmensberichterstattung, Wiley VCH Verlag, Weinheim.

Eggert, A. (2001): Kann durch die IAS die Vergleichbarkeit internationaler Jahresabschlüsse hergestellt werden?, in: Wagner, U. (Hrsg.): Zum Erkenntnisstand der Betriebswirtschaftslehre am Beginn des 21. Jahrhunderts – Festschrift für Prof. Dr. Dr. h.c. Erich Loitlsberger zum 80. Geburtstag, Berlin, S. 79-91.

Eidel, U. (1999): Moderne Verfahren der Unternehmensbewertung und Performance-Messung – Kombinierte Analysemethoden aus der Basis von US-GAAP-, IAS- und HGB-Abschlüssen, in: Küting, K. / Weber, C.-P. (Hrsg.): Rechnungs- und Prüfungswesen, NWB-Verlag, Herne / Berlin.

Eidel, U. / Strickmann, M. (2000): Praktische Umsetzung und Einführung der DRSC-Richtlinie zur Segmentberichterstattung im Rechnungswesen, in: Bilanzbuchhalter und Controller, S. 121-125.

Engel, M. (1998): Beispiel zur Ermittlung der Kennzahl „Ergebnis je Aktie", in: Österreichische Zeitschrift für Rechnungswesen, S. 252-254.

Engel-Ciric, D. (2002): IAS – kopernikanische Wende in der Rechnungslegungspraxis, in: Bilanzbuchhalter und Controller, S. 193-197.

Engel-Ciric, D. (2002a): Einschränkung der Aussagekraft des Jahresabschlusses nach IAS durch bilanzpolitische Spielräume, in: Deutsches Steuerrecht, S. 780-784..

Ernst, C. (2001): Zeitwertbilanzierung für Finanzinstrumente nach 4. EU-Richtlinie und HGB, in: Die Wirtschaftsprüfung, S. 245-253.

Ernst, E. (2002): Internationale Harmonisierung der Rechnungslegung und ihre Fortentwicklung – Anforderungen an börsennotierte Großkonzerne in Deutschland, in: Schmalenbachs Zeitschrift für betriebswirtschaftliche Forschung, S. 181-190.

Federmann, R. / International Accounting Standards Committee Foundation (IASCF) (2002): IAS-Stud – International Accounting Standards – für Studienzwecke gekürzte deutsche Originalfassung, Erich Schmidt Verlag, Berlin.

Feld, K.-P. (2001): IAS und US-GAAP: Aktuelle Unterschiede und Möglichkeiten zur Konvergenz, in: Die Wirtschaftsprüfung, S. 1025-1040.

Fey, G. / Mujkanovic, R. (1999): Segmentberichterstattung im internationalen Umfeld, in: Die Betriebswirtschaft, S. 261-275.

Fischer, L. (2001): Unternehmensanleihen – eine Alternative zur Kreditfinanzierung?, in: Breuer, R.-E. (Hrsg.): Handbuch Finanzierung, 3. Auflage, S. 251-279.

Fischer, T. M. / Wenzel, J. / Kühn, C. (2001): Value Reporting – Wertorientierte Berichterstattung in den Nemax 50-Unternehmen, in: Der Betrieb, S. 1209-1217.

Förschle, G. (1997): Earnings Per Share, in: Fischer, T. / Hömberg, R. (Hrsg.): Jahresabschluß und Jahresabschlußprüfung – Probleme, Perspektiven, internationale Einflüsse, IDW-Verlag, Düsseldorf, S. 499-518.

Förschle, G. / Kroner, M. / Mandler, U. (1996): Internationale Rechnungslegung: US-GAAP, HGB und IAS, Coopers & Lybrand (Hrsg.), 2. Auflage, Economica Verlag, Bonn.

Franke, G. / Hax, H. (1995): Finanzwirtschaft des Unternehmens und Kapitalmarkt, 3. Auflage, Springer-Verlag, Berlin / Heidelberg.

Fröhling, O. (2000): KonTraG und Controlling – Eckpfeiler eines entscheidungsrelevanten und transparenten Segmentcontrolling und –reporting, Verlag Vahlen, München.

Gabler Wirtschaftslexikon (1993), 13. Auflage, CD-Rom-Ausgabe, Gabler Verlag, Wiesbaden.

Gebhardt, G. (1999): Empfehlungen zur Gestaltung informativer Kapitalflußrechnungen nach internationalen Grundsätzen, in: Betriebs-Berater, S. 1314-1321.

Gehlhausen, W. / Gehlhausen, H. F. (1992): Gedanken zur Behandlung des Eigenkapitals im Konzernabschluß, in: Moxter, A. (Hrsg.): Entwicklungen bei der Bilanzierung und Prüfung von Kapitalgesellschaften, IDW-Verlag, Düsseldorf.

Geiger, T. (2000): Segmentberichterstattung nach dem Deutschen Rechnungslegungsstandard Nr. 3 des DRSC (DRS 3), in: Steuern und Bilanzen, S. 772-779.

Geiger, T. (2002): Ansatzpunkte zur Prüfung der Segmentberichterstattung nach SFAS 131, IAS 14 und DRS 3, in: Betriebs-Berater, S. 1903-1909.

Gemeinsame Arbeitsgruppe der DVFA und Schmalenbach-Gesellschaft (1998): Fortentwicklung des Ergebnisses nach DVFA/SG, in: Der Betrieb, S. 2537-2542.

Glieder, H. (1999): Geldflußrechnung, Segmentberichterstattung und Gewinn pro Aktie – US-GAAP, IAS und HGB im Vergleich, in: Schriften zum Betrieblichen Rechnungswesen und Controlling, Band 6, Verlag Dr. Kovac, Hamburg.

Göth, P. (1997): Das Eigenkapital im Konzernabschluß – Bilanzielle Darstellung, Ergebnisverwendungsrechnung, Konsolidierungstechnik, in: Küting, K. / Wöhe, G.(Hrsg.): Schriften zur Bilanz- und Steuerlehre, Band 26, Schäffer-Poeschel Verlag, Stuttgart.

Gräfer, H. (1992): Annual Report – Der US-amerikanische Jahresabschluß, Schäffer-Poeschel Verlag, Stuttgart.

Gräfer, H. (1997): Bilanzanalyse, 7. Auflage, NWB-Verlag, Herne/Berlin.

Gräfer, H. (2001): Bilanzanalyse, 8. Auflage, NWB-Verlag, Herne/Berlin.

Gräfer, H. (2001a): Jahresabschlussanalyse, in: Endriss, H. W. (Hrsg.): Bilanzbuchhalter-Handuch, 3. Auflage, NWB-Verlag, Herne / Berlin, S. 555-638.

Gräfer, H. (2001b): Top-Kennzahlen der Finanz- und Ertragsanalyse, in: Buchführung Bilanz Kostenrechnung, S. 13-22.

Gräfer, H. (2001c): Finanz- und Ertragsanalyse, in: Buchführung Bilanz Kostenrechnung, S. 435-446.

Gräfer, H. / Ostmeier, V. (2000): Discounted Cash Flow, Cash Flow Return on Investment und Economic Value Added als Instrumente der wertorientierten Unternehmenssteuerung, in: Bilanzierung Buchführung Kostenrechnung, S. 967-982.

Gräfer, H. / Scheld, G. (2001): Grundzüge der Konzernrechnungslegung, 7. Auflage, Erich Schmidt Verlag, Berlin.

Gräfer, H. / Sorgenfrei, C. (2002): Rechnungslegung, 2. Auflage, NWB-Verlag, Herne / Berlin.

Gräfer, H. /Beike, R. / Scheld, G. (2001): Finanzierung, 5. Auflage, Erich Schmidt Verlag, Berlin.

Graumann, M. (2002): Die neue Rechnungslegungsstrategie der EU, in: Bilanz Buchführung Kostenrechnung, S. 403-414.

Graumann, M. (2002a): Auswirkungen und Entwicklungstendenzen der Internationalisierung der Rechnungslegung, in: Bilanz Buchführung Kostenrechnung, S. 535-546.

Groll, K.-H. (2000): Das Kennzahlensystem zur Bilanzanalyse, Hanser Verlag, München / Wien.

Grüning, U. (1989): Die Kapitalflussrechnung als Bestandteil der finanziellen Planung und Kontrolle im internationalen Industriekonzern.

Günther, T. (1997): Unternehmenswertorientiertes Controlling, Verlag Vahlen, München.

Haase, H. (1988): Das Ergebnis je Aktie nach DVFA, in: Schulte, K.-W. (Hrsg.): Aktienanalyse und neues Bilanzrecht, 2. Auflage, Reihe: Betriebliche Praxis – Band 3, Verlag Josef Eul, Bergisch Gladbach / Köln, S. 76-89.

Hacker, B. / Dobler, M. (2000): Empirische Untersuchung der Segmentpublizität in Deutschland, in: Die Wirtschaftsprüfung, S. 811-819.

Hahn, K (2001): Deutsche Rechnungslegung im Umbruch, in: Deutsches Steuerrecht, S. 1267-1272.

Hahn, K. (1999): Beteiligungscontrolling auf Basis von US-GAAP und IAS, in: Kostenrechnungspraxis, S. 79-86.

Hahn, K. (2000): Ausgestaltung und Aussage der Segmentberichterstattung nach § 297 Abs. 1 HGB – Vergleichende Analyse der Normen nach SFAS 131, IAS 14 und DRS 3 zur Schließung der Regelungslücke in § 297 Abs. 1 HGB, in: Lachnit, L. / Freidank, C.-C. (Hrsg.): Investororientierte Unternehmenspolitik, Gabler Verlag, Wiesbaden, S. 667-697.

Hail, L. (2001): Strategieanalyse – Umfeld- und unternehmensspezifische Interpretation der Zahlen aus dem finanziellen Rechnungswesen, in: Der Schweizer Treuhänder, S. 795-806.

Haller, A. (2002): IAS 14 Segmentberichterstattung, in: Baetge, J. u.a. (Hrsg.): Rechnungslegung nach International Accounting Standards (IAS) – Kommentar auf der Grundlage des deutschen Bilanzrechts, 2. Auflage, CD-ROM, Schäffer-Poeschel Verlag, Stuttgart.

Haller, A. / Jakoby, S. (1994): Verbreitung und Entwicklungsstand der Finanzierungsrechnung in Deutschland – Eine empirische Analyse, in: Der Betrieb, S. 641-649.

Haller, A. / Kepler, J. (2000): Segmentberichterstattung, in: Haller, A. / Raffournier, B. / Walton, P. (Hrsg.): Unternehmenspublizität im internationalen Wettbewerb, Schäffer-Poeschel Verlag, Stuttgart, S. 755-805.

Haller, A. / Park, P. (1994): Grundsätze ordnungsmäßiger Segmentberichterstattung, in: Schmalenbachs Zeitschrift für betriebswirtschaftliche Forschung, S. 499-524.

Haller, A. / Park, P. (1999): Segmentberichterstattung auf Basis des „Management Approach" – Inhalt und Konsequenzen, in: Kostenrechnungspraxis, S. 59-65.

Harris, T. S. / Lang, M. / Möller, P. (1995): Zur Relevanz der Jahresabschlußgrößen Erfolg und Eigenkapital für die Aktienbewertung in Deutschland und den USA, in: Schalenbachs Zeitschrift für betriebswirtschaftliche Forschung, S. 996-1028.

Hauptfachausschuss des Instituts der Wirtschaftsprüfer und Arbeitskreis „Finanzierungsrechnung" der Schmalenbach-Gesellschaft / Deutsche Gesellschaft für Betriebswirtschaft e.V. (1995): Stellungnahme HFA 1/1995: Die Kapitalflußrechnung als Ergänzung des Jahres- und Konzernabschlusses, in: Die Wirtschaftprüfung, S. 210-213.

Hauschildt, J. / Krehl, H. (2000): Krisendiagnose durch Finanzflussrechnungen, in: Hauschildt, J. / Leker, J. (Hrsg.): Krisendiagnose durch Bilanzanalyse, 2. Auflage, Otto-Schmidt-Verlag, Köln, S. 71-87.

Hax, A. C. / Majluf, N. S. (1991): Strategisches Management, Campus Verlag, Frankfurt / New York.

Hayn, S. / Waldersee, G. (2000): IAS / US-GAAP / HGB im Vergleich, Schäffer-Poeschel Verlag, Stuttgart.

Hebeler, C. (2001): Harmonisierung des internen und externen Rechnungswesens, in: Steuern und Bilanzen, S. 681-685.

Heinrich, D. (1998): Kapitalflußrechnung, in: Bilanzbuchhalter und Controller, S. 180-184.

Helbling, C. (1997): Bilanz- und Erfolgsanalyse, 10. Auflage, Haupt Verlag, Bern / Stuttgart / Wien.

Helbling, C. (2001): Rechnungslegung im Wandel, in: Der Schweizer Treuhänder, S. 295-302.

Hellemann, J. van / Slomp, S. (2002): The Changeover to International Accounting Standards in Europe, in: Schmalenbachs Zeitschrift für betriebswirtschaftliche Forschung, S. 213-229.

Herzig, N. (2000): Internationalisierung der Rechnungslegung und steuerrechtliche Gewinnermittlung, in: Die Wirtschaftsprüfung, S. 104-119.

Hoffmann, W.-D. (2000): Die ökonomischen Grenzen der Aussagekraft einer Bilanz, in: Steuern und Bilanzen, S. 822-828.

Hüfner, B. / Möller, H. P. (1997): Erfolge börsennotierter Unternehmen aus Sicht von Finanzanalysten: Zur Verläßlichkeit von DVFA-Ergebnissen und deren Prognosen, in: Zeitschrift für Bankrecht und Bankwirtschaft, S. 1-14.

Husmann, R. (1997): Analyse der wirtschaftlichen Lage des Konzerns im Rahmen der Konzernabschlußprüfung, in: Möller, H. P. / Peemöller, V. H. / Richter, M. (Hrsg.): Schriftenreihe zum Finanz-, Prüfungs- und Rechnungswesen, Band 18, Verlag V. Florenz, München.

Husmann, R. (1997a): Segmentierung des Konzernabschlusses zur bilanzanalytischen Untersuchung der wirtschaftlichen Lage des Konzerns, in: Die Wirtschaftsprüfung, S. 349-359.

Husmann, R. (1997a): Würdigung der Segmentberichterstattung nach dem Management Approach auf der Basis der deutschen Bilanzierungspraxis, in: Die Wirtschaftsprüfung, S. 816-823.

Ilg, P. / Hasler, S. (2001): Die aktuelle Verbreitung von IAS an den grössten Börsen Europas, in: Der Schweizer Treuhänder, S. 339-342.

Institut der Wirtschaftsprüfer (2001): Anwendung internationaler Rechnungslegungsgrundsätze – IDW-Stellungnahme vom 15.12.2001 zum Vorschlag der EU-Kommission für eine Verordnung des Europäischen Parlaments und des Rates, in: Bilanz Buchführung Kostenrechnung, S. 865-872.

International Accounting Standard Committee (2002): International Accounting Standards 2002 (deutsche Ausgabe), Schäffer-Poeschel Verlag, Stuttgart.

Jahrmann, F.-U. (1999): Finanzierung, 4. Auflage, NWB-Verlag, Herne / Berlin.

Jakoby, S. / Maier, J. / Schmechel, T. (1999): Internationalisierung der Publizitätspraxis bei Kapitalflußrechnungen – Eine empirische Untersuchung der DAX-Unternehmen für den Zeitraum 1988 bis 1997, in: Die Wirtschaftsprüfung, S. 225-238.

Janssen, F. / Scheren, M. (1999): Internationalisierung der Führungskennziffern? Führungskennzahlen in der deutschen Geschäftsberichterstattung, in: Küting, K. / Langenbucher, G. (Hrsg.): Internationale Rechnungslegung, S. 605-629.

Käfer, K. (1967): Kapitalflußrechnungen, Funds Statement, Liquiditätsnachweis, Bewegungsbilanz als dritte Jahresrechnung der Unternehmung, Poeschel Verlag, Stuttgart.

Kajüter, P. / Voss, A. (2000): Grundlagen der Buchführung, in: Busse von Colbe, W. u.a. (Hrsg.): Betriebswirtschaft für Führungskräfte, USW-Schriften für Führungskräfte, Band 30, Schäffer-Poeschel Verlag, S. 31-56.

Kind, A. (2000): Segment-Rechnung und –Bewertung, in: Fickert, R. (Hrsg.): Schriftenreihe des Instituts für Rechnungslegung und Controlling, Band 8, Haupt Verlag, Bern / Stuttgart / Wien.

Kipp, H. (2000): Gewinn je Aktie – Deutsche Analysten folgen internationalen Standards, in: Börse Online, S. 18-20.

Kirsch, H. (2001): Segmentberichterstattung nach IAS 14 als Basis eines kennzahlengestützten Unternehmenscontrolling, in: Der Betrieb, S. 1513-1518.

Kirsch, H.-J. / Dohrn, M. / Wirth, J. (2002): Rechnungslegungs- und Prüfungspraxis der DAX-100-Unternehmen – Bestandsaufnahme und Auswirkungen der EU-Verordnung zur Anwendung internationaler Rechnungslegungsstandards, in: Die Wirtschaftsprüfung, S. 1217-1231.

Kommission der Europäischen Gemeinschaften (2001): Vorschlag für eine Verordnung des Europäischen Parlaments und des Rates betreffend die Anwendung internationaler Rechnungslegungsgrundsätze, Art. 4 und 5, einzusehen unter http://europa.eu.int/eur-lex/de/com/pdf/2001/de_501PC0080.pdf, Stand 24.10.2002.

KPMG (1997): Rechnungslegung nach US-amerikanischen Grundsätzen, IDW Verlag, Düsseldorf.

KPMG (1999): International Accounting Standards – Eine Einführung in die Rechnungslegung nach den Grundsätzen des IASC, Schäffer-Poeschel Verlag, Stuttgart.

Krawitz, N. (2001): Die Rechnungslegungsvorschriften nach HGB, IAS und US-GAAP im kritischen Vergleich, Teil A: Konzeptionelle Unterschiede, in: Steuern und Bilanzen, S. 629-633.

Krawitz, N. (2001a): Die Rechnungslegungsvorschriften nach HGB, IAS und US-GAAP im kritischen Vergleich, Teil B: Beispiele in ausgewählten Bereichen, in: Steuern und Bilanzen, S. 733-744.

Kreis, R. (1993): Handbuch der Betriebswirtschaftslehre, Oldenbourg Verlag, München / Wien.

Kühnberger, M. (1996): Der Jahresabschluß, Oldenbourg Verlag, München / Wien.

Kussmaul, H. (1984): Die Bewegungsbilanz und Kapitalflußrechnung als Instrumente der externen Analyse des Jahresabschlusses, in: Der Steuerberater, S. 291-306.

Kussmaul, H. (2000): Kostenrechnung, in: Busse von Colbe, W. u.a. (Hrsg.): Betriebswirtschaft für Führungskräfte, USW-Schriften für Führungskräfte, Band 30, Schäffer-Poeschel Verlag, S. 59-101.

Küting, K / Weber C.-P. (2001a): Der Konzernabschluss, 7. Auflage, Schäffer-Poeschel Verlag, Stuttgart.

Küting, K. / Bender, B. (1992): Das Ergebnis je Aktie nach DVFA/SG – Analyse und kritische Würdigung einer wichtigen Kennzahl zur Unternehmens- und Aktienkursbeurteilung, in: Betriebs-Berater, Beilage 16, S. 1-16.

Küting, K. / Brakensiek, S. (1999): IASC, FASB und DRSC – Ein Kurzporträt dreier Standardsetter, in: Betriebs-Berater, S. 678-682.

Küting, K. / Dawo, S. (1999): Die Kapitalflußrechnung als neue Komponente der externen Rechnungslegung, in: Steuern und Bilanzen, S. 169-178.

Küting, K. / Dawo, S. (1999a): Aufstellung einer Kapitalflußrechnung – ein Beispiel, in: Steuern und Bilanzen, S. 285-288.

Küting, K. / Dürr, U. / Zwirner, C. (2002): Funktionen und Aufgaben des DRSC - weitere Existenz nach 2004?, in: Bilanzbuchhalter und Controller, S. 197-203.

Küting, K. / Harth, H.-J. / Leinen, M. (2001): Fehlende Vergleichbarkeit von Jahresabschlüssen als Hindernis einer internationalen Jahresabschlussanalyse?, in: Die Wirtschaftsprüfung, S. 681-690.

Küting, K. / Harth, H.-J. / Leinen, M. (2001a): Anmerkungen zur international vergleichenden Jahresabschlussanalyse, in: Die Wirtschaftsprüfung, S. 861-867.

Küting, K. / Lorson, P. (1999): Harmonisierung des Rechnungswesens aus Sicht der externen Rechnungslegung, in: Kostenrechnungspraxis, S. 47-57.

Küting, K. / Pfuhl, J. M. (1994): Die zahlungsstromorientierte Konzernkapitalflußrechnung – Auswirkungen der internationalen Entwicklung auf Kapitalflußrechnung und Bewegungsbilanz, in: Deutsches Steuerrecht, S. 1507-1512.

Küting, K. / Pilhofer, J. (1999): Die neuen Vorschriften zur Segmentberichterstattung nach US-GAAP – Schließung der Regelungslücke in § 279 Abs. 1 HGB durch Adaption internationaler Standards? (Teil I), in: Deutsches Steuerrecht, S. 559-564.

Küting, K. / Pilhofer, J. (1999a): Die neuen Vorschriften zur Segmentberichterstattung nach US-GAAP – Schließung der Regelungslücke in § 279 Abs. 1 HGB durch Adaption internationaler Standards? (Teil II), in: Deutsches Steuerrecht, S. 603-608.

Lachnit, L. (2000): Schätzung stiller Reserven als Problem der externen Jahresabschlußanalyse, in: Lachnit, L. / Freidank, C.-C. (Hrsg.): Investororientierte Unternehmenspolitik, Gabler Verlag, Wiesbaden, S. 769-811.

Langenbeck, J. (2001): Grundzüge der IAS und US-GAAP – Vergleich mit der Rechnungslegung nach IAS, in: Bilanz Buchführung Kostenrechnung, S. 127-132.

Langenbucher, G. (1999): Segmentberichterstattung als Ergänzung der Rechnungslegung, in: Küting, K. / Langenbucher, G. (Hrsg.): Internationale Rechnungslegung, S. 157-179.

Langer, K. (1999): Zur Bilanzierung des Anlagevermögens im internationalen Vergleich, in: Küting, K. / Langenbucher, G. (Hrsg.): Internationale Rechnungslegung, S. 181-217.

Lenz, H. (2000): Prüfung von Kapitalflußrechnung und Segmentberichterstattung nach § 297 Abs. 1 HGB bei börsennotierten Muttergesellschaften, in: Lachnit, L. / Freidank, C.-C. (Hrsg.): Investororientierte Unternehmenspolitik, Gabler Verlag, Wiesbaden, S. 495-526.

Leysinger, M. (2001): Free Cash-Flow Accounting, in: Der Schweizer Treuhänder, S. 621-626.

Löw, E. / Roggenbuck, H. E. (1998): Earnings per Share für Banken – nach IAS und DVFA, in: Die Betriebswirtschaft, S. 659-671.

Löw. E. / Lorenz, K. (2002): Währungsumrechnung nach E-DRS 18 und nach den Regelungen des IASB, in: Betriebs-Berater, S. 2543-2547.

Luttermann, C. (2001): Verordnungsvorschlag der EU-Kommission über die Anwendung internationaler Rechnungslegungsgrundsätze, in: Internationale Wirtschaftsbriefe, S. 309-318.

Mansch, H. / Stolberg, K. / Wysocki, K. v. (1995): Die Kapitalflussrechnung als Ergänzung des Jahres- und Konzernabschlusses - Anmerkungen zur gemeinsamen Stellungnahme HFA 1/1995 des Hauptfachausschusses und der Schmalenbach-Gesellschaft, in: Die Wirtschaftsprüfung, S. 185-203.

Maret, J. / Wepler, L. (1999): Internationalisierung der Rechnungslegung – Die Kapitalmarkt- und Analystenperspektive, in: Küting, K. / Langenbucher, G. (Hrsg.): Internationale Rechnungslegung, S. 37-44.

Marten, K.-U. u. a. (2002): Rechnungslegung nach IAS – Nutzeneffekte aus Sicht von Eigenkapitalgebern, in: Betriebs-Berater, S. 2007-2013.

Martin, P. (1988): Das Ergebnis nach DVFA in der Kritik, in: Schulte, K.-W. (Hrsg.): Aktienanalyse und neues Bilanzrecht, 2. Auflage, Reihe: Betriebliche Praxis – Band 3, Verlag Josef Eul, Bergisch Gladbach / Köln, S. 90-96.

Meeting, D. T. / Law, D. B. / Luecke, R. W. (1997): Simplifying EPS, in: Journal of Accountancy, S. 61-70.

Mertens, U. (1995): Earnings per Share – Internationaler Vergleich, Informationsgehalt, Alternativen, Difo-Druck GmbH, Bamberg.

Möckli, M. (1997): Segmentberichterstattung in der Schweiz, in: Der Schweizer Treuhänder, S. 275-286.

Mujkanovic, R. (2000): Die Vorschläge des Deutschen Standardisierungsrates (DRS) zur Segmentberichterstattung, in: Die Aktiengesellschaft, S. 122-127.

Müller, K. (1994): Earnings per Share, Shareholder Value und Segmentberichterstattung, in: Der Schweizer Treuhänder, S. 445-451.

Müller, S. / Wulf, I. (2001): Jahresabschlusspolitik nach HGB, IAS und US-GAAP, in: Betriebs-Berater, S. 2206-2213.

Naumann, T. K. (1999): Standardentwurf zur Segmentberichterstattung, in: Betriebs-Berater, S. 2288-2291.

Niehus, R. J. (2001): „Auch für Einzelabschlüsse gelten grundsätzlich die IAS"? – Ein Beitrag zu den (möglichen) Grenzen einer „Internationalisierung" der Rechnungslegung im Einzelabschluss -, in: Die Wirtschaftsprüfung, S. 737-752.

Niehus, R. J. / Thyll, A. (1998): Konzernabschluß nach US-GAAP, Schäffer-Poeschel Verlag, Stuttgart.

Nobes, C. / Parker, R. (2000): Comparative international Accounting, 6. Auflage, Pearson Education Limited, Edinburgh / Harlow / Essex.

Nonnenmacher, R. / Ozimek, R. (2001):Analyse internationaler Konzernabschlüsse, in: Breuer, R.-E. (Hrsg.): Handbuch Finanzierung, 3. Auflage, S. 649-671.

Olfert, K. (2001): Finanzierung, 11. Auflage, Kiehl Verlag, Ludwigshafen.

Ordelheide, D. / Leuz, D. (1998): Die Kapitalflußrechnung – Grundlagen, International Accounting Standard No. 7 und Informationsgehalt, in: Wirtschaftswissenschaftliches Studium, S. 176-183.

Ordelheide, D. / Stubenrath, M. (2000): Segmentberichterstattung: US-GAAP im Vergleich mit HGB/DRS, in: Ballwieser, W. (Hrsg.): US-amerikanische Rechnungslegung – Grundlagen und Vergleiche mit dem deutschen Recht, 4. Auflage, Schäffer-Poeschel Verlag, Stuttgart, S. 379-405.

Pacter, P. / Petrone, K. R. (1994): Earnings per Share Should Be Simplified, in: The Journal of Corporate Accounting and Finance, S. 455-467.

Pejic, P. (1997): International Accounting Standard Committee: Der überarbeitete Standard zur Segmentberichterstattung, in: Der Betrieb, S. 2038-2041.

Pejic, P. (1998): Segmentberichterstattung – Der überarbeitete IAS 14 im Vergleich, in: Der Schweizer Treuhänder, S. 374-380.

Pellens, B. (2001): Internationale Rechnungslegung, 4. Auflage, Schäffer-Poeschel Verlag, Stuttgart.

Pellens, B. / Gassen, J. (2002): IAS 33 Ergebnis je Aktie, in: Baetge, J. u.a. (Hrsg.): Rechnungslegung nach International Accounting Standards (IAS) – Kommentar auf der Grundlage des deutschen Bilanzrechts, 2. Auflage, CD-ROM, Schäffer-Poeschel Verlag.

Pellens, B. / Sürken, S. (1998): Rechnungslegungspolitische Spielräume im Rahmen der International Accounting Standards, in: Freidank, C.-C. (Hrsg.): Rechnungslegungspolitik – Eine Bestandsaufnahme aus handels- und steuerrechtlicher Sicht, Springer Verlag, Berlin / Heidelberg; S. 195-228.

Perridon, L. / Steiner, M. (2002): Finanzwirtschaft der Unternehmung, 11. Auflage, Verlag Vahlen, München.

Pfuhl, J. (1991): Die Kapitalflußrechnung als Instrument der Bilanzanalyse (Teil I), in: Deutsches Steuerrecht, S. 1638-1643.

Pfuhl, J. (1991a): Die Kapitalflußrechnung als Instrument der Bilanzanalyse (Teil II), in: Deutsches Steuerrecht, S. 1670-1674.

Pfuhl, J. (1995): Die moderne Kapitalflußrechnung im internationalen Vergleich, in: Recht der internationalen Wirtschaft, S. 222-231.

Pfuhl, J. (1998): Kapitalflussrechnung im Konzern, in: Küting, K. / Weber, C.-P. (Hrsg.): Handbuch der Konzernrechnungslegung, Schäffer-Poeschel Verlag, Stuttgart, S. 675-691.

Pilhofer, J. (2000): Konzeptionelle Grundlagen des neuen DRS 2 zur Kapitalflussrechnung im Vergleich mit den internationalen anerkannten Standards, in: Deutsches Steuerrecht, S. 292-304.

Pilhofer, J. (2002): Umsatz- und Gewinnrealisierung im internationalen Vergleich – Bilanzpolitische Gestaltungsmöglichkeiten nach HGB, US-GAAP und IFRS, in: Küting, K. / Weber, C.-P. (Hrsg.): Rechnungs- und Prüfungswesen, NWB-Verlag, Herne / Berlin.

Plein, C.: (1998): Die Eliminierung von Effekten aus Wechselkursänderungen bei indirekt erstellten Konzernkapitalflußrechnungen – Überlegungen zu einer praktikablen Lösung, in: Die Wirtschaftsprüfung, S. 10-19.

Porter, M. E. (1989): Wettbewerbsvorteile, Campus Verlag, Frankfurt / New York.

Porter, M. E. (1992): Wettbewerbsstrategie, Campus Verlag, Frankfurt / New York.

PricewaterhouseCoopers (1998): Understanding IAS – Analysis and Interpretation of International Accounting Standards, 2. Auflage, PricewaterhouseCoopers Verlag, Wales.

Rappaport, A. (1986): Creating Shareholder Value.

Rappaport, A. (1999): Shareholder Value – Ein Handbuch für Manager und Investoren, 2. Auflage, Schäffer-Poeschel Verlag, Stuttgart.

Rehkugler, H. / Poddig, T. (1998): Bilanzanalyse, 4. Auflage, Oldenbourg Verlag, München/Wien, 1998.

Reinhard, H. (1988): Überlegungen zur Ermittlung des Ergebnisses je Aktie, in: Schulte, K.-W. (Hrsg.): Aktienanalyse und neues Bilanzrecht, 2. Auflage, Reihe: Betriebliche Praxis – Band 3, Verlag Josef Eul, Bergisch Gladbach / Köln, S. 97-113.

Reinhart, A. (1998): Die Auswirkungen der Rechnungslegung nach International Accounting Standards auf die erfolgswirtschaftliche Abschlussanalyse von deutschen Jahresabschlüssen, in: Coenenberg, A. G. u.a. (Hrsg.): Beiträge zum Rechnungs-, Finanz- und Revisionswesen, Band 37, Peter Lang Verlag, Frankfurt am Main u.a.O..

Richter, F. / Simon-Keuenhof, K. (1996): Bestimmung durchschnittlicher Kapitalkostensätze deutscher Industrieunternehmen – Eine empirische Studie, in: Betriebswirtschaftliche Forschung und Praxis, S. 698-708.

Riebell, C. (1999): Die Konzernbilanzanalyse – Das Auswerten nationaler und internationaler Konzernabschlüsse im Spiegel von Bilanzrecht und Bilanzpolitik, 2. Auflage, Deutscher Sparkassen Verlag, Stuttgart.

Risse, A. (1995): Segmentberichterstattung: Neue Entwicklungen beim IASC und mögliche Auswirkungen auf Deutschland, in: Der Betrieb, S. 737-742.

Risse, A. (1996): International Accounting Standard Committee: Standardentwurf zur Segmentberichterstattung, in: Der Betrieb, S. 747-748.

Roberts, C. / Weetman, P. / Gordon, P. (1998): International Financial Accounting – A Comparative Approach, Financial Times Professional Limited, London u. a. O..

Röhrenbacher, H. / Fleischer, W. (1989): Von der Bilanz zur Kapitalflußrechnung – Der Zusammenhang von Cash flow, Net working capital und Kapitalflussrechnung, Verlag Ueberreuter, Wien.

Ruhnke, K. / Schmidt, M. / Seidel, T. (2000): Fortaschritte bei der Verbreitung der IAS, in: Steuern und Bilanzen, S. 876-883.

Ruhwedel, F. / Schultze, W. (2002): Value Reporting: Theoretische Konzeption und Umsetzung bei den DAX 100-Unternehmen, in: Schmalenbachs Zeitschrift für betriebswirtschaftliche Forschung, S. 602-632.

Schader, H. (1997): Ergebnis je Aktie – Nationale Regelungen (ÖVFA, DVFA, FASB) und internationale Harmonisierung (IASC), in: Österreichisches Bankarchiv, S. 149-158.

Scheffler, E. (2002): Kapitalflussrechnung – Stiefkind in der deutschen Rechnungslegung, in: Betriebs-Berater, S. 295-300.

Schildbach, T. (1998): Der Konzernabschluß nach HGB, IAS und US-GAAP, 5. Auflage, Oldenbourg Verlag, München / Wien

Schildbach, T. (1999): Das private Rechnungslegungsgremium gemäß § 342 HGB und die Zukunft der Rechnungslegung in Deutschland, in: Der Betrieb, S. 645-652.

Schildbach, T. (2001): Die Zukunft der deutschen Rechnungslegung, in: Steuern und Bilanzen, S. 857-862.

Schildbach, T. (2002): IAS als Rechnungslegungsstandards für alle, in: Schmalenbachs Zeitschrift für betriebswirtschaftliche Forschung, S. 263-278.

Schindler, R. (2002): EBITDA – Führungsgrösse mit Zukunft, in: Der Schweizer Treuhänder, S. 771-778.

Schipporeit, E. (2001): Externe Eigenfinanzierung bei Kapitalgesellschaften, in: Breuer, R.-E. (Hrsg.): Handbuch Finanzierung, 3. Auflage, S. 437-467..

Schirmeister, R. (2000): Ausgestaltung und Aussage der Kaptalflußrechnung nach § 297 Abs. 1 HGB, in: Lachnit, L. / Freidank, C.-C. (Hrsg.): Investororientierte Unternehmenspolitik, Gabler Verlag, Wiesbaden, S. 637-666.

Schmidt, R. H. / Terberger, E. (1997): Grundzüge der Investitions- und Finanzierungstheorie, 4. Auflage, Gabler Verlag, Wiesbaden.

Schoenfeld, H. M. W. (1997): Entwicklung der Cash-Flow-Rechnung, in: Die Unternehmung, S. 403-415.

Schrader, C. (1999): Die Kapitalflußrechnung als Abbildung der Finanzlage, in: Banking & Finance aktuell – Band 1, Bankakademie Verlag, Frankfurt/Main.

Schreyögg, G. (1984): Unternehmensstrategie, de Gruyter Verlag, Berlin.

Schult, E. (1999): Bilanzanalyse, 8. Auflage, Haufe Verlag, Freiburg.

Schwarzecker, J. (1992): Cash-flow, Gewinn und Eigenkapital, Ueberreuter Verlag, Wien.

Selchert, F. W. (1992): Die Aufgliederung der Umsatzerlöse im Konzernanhang, in: Betriebs-Berater, S. 2032-2038.

Selchert, F. W. / Erhardt, M. (1999): Internationale Rechnungslegung, 2. Auflage, Oldenbourg Verlag, München / Wien.

Siener, F. (1998): Kapitalflußrechnungen von Industrieunternehmen, in: Wysocki, K. v. (Hrsg.): Kapitalflußrechnung, Schäffer-Poeschel Verlag, Stuttgart, S. 37-100.

Spanheimer, J. (2000): Spezifische Problemfelder des gesetzlichen Standardisierungsauftrages an den DRS gemäß § 342 Abs. 1 Nr. 1 HGB, in: Die Wirtschaftsprüfung, S. 997-1007.

Staehle, W. H. (1994): Management, 7. Auflage, Verlag Vahlen, München.

Stahn, F. (1998): Kapitalflußrechnung: Konzeptionelle Beurteilung der Stellungnahme HFA 1/1995 bezüglich der indirekten Cash-flow-Methode, in: Der Betrieb, S. 432-434.

Stahn, F. (2000): Der Deutsche Rechnungslegungsstandard Nr. 2 (DRS 2) zur Kapitalflussrechnung aus praktischer und analytischer Sicht, in: Der Betrieb, S. 233-238.

Streich, U. (2001): Growth-Adjusted Price/Earning Ratio (GRAPE) als verbesserte Kennzahl zur Aktien-Analyse, in: Die Bank, S. 454-457.

Strieder, T. (2002): Eigenkapitalveränderungsrechnung nach DRS 7, in: Zeitschrift für kapitalmarktorientierte Rechnungslegung, S. 180-183.

Strobel, W. (1999): Der Entwurf eines DRS 2 zur Kapitalflußrechnung, in: Deutsches Steuerrecht, S. 1044-1048.

Strobel, W. (1999a): Deutsches Rechnungslegungs Standard Committee: Der Standardentwurf E-DRS 3 zur Segmentberichterstattung, in: Der Betrieb, S. 2017-2020.

Thiele, St. (1998): Das Eigenkapital im handelsrechtlichen Jahresabschluß, in: Baetge, Jörg (Hrsg.): Schriften des Instituts für Revisionswesen der Westfälischen Wilhelms-Universität Münster, IDW-Verlag, Düsseldorf.

Thiemann, B. (2001): Kreditinstitute als Träger der Unternehmensfinanzierung, in: Breuer, R.-E. (Hrsg.): Handbuch Finanzierung, 3. Auflage, S. 3-29.

Trunz, R. / Loderer, C. (1993): Bewertungen und Anlagestrategien auf der Basis von P/E-Ratios im Vergleich mit alternativen Modellen, in: Finanzmarkt und Portfolio Management, S. 189-204.

Veit, K.-R. / Bernards, O. (1995): Anforderungen an die Segmentberichterstattung im internationalen Vergleich, in: Die Wirtschaftsprüfung, S. 493-498.

Vodrazka, K. (1997): Die Kapitalflußrechnung als Information über die Finanzlage, in: Bertl, R. / Mandl, G. (Hrsg.): Rechnungswesen und Controlling, Festschrift für Anton Egger zum 65. Geburtstag, Verlag Orac, Wien, S. 303-327.

Wagenhofer, A. (2000): Bilanzierung & Bilanzanalyse, 6. Auflage, Linde Verlag, Wien.

Wagenhofer, A. (2001): International Accounting Standards, 3. Auflage, Ueberreuter Wirtschaft Verlag, Wien / Frankfurt.

Wagenhofer, A. (2002): Die Rolle der Standards des IASB in der Internationalisierung der Rechnungslegung, in: Schmalenbachs Zeitschrift für betriebswirtschaftliche Forschung, S. 230-245.

Wehrheim, M. (1997): Krisenprognose mit Hilfe einer Kapitalflußrechnung?, in: Deutsches Steuerrecht, S. 1699-1704.

Wehrheim, M. / Schmitz, T. (2001): Jahresabschlußanalyse, Verlag Kohlhammer, Stuttgart / Berlin / Köln.

Weilenmann, P. (1984): Ergänzende Einführung, in: Käfer, K. (Hrsg.): Kapitalflußrechnungen, Funds Statement, Liquiditätsnachweis, Bewegungsbilanz als dritte Jahresrechnung der Unternehmung, 2. Auflage, Poeschel Verlag, Stuttgart.

Weilenmann, P. (1992): Kapitalflussrechnung in der Praxis, 2. Auflage, SKV-Verlag, Zürich.

Weißenberger, B. E. / Liekweg, A. (1999): Vorschriften zur Segmentberichterstattung im Konzern – Schnittstelle zwischen interner und externer Rechnungslegung, in: Kostenrechnungspraxis, S. 165-173.

Welge, M. K. / Al-Laham, A. (2000): Strategisches Management, in: Busse von Colbe, W. u.a. (Hrsg.): Betriebswirtschaft für Führungskräfte, USW-Schriften für Führungskräfte, Band 30, Schäffer-Poeschel Verlag, S. 333-357.

Wengel, T. (2001): Der internationale Harmonisierungsprozess und seine Auswirkungen auf die deutsche Rechnungslegung, in: Bilanz Buchführung Kostenrechnung, S. 429-434.

Winnefeld, R. (2002): Bilanzhandbuch, 3. Auflage, Verlag Beck, München.

Wöhe, G. (1992): Bilanzierung und Bilanzpolitik, 8. Auflage, Verlag Vahlen, München.

Wöhe, G. / Bilstein, J. (2002): Grundzüge der Unternehmensfinanzierung, 9. Auflage, Verlag Vahlen, München.

Wohlgemuth, F. / Ranker, D. / Zwirner, C. (2001): Strategische Unternehmensanalyse als Instrument zur Ergänzung der traditionellen Bilanzanalyse, in: Buchführung Bilanz Kostenrechnung, S. 661-674.

Wollmert, P. (2000): Anforderungen und Ausgestaltung der Segmentberichterstattung nach § 297 HGB, in: Baetge, J. (Hrsg.): Zur Rechnungslegung nach IAS (15. Münsteraner Tagesgespräch), Schriften des Institutes der Wirtschaftsprüfer, IDW-Verlag, Düsseldorf.

Wollmert, P. / Achleitner, A.-C. (2002): Konzeption der IAS-Rechnungslegung, in: Baetge, J. u.a. (Hrsg.): Rechnungslegung nach International Accounting Standards (IAS) – Kommentar auf der Grundlage des deutschen Bilanzrechts, 2. Auflage, CD-ROM, Schäffer-Poeschel Verlag, Stuttgart.

Wollmert, P. / Oser, P. (2000): Befreiender internationaler Konzernabschluss (§ 292a HGB), in: Der Betrieb, S. 729-735.

Wysocki, K. v. (1998): Grundlagen, nationale und internationale Stellungnahmen zur Kapitalflußrechnung, in: Wysocki, K. v. (Hrsg.): Kapitalflußrechnung, Schäffer-Poeschel Verlag, Stuttgart, S. 3-36.

Wysocki, K. v. (1999): DRS 2: Neue Regeln des Deutschen Rechnungslegungs Standards Committee zur Aufstellung von Kapitalflussrechnungen, in: Der Betrieb, S. 2373-2378.

Wysocki, K. v. (1999a): Die Kaptalflußrechnung als Teil des Anhangs börsennotierter Mutterunternehmen nach § 297 Abs. 1 S. 2 HGB, in: Doerner, D. (Hrsg.): Reform des Aktienrechts, der Rechnungslegung und Prüfung, Handelsblattreihe, Schäffer-Poeschel Verlag, Stuttgart, S. 439-507.

Wysocki, K. v. (2000): Die Kapitalflussrechnung nach SFAS No. 95 im Vergleich mit IAS 7, SG/HFA 1/1995 und DRS 2, in: Ballwieser, W. (Hrsg.): US-amerikanische Rechnungslegung, 4. Auflage, Schäffer-Poeschel Verlag, Stuttgart, S. 407-446.

Zdrowomyslaw, N. (2001): Jahresabschluss und Jahresabschlussanalyse, Oldenbourg Verlag, München / Wien.

Zeimes, M. (2002): Zur erstmaligen Anwendung von International Reporting Standards, in: Die Wirtschaftsprüfung, S. 1001-1009.

Zimmermann, P. (1998): Zur Anwendung der Schutzklausel im Rahmen der Segmentberichterstattung im Einzel- und Konzernabschluß, in: Deutsches Steuerrecht, S. 1974-1976.

Verzeichnis der Geschäftsberichte

Adidas-Salomon

Geschäftsbericht 2001

Allianz Group

Geschäftsbericht 2001

Altana

Geschäftsbericht 2000

Geschäftsbericht 2001

Bayer

Finanzbericht 1998

Finanzbericht 1999

Finanzbericht 2000

Finanzbericht 2001

Beiersdorf

Geschäftsbericht 1998

Geschäftsbericht 1999

Geschäftsbericht 2000

Geschäftsbericht 2001

BMW Group

Geschäftsbericht 2000

Geschäftsbericht 2001

Commerzbank

Geschäftsbericht 2001

Deutsche Post

Geschäftsbericht 2001

Henkel

Geschäftsbericht 1998

Geschäftsbericht 1999

Geschäftsbericht 2000

Geschäftsbericht 2001

Lufthansa

Geschäftsbericht 1998

Geschäftsbericht 1999

Geschäftsbericht 2000

Geschäftsbericht 2001

MAN

Geschäftsbericht 2001

Metro

Geschäftsbericht 2001

Schering

Geschäftsbericht 1998

Geschäftsbericht 1999

Geschäftsbericht 2000

Geschäftsbericht 2001

Volkswagen

Geschäftsbericht 2000

Geschäftsbericht 2001

Peter Lang · Europäischer Verlag der Wissenschaften

Heinz Bolsenkötter / Michael Poullie

Rechnerisches Unbundling in der Strom- und Gasversorgung

Rechnungslegung nach dem neuen Energiewirtschaftsgesetz
3., neubearbeitete Auflage

Frankfurt am Main, Berlin, Bern, Bruxelles, New York, Oxford, Wien, 2003.
148 S., zahlr. Tab.
Kommunalwirtschaftliche Forschung und Praxis.
Herausgegeben von Wolf Gottschalk. Bd. 2
ISBN 3-631-51803-X · br. € 29.80*

Das Unbundling – Segmentierung nach Aktivitäten – ist jetzt für Unternehmen der Elektrizitäts- und Gasversorgung vorgeschrieben. Die Schrift stellt die Rechtsgrundlagen einschließlich des europarechtlichen Hintergrundes dar, behandelt ausführlich die Fragen der Definition und Abgrenzung der Aktivitäten sowie die Techniken der rechnungsmäßigen Entflechtung, darunter auch Sonderprobleme. Verarbeitet ist die – zum Teil kontroverse – bisherige Diskussion. Das Schlusskapitel beschreibt Tendenzen der künftigen Entwicklung.

Aus dem Inhalt: Rechtliche Anforderungen · Definitionen und Abgrenzung der Aktivitäten · Verfahren der Entflechtung · Erforderliche Untergliederung im Rechnungswesen · Einzelfragen · Sonstige Segmentierungen · Anhangangaben · Ausblick

FSC
www.fsc.org
MIX
Papier | Fördert gute Waldnutzung
FSC® C083411

Kolibri 360 GmbH
Ferdinand-Jühlke-Straße 7
99095 Erfurt, Deutschland
produktsicherheit@kolibri360.de

Druck:
CPI Druckdienstleistungen GmbH
im Auftrag der
Kolibri 360 GmbH
Ferdinand-Jühlke-Str. 7
99095 Erfurt